LES ZOOM'S

L'ÉCONOMIE GÉNÉRALE

8e ÉDITION

PASCAL MONIER
est Maître de conférences en économie à l'IUT d'Angoulême de l'Université de Poitiers.
Pour contacter l'auteur : pascal.monier16@gmail.com

Du même auteur

Collection Les Zoom's

– Exercices d'Économie générale avec corrigés détaillés – 1re édition

LES ZOOM'S

PASCAL MONIER

L'ÉCONOMIE GÉNÉRALE

Acteurs et marchés économiques
Conjoncture économique
Politique structurelle
Mondialisation et régionalisation
Crise et après-crise

8e ÉDITION

À JOUR DES GRANDES QUESTIONS ÉCONOMIQUES ET FINANCIÈRES CONTEMPORAINES

Gualino
lextenso éditions

LES ZOOM'S

LA COLLECTION TRAITE DE :

- **La comptabilité :** Comptabilité générale – Comptabilité de gestion – Comptabilité des sociétés
- **L'analyse financière**
- **La fiscalité**
- **Le droit :** Introduction au droit – Droit des sociétés – Droit commercial et des affaires – Droit social – Institutions de la France – Institutions de l'Union européenne
- **L'économie**
- **Le marketing**
- **Les relations humaines**

70, rue du Gouverneur Général Éboué
92131 Issy-les-Moulineaux cedex
ISBN 978 - 2 - 297 - 04816 - 3
ISSN 1288-8184

Présentation

Au sortir de la plus grande crise économique que le monde ait connu depuis 1929, et alors que des incertitudes pèsent encore sur la zone euro, cette nouvelle édition **fait le point sur les grandes questions économiques contemporaines de façon claire et illustrée***.*

Articulé pour répondre aux programmes d'économie de l'enseignement supérieur de gestion (IUT et BTS notamment) et des concours administratifs, il est structuré en cinq parties :

- ***les acteurs et les marchés économiques*** *: introduction à l'économie générale, fonctions et problématiques des entreprises, des ménages, des banques et du secteur public, description et fonctionnement des marchés des biens et services, du travail (avec analyse du chômage) et des capitaux ;*
- ***la conjoncture économique*** *: représentation de l'économie nationale, principaux faits économiques de 2014/2015, politique monétaire et inflation, politique budgétaire et endettement public, politique salariale et partage de la valeur ajoutée ;*
- ***la politique structurelle*** *: modèle économique et social français, nature du capitalisme, croissance potentielle et thèse du déclin, développement durable ;*
- ***la mondialisation/régionalisation*** *: contours de la mondialisation, compétitivité et attractivité de la France, politique de change, Union économique et monétaire européenne, Chine et grands émergents ;*
- ***la crise financière et économique*** *: fondements, déroulement, impacts, perspectives d'après-crise.*

Liste des abréviations utilisées

ADPIC : Accord sur les aspects des droits de propriété intellectuelle qui touchent le commerce
AGCS : Accord général sur le commerce des services
BCE : Banque centrale européenne
BRICs : Brésil, Russie, Inde, Chine, Afrique du sud
CAC : Cotation assistée en continu
CDS : Credit Default Swap
CRDS : Contribution au remboursement de la dette sociale
CSG : Contribution sociale généralisée
EB : Épargne brute
EBE : Excédent brut d'exploitation
FBCF : Formation brute de capital fixe
Fed : *Réserve Federal américaine*
FESF : Fonds européen de stabilité financière
FMI : Fonds monétaire international
IDE : Investissement direct à l'étranger
IDH : Indicateur de développement humain
IPC : Indice des prix à la consommation
IPCH : Indice des prix à la consommation harmonisé
LOLF : Loi organique relative aux lois de finances
MSV : Mécanisme de stabilité européen
NEM : Nouveaux Etats membres
OMC : Organisation mondiale du commerce
PAC : Politique agricole commune
PECO : Pays d'Europe centrale et orientale
PME : Petites et moyennes entreprises
PSC : Pacte de stabilité et de croissance
RDB : Revenu disponible brut
RGPP : Révision générale des politiques publiques
ROE : *Return on equity*
SMI : Système monétaire international
TCER : Taux de change effectif réel
TCR : Taux de change réel
TEPA : Loi en faveur du travail, de l'emploi et du pouvoir d'achat
TIC : Technologies de l'information et de la communication
TPE : Très petites entreprises
UEM : Union économique et monétaire

Sommaire

PARTIE 1
Les acteurs et les marchés économiques

PARTIE 2
La conjoncture économique

PARTIE 3
La politique structurelle

PARTIE 4
Mondialisation et régionalisation

PARTIE 1
Les acteurs et les marchés économiques

L'économie et les grands courants de pensée

CHAPITRE 1

1 Généralités

A – Les problèmes posés à l'économie

L'économie est partout. Chaque jour, les sujets économiques occupent une place importante dans les médias, de sorte que certains disent que l'économique a pris le pas sur le politique. Parmi les principales questions économiques évoquées, citons les suivantes :

- ***Quel est le niveau de la croissance et quelle est son évolution prévisible dans les prochains mois ?*** La croissance économique est l'augmentation des volumes produits dans l'économie. Pourquoi est-ce important ? Parce que la production est entièrement distribuée sous forme de revenus, de sorte que plus de croissance, c'est plus de revenus donc une meilleure vie économique.
- ***Comment cette croissance est-elle répartie ?*** La production est réalisée au moyen de facteurs de production, principalement le travail et le capital. L'augmentation des revenus issus de la croissance est donc répartie entre les travailleurs et les apporteurs de capitaux. Est-elle répartie équitablement ? Quel est le rapport de force entre le facteur travail et le facteur capital ? Bien souvent, le problème de la répartition est plus important que celui de la création des richesses.
- ***La crise pourra-t-elle être jugulée ?*** La crise historique qui frappe en particulier la zone euro paraît sans fin. Les politiques d'austérité sont questionnées, leur bien-fondé repose sur des soubassements théoriques fragiles. Comment la zone euro peut-elle sortir du marasme ? Cela passe nécessairement par une refondation de l'Europe, ou son éclatement.
- ***La mondialisation est-elle responsable de tous nos maux ?*** Que recouvre d'ailleurs ce concept utilisé partout et tout le temps ? Un de ses aspects est la globalisation financière qui traduit le fait que les capitaux sont parfaitement mobiles à l'échelle planétaire. Cette globalisation financière a été à l'origine des crises internationales de ces dernières années.

B – Micro-économie / Macro-économie

L'économie a donc à traiter de multiples questions :

- certaines ont trait aux individus ou aux groupes d'individus. C'est la ***micro-économie*** qui s'intéresse, par exemple, à la façon dont les prix sont fixés sur un marché de biens ou de services, dans un secteur particulier. Elle va par exemple regarder les entreprises présentes sur le marché automobile, les rapports de force entre ces entreprises, les relations avec les clients, etc. ;
- d'autres questions ont trait à l'économie dans son ensemble, sans distinction des entités qui la composent. C'est la ***macro-économie*** qui s'intéresse, par exemple, à l'augmentation du niveau général des prix dans l'économie, c'est-à-dire à l'augmentation de tous les prix. Le marché qu'il étudie sera non plus le marché de l'automobile mais un marché abstrait regroupant tous les marchés individuels. Ce marché a pour nom le marché des biens et services.

2 Les grands courants de la pensée économique

Depuis plus de deux siècles, la science économique est marquée par l'affrontement de deux courants, le ***courant interventionniste*** et le ***courant libéral***. Ces deux courants semblent se rejoindre à l'aube du troisième millénaire.

A – La pensée classique (courant libéral) : fin XVIIIe – début XIXe

1) Les principales idées

- La pensée classique repose sur la doctrine du ***laisser-faire, laisser-passer*** : liberté économique pour les individus, liberté de circulation pour les biens, le travail et le capital.
- L'individu est mu par son propre intérêt qui coïncide avec l'intérêt collectif.
- Le système de prix et de marché est capable de coordonner l'activité des individus et des entreprises sans recourir à un organisme centralisateur (l'État). Les marchés régulent la vie économique et provoquent une croissance économique rapide.
- Le commerce extérieur est globalement bénéfique aux pays qui y participent.

2) Les principaux auteurs

- *Adam Smith* (1723-1790)

Apport principal : ***la main invisible***. Sur un marché, à la suite d'un choc, un système d'enchères se met en place durant lequel aucun échange ne doit avoir lieu. Plusieurs prix sont successivement annoncés et une main invisible guide les enchères jusqu'au point d'équilibre.

Ouvrage de référence : ***Recherche sur la nature et les causes de la richesse des nations*** (1776).

- *Jean-Baptiste Say* (1767-1832)

Apport principal : ***l'offre crée sa propre demande*** (ou les produits s'échangent contre des produits). Toute production est à l'origine d'une distribution de ressources qui garantit qu'elle trouvera nécessairement un débouché. Pour Say, plus les producteurs sont nombreux et les productions multipliées, plus les débouchés sont faciles, variés et vastes.

Ouvrage de référence : ***Traité d'économie politique*** (1803).

- *David Ricardo* (1772-1823)

Apport principal : ***les avantages comparatifs***. Les pays disposent nécessairement d'un avantage comparatif dans un secteur, que l'avantage soit absolu (la quantité de travail incorporé à la production est moindre qu'à l'étranger dans un ou plusieurs secteurs) ou relatif (la quantité de travail incorporé est plus forte dans tous les secteurs, mais est relativement moindre dans un secteur). Dans tous les cas, les pays gagnent à l'échange (chacun dispose au final de plus de biens pour une même quantité de travail disponible).

Ouvrage de référence : ***Principe de l'économie politique et de l'impôt*** (1817).

B – La pensée marxiste : mi-XIXe – fin XIXe

- *Karl Marx* (1818-1883)

Seul le travail est source de valeur. Le travail est sous-payé et les travailleurs sont exploités.

Le profit des entreprises trouve son origine dans cette situation. Il résulte de la différence entre la valeur du travail incorporé dans le produit et la valeur du travail payé.

Dans un contexte de diminution des profits liés à des investissements de plus en plus lourds, les entreprises sont incitées à produire de plus en plus. Mais les productions supplémentaires ne trouvent pas preneur du fait de la modicité des salaires. Ceci provoque une crise du système économique capitaliste et l'avènement du socialisme.

Ouvrage de référence : ***Le capital*** (1867).

C – La pensée néo-classique (courant libéral) : fin XIXe – début XXe

1) Les principales idées

L'individu est à la base de la société. Il obéit au ***principe de rationalité***, c'est-à-dire utilise au mieux les ressources dont il dispose en tenant compte des contraintes qui s'imposent à lui. Il cherche à optimiser ses comportements. Les comportements de l'individu rationnel peuvent être traduits en équations mathématiques.

Le marché est le meilleur moyen de coordination des comportements économiques des individus. ***Le marché de concurrence pure et parfaite*** est le modèle de référence du système des marchés : l'État a pour seule fonction économique de garantir son existence.

Les mécanismes de prix assurent l'équilibre sur tous les marchés (biens, services et facteurs de production). Il ne peut y avoir excès d'offre d'un facteur (par exemple le travail) sauf à ce que l'État ne permette pas la réalisation de l'équilibre (par exemple avec l'instauration d'un salaire minimum).

Les producteurs n'ont pas de problèmes de débouchés. Ils n'ont à se soucier que de leur efficience productive : produire en utilisant au mieux tous les facteurs de production disponibles.

2) Les principaux auteurs

- *Léon Walras* (1834-1910)

Apport principal : ***l'équilibre général***. Tous les marchés (produits, facteurs de production, monnaie) sont interdépendants. Un seul système de prix permet d'assurer simultanément leur équilibre. Cet équilibre général tend à se produire spontanément (sous l'influence d'un commissaire-priseur, extension du concept de main invisible) et est stable.

Ouvrage de référence : ***Éléments d'économie politique pure*** (1874).

- *Vilfredo Pareto* (1848-1923)

Apport principal : ***l'optimum***. L'optimum de Pareto caractérise une situation où il n'est plus possible d'améliorer la situation d'un agent économique sans détériorer la situation d'au moins un autre agent économique. L'équilibre de concurrence pure et parfaite est optimum au sens de Pareto.

Ouvrage de référence : ***Cours d'économie politique*** (1896).

- *Alfred Marshall* (1842-1924)

Apport principal : ***l'équilibre partiel***. Plus pragmatique que Walras, Marshall raisonne toutes choses égales par ailleurs, c'est-à-dire en supposant que les différents marchés n'interfèrent pas de façon significative les uns avec les autres.

Ouvrage de référence : ***Principe d'économie politique et de l'impôt*** (1890).

D – La pensée schumpeterienne : début xxᵉ

- *Joseph Schumpeter* (1883-1950)

Le profit, qui est un surplus, découle des modifications des conditions techniques de production ou de distribution, c'est-à-dire des ***innovations***. L'entrepreneur est à l'origine de ces innovations.

Les innovations expliquent le caractère cyclique de l'activité économique. Les innovations apparaissent par paquets, ou grappes. Les grappes d'innovation sont d'importance variable ce qui explique la nature différente des cycles.

Ouvrage de référence : ***Les cycles des affaires*** (1939).

E – La pensée keynésienne (courant interventionniste) : mi-XXe

- *John Maynard Keynes* (1883-1946)

Le contexte est celui d'une remise en question des conclusions néo-classiques à la suite des désordres économiques et des sévères dépressions des années 1890 et 1930.

Keynes présente une nouvelle conception de l'économie dans le but d'aider les gouvernements à prendre des mesures monétaires et fiscales qui permettent de mieux maîtriser les cycles économiques et d'en réduire les effets destructeurs.

Keynes ne rejette pas l'économie de marché. Il s'oppose aux économistes néo-classiques en particulier sur le fait que pour lui l'économie de marché laissée à elle-même ne permet pas d'assurer automatiquement le plein-emploi.

En effet, la demande effective adressée aux entreprises peut être insuffisante pour assurer la pleine utilisation de tous les facteurs de production : il y a contrainte de débouchés pour les entreprises. La production s'ajustant à la demande, il y a bien équilibre, mais de sous-emploi.

Keynes préconise donc ***une intervention de l'État pour réguler la demande globale de produits*** de façon à l'amener à un niveau compatible avec le plein-emploi. L'intervention de l'État consiste en particulier en une augmentation des investissements productifs.

Ouvrage de référence : ***La théorie générale de l'emploi, de l'intérêt et de la monnaie*** (1936).

Les trois décennies suivant la Seconde Guerre mondiale sont celles du consensus keynésien. Les principes de l'économie mixte sont acceptés partout. L'État est un acteur incontesté du jeu économique. Plus récemment, les néo-keynésiens consolident la pensée de Keynes en lui apportant des fondements micro-économiques. Ils justifient en particulier la rigidité des prix et des salaires à la baisse, ce qui légitime la notion d'équilibre de sous-emploi. Dans un ordre d'idée similaire, les théoriciens du salaire d'efficience justifient les augmentations de salaires non par le fait qu'elles augmentent les débouchés des entreprises mais parce qu'elles réduisent *in fine* le coût du travail. Deux raisons principales sont avancées : d'une part les hausses de salaires sont source de motivation supplémentaire pour les salariés et donc de productivité accrue, d'autre part elles limitent la rotation de la main-d'œuvre qui coûte cher aux entreprises.

F – La nouvelle pensée classique (courant libéral) : fin XXe

1) Les monétaristes (ou économistes de l'école de Chicago)

- Auteur principal : *Milton Friedman*

Il existe un chômage naturel incompressible lié à l'inadaptation de certains travailleurs aux emplois proposés.

Les politiques économiques de régulation (prônées par Keynes) n'ont d'effets que pendant une courte période, le temps que l'illusion monétaire se dissipe. Dans ce cadre, une baisse du chômage n'est possible qu'au prix de plus d'inflation (courbe de Phillips). À long terme, le taux de chômage est fixé à son niveau naturel et seule l'inflation augmente.

L'inflation est d'origine purement monétaire. Toute tentative de relancer l'activité par une politique monétaire expansionniste a pour seul effet d'augmenter le niveau des prix.

2) Les économistes de l'offre

- Auteur principal : *Arthur Laffer*

Il faut libérer les énergies entrepreneuriales du carcan des réglementations et des prélèvements fiscaux excessifs.

Trop d'impôt tue l'impôt : des taux d'imposition excessifs ont pour effet de diminuer la motivation des agents entreprenants à travailler, et donc de réduire les recettes de l'impôt.

3) L'école des anticipations rationnelles

- Auteurs principaux : *Lucas, Sargent*

Les agents économiques prennent leurs décisions en se basant sur le meilleur modèle économique possible à leur disposition.

Ils ne sont donc pas soumis à l'illusion monétaire, même à court terme, de sorte que les politiques économiques de régulation sont au mieux inefficaces et au pire dangereuses.

G – La synthèse des courants : la croissance endogène : fin XXe

- Auteurs principaux : *Romer, Barro*

Au milieu des années 1980, certains économistes revisitent les théories de la croissance laissées en plan depuis les années 1960. Les facteurs explicatifs de la croissance étaient alors au nombre de trois : le capital, le travail, et un résidu qui incorporait le progrès technique.

Les nouvelles théories enrichissent le contenu de ce troisième élément. En particulier, les auteurs considèrent que l'élément résiduel est directement lié aux décisions d'investissement. Les investissements, privés ou publics, matériels ou immatériels (formation, apprentissage, etc.) ont des effets durables importants pour la croissance au-delà des effets transitoires connus (accroissement des débouchés). En cela, la croissance est ***endogène***, c'est-à-dire s'appuie sur une dynamique propre qui s'auto-entretient.

Les auteurs de ces théories, libéraux dans leur approche, réhabilitent le rôle de l'État quand celui-ci investit dans les infrastructures, dans l'éducation ou dans la santé. Il y aurait donc une place pour ***l'intervention de l'État dans l'économie***, non pas à court terme par des politiques de régulation, mais à long terme par des investissements publics ou par des politiques visant à encourager l'investissement privé.

À NOTER • Le siècle économique a été marqué par la confrontation de deux courants de pensée, le courant keynésien, interventionniste, et le courant néo-classique, libéral. Les nouvelles théories de la croissance endogène permettent une relative convergence des points de vue.

3 Économie de la demande et économie de l'offre

L'économie de la demande est fondée sur le principe que la demande tire l'offre et est à l'origine de la croissance économique. Les défenseurs de l'économie de la demande sont les économistes du courant interventionniste. Ils pensent que les politiques économiques peuvent influencer le niveau de la demande dans l'économie, ce qui stimule à son tour la production. L'État peut, selon cette analyse, compenser les actions des agents privés – entreprises et ménages – pour atténuer voire éliminer les fluctuations de la demande.

L'économie de l'offre est fondée sur le principe que *l'offre crée sa propre demande* (Say). Les défenseurs de l'économie de l'offre sont les économistes du courant libéral qui estiment vaines les tentatives pour stimuler la production par la demande. La production ne pourra augmenter que si les agents économiques qui en sont à l'origine y ont intérêt. Ceci suppose de libérer l'esprit entrepreneurial et les énergies créatrices. Les politiques dites de l'offre suggèrent que le seul objectif de l'action publique doit être d'accroître l'efficacité d'ensemble du système économique.

Un exemple souvent caricatural de la divergence de point de vue entre économistes de la demande et économistes de l'offre porte sur les effets d'une augmentation des salaires. Les premiers, économistes de la demande, y voient le moyen d'augmenter les revenus, ce qui stimulera la consommation et la production. Les seconds, économistes de l'offre, y voient une source d'augmentation des coûts de production des entreprises qui n'ont d'autres possibilités que d'augmenter les prix, ce qui implique, dans une économie mondialisée, une perte de compétitivité préjudiciable à la croissance.

À NOTER • Les économistes de la demande, interventionnistes, pensent que l'État, en modifiant la demande adressée à l'économie, peut influencer la conjoncture. Les économistes de l'offre, libéraux, pensent que la liberté d'entreprendre et d'agir sont les meilleurs garants de l'efficacité économique. L'État doit seulement veiller à garantir cette liberté, notamment en se désengageant du système productif.

4 La crise, le libéralisme et le keynésianisme

Il en est des théories économiques comme des collections de haute couture : toutes deux sont soumises aux effets de mode. Depuis la fin des années 1970, et l'échec avéré des États à endiguer le déclin post « trente glorieuses », le libéralisme économique s'est imposé au monde. Il s'est imposé dans une logique de rupture au Royaume-Uni et aux États-Unis sous les mandats de Margaret Thatcher et Ronald Reagan ; il a été imposé aux pays en développement dans le cadre du consensus de Washington (exigence de privatisations, de dérégulation et d'équilibres publics) porté haut par le FMI ; il a submergé les derniers récalcitrants à la suite de la chute du mur de Berlin en 1989. Il reste que, comme à chaque fois qu'une pensée devient dogme, des logiques ont été poussées trop loin, des excès commis. Les États ont abandonné leur rôle de régulateur ou de guide, quand bien même le poids relatif de l'État n'a, ici ou là, pas diminué.

Les excès qui ont conduit à un fondamentalisme néolibéral (« ultra libéral » pour le grand public) sont de deux ordres : d'une part, une ***dérégulation et déréglementation généralisées à tous les marchés*** – de biens, de services, du travail et de capitaux – qui ont abouti, par exemple, à la constitution de bulles multiples (pétrole, produits alimentaires, produits financiers...), économiquement et socialement toujours plus douloureuses quand elles éclatent ; d'autre part, à un ***accroissement sans précédent des inégalités***, partant de l'idée libérale que les inégalités suscitent l'efficacité, traduite par George Bush en « ***Enrichissons les très riches, il en restera toujours quelque chose*** », le célébre « *greed is good* ». Le fondamentalisme libéral est à cet égard une doctrine politique au service d'intérêts privés.

D'un autre côté, il est tout aussi vrai que la vie s'est améliorée pour des centaines de millions d'hommes et de femmes avec l'ouverture des frontières de leurs pays, que le développement de la concurrence et la régulation monétaire ont joué un rôle essentiel en faisant disparaître l'inflation. Mais la crise est là, profonde, générale.

Que faire alors ?

Les – encore – tenants du libéralisme suggèrent d'en assainir les bases, notamment en améliorant la qualité et l'accès à l'information. De fait, avec les produits dérivés, les investisseurs ne savaient effectivement pas ce qu'ils achetaient. Et la crise du capitalisme serait une crise dans le capitalisme, et non du capitalisme, encore et toujours fondé sur le risque et l'innovation. Il n'y aurait donc pas lieu de moraliser le capitalisme, puisque l'économie produit des richesses, non des valeurs.

Ces tenants d'une ligne libérale dure doivent faire cependant face à la critique fondamentale du dysfonctionnement structurel des marchés, aussi financiers. Le postulat néo-classique fondamental est celui du caractère très largement concurrentiel des marchés monétaires et financiers, les supports étant liquides et substituables, l'information complète et optimale pour des agents rationnels. En particulier, le marché boursier représente une forme emblématique de marché parfait, qu'il conviendrait d'étendre à tous les marchés, y compris celui du travail. En conséquence, il y a un large consensus parmi les économistes sur la conduite de la politique monétaire dans une économie de marchés financiers parfaits : une banque centrale indépendante et transparente ayant pour objectifs la stabilisation de l'inflation – et de la croissance – autour d'une cible. En creux, la banque centrale n'a pas à se préoccuper de l'évolution du prix des actifs, celui-ci reflétant correctement les fondamentaux du marché. Mais un consensus se fait jour sur le caractère structurellement imparfait des marchés financiers. À la bourse, lorsque l'incertitude s'accroît, les agents ont tendance à faire confiance aux prix du marché plutôt qu'à leurs évaluations : c'est le concours de beauté de Keynes, qui fait que l'on se fie à ce que l'on croit que les autres pensent, plutôt qu'à ses propres convictions ou informations. Il en résulte un comportement moutonnier des agents qui renforce la volatilité des prix, ou provoque des bulles répétées et d'ampleur inégalée. Ce dysfonctionnement des marchés financiers appelle nécessairement une correction du rôle et des missions des banques centrales.

La période récente a par ailleurs été marquée par deux polémiques remettant en question les dogmes de la pensée libérale en période de crise. La première, qui a fait grand bruit, fait suite au *mea culpa* du FMI, à l'automne 2012, sur sa quantification de l'impact des restrictions budgétaires, ce que l'on appelle le multiplicateur. Selon les calculs antérieurs, qui fondent la recommandation des politiques d'austérité, la valeur de ce dernier serait de 0,5, ce qui signifie qu'une baisse de dépense publique de 1 point n'amputerait la croissance que de 0,5 point. Las, le FMI a procédé à une révision de la valeur de ce multiplicateur, le plaçant, dans la période actuelle, dans une fourchette entre 1 et 1,7, ce qui questionne le bien-fondé des politiques restrictives. Dans le même temps, la Commission européenne, qui affirmait en 2012 que les multiplicateurs étaient proches de 0 (l'estimation était de 0,2), reconnaît qu'il a pu être beaucoup plus important depuis 2008, au cœur de la crise financière, tout en soutenant qu'il serait redescendu aujourd'hui, les risques de *credit crunch* (rationnement du crédit) s'étant éloignés…

La seconde fait référence à la remise en cause des conclusions d'un article de 2010 resté fameux des économistes Carmen Reinhart et Kenneth Rogoff, qui aboutissait à la conclusion que l'endettement public ne peut sans danger dépasser 90 % du PIB… Cette conclusion était reprise début 2013 par le vice-président de la Commission européenne, Olli Rehn dans un courrier adressé aux ministres européens des Finances comme fondement théorique des politiques d'austérité. Mais les conclusions de l'article reposaient en réalité sur une erreur de codage informatique ayant entraîné l'omission de données apportant l'information inverse de celle mise en avant !

D'autres proposent de refonder l'économie de marché, la seule ayant fait ses preuves, mais qui ne saurait plus donner les bons signaux en termes de prix (les bulles dont nous parlions).

Les solutions ? Une réglementation accrue (par exemple, pour les positions spéculatives sur les matières premières), un changement des objectifs de la politique monétaire (la stabilisation des prix des actifs), ou la modification de réglementations inadaptées (règles prudentielles qui contraignent les investisseurs institutionnels, normes comptables).

D'autres enfin, nombreux, tablent sur un retour de l'État, redécouvrent Keynes. C'est l'effet mode décrit en introduction. Pourtant, du célèbre économiste britannique, il faut aussi retenir que les finances publiques sont équilibrées à long terme. En effet, les mesures contracycliques défendues par les keynésiens ont une contrepartie qui consiste à être également contracyclique en période de croissance. Beaucoup de dépenses publiques lorsque l'activité s'écroule, certes, mais, a minima, l'équilibre budgétaire lorsque la croissance revient ! Ce que n'a, par exemple, jamais réussi la France depuis... trente ans (Barre en 1980). Ce précepte keynésien s'est brutalement rappelé au bon souvenir des européens quand les marchés ont commencé à sanctionner les dettes publiques des pays périphériques. Il faut aussi se souvenir que les décisions d'investissement des États n'ont pas toujours été des plus heureuses, son contrôle parfois défaillant (comme l'a illustré la saga du Crédit Lyonnais et aux États-Unis dans le cinéma durant les années 1990) et que la tentation est souvent forte de maintenir une industrie déclinante sous perfusion de fonds publics, alors que les crédits manquent ou seraient plus utiles ailleurs.

Que serait une politique keynésienne du XXIe siècle ? Michel Aglietta propose par exemple de lier le défi immédiat de la sortie de crise économique et sociale à celui plus lointain mais également crucial du désendettement écologique. L'idée n'est donc pas de réactiver un financement par endettement de notre insatiable soif de consommation matérielle par la dépense publique. Il s'agit de libérer des investissements d'infrastructure et des innovations qui nous orientent vers un mode de développement économe en ressources et en émissions, chaque financement – sous forme de *project bonds* européens par exemple – étant gagé sur une réduction avérée d'émissions, sur la base d'un actif carbone à la valeur reconnue y compris dans le bilan des banques par exemple.

Au final, dans un monde en pleine transformation, peut-on encore penser que la théorie économique dominante éclaire correctement la réalité ? Jean-Paul Fitoussi prend début 2013 la métaphore du lampadaire pour expliquer la faillite de la pensée économique : la science économique ne s'intéresse qu'à ce qu'elle peut rationaliser ; de fait, elle éclaire les problèmes accessoires mais qui peuvent être résolus selon les codes en vigueur, et passe sous silence ce qui est réellement important pour les gens, à l'instar du *quidam* qui cherche ses clés sous le lampadaire parce que c'est le seul endroit éclairé alors qu'il sait pertinemment les avoir égarées ailleurs... En particulier, il souligne que nous manquons des instruments de mesure de la société qui permettent de prendre les décisions qui importent pour le bonheur des gens ordinaires. Il plaide ainsi, comme l'avait fait la commission Stiglitz sur les indicateurs de richesse à laquelle il participait, à adjoindre au PIB une mesure des inégalités ainsi que des mesures de durabilité.

À NOTER • La pensée libérale s'est progressivement imposée dans les politiques économiques, parce qu'elle était en phase avec le développement de la mondialisation et des nouvelles technologies. Mais elle est progressivement devenue un dogme, avec excès et outrages. La crise remet en question sa pertinence dans sa version jusqu'au-boutiste, et remet sur le devant de la scène une pensée keynésienne revisitée.

Les entreprises produisent et distribuent de la richesse

CHAPITRE 2

1 Les fonctions de l'entreprise

L'entreprise est d'abord le *lieu de la production.* La production est l'activité consistant à créer des biens ou à rendre des services s'échangeant habituellement sur le marché ou obtenus à partir de facteurs de production s'échangeant sur le marché.

Elle est ensuite le *lieu de formation des revenus* qui sont répartis entre les agents économiques qui contribuent à la production. Elle assure sa pérennité en réalisant des investissements.

Elle est enfin le *lieu de réalisation* du profit.

A – La production

La production de l'entreprise résulte de la combinaison de facteurs de production. Les facteurs de production sont le ***travail***, le ***capital*** et la terre (ou plus largement les ***ressources naturelles***). Parmi ces trois notions, celle de capital est la plus ambiguë.

1) Le capital

La notion de capital renvoie à une triple dimension : physique, financière et humaine.

• Le ***capital physique*** est constitué de tous les biens concourant à la production d'autres biens. On distingue le ***capital circulant***, c'est-à-dire les biens qui sont transformés (produits semi-finis) ou consommés au cours du processus productif (les consommations intermédiaires), et le ***capital fixe***, c'est-à-dire les biens qui restent une fois la production réalisée (les biens de production ou biens d'équipement). La notion de capital physique ne renvoie donc pas seulement aux machines nécessaires à la production mais aussi à l'énergie utilisée, aux matières premières et aux pièces détachées consommées. L'importance des matériels dans le capital tend cependant à diminuer au fil du temps (par exemple, les logiciels utilisés par les entreprises coûtent plus cher que les ordinateurs). On parle de la dématérialisation du capital.

• Le ***capital financier*** est constitué de l'argent dont peut disposer l'entreprise pour acquérir son capital physique. D'où vient cet argent ? Il a trois origines :

– les particuliers qui mettent directement leur argent à disposition de l'entreprise en achetant des titres (actions ou obligations) ou en souscrivant des parts du capital. Les associés figurent dans cette catégorie ;

– les banques qui prêtent à court ou long terme ;

– les fonds que l'entreprise a gardés en réserve, pour son fonctionnement (son fonds de roulement) ou pour son développement (l'autofinancement, surtout constitué des bénéfices non distribués).

• Le ***capital humain*** désigne l'expérience accumulée dans l'entreprise sous forme de savoir-faire et de compétences. Plus généralement, cette notion désigne les capacités intellectuelles et professionnelles de l'individu qui lui permettront d'avoir des revenus à l'avenir. Dès lors, l'entreprise (ou la nation) peut investir en capital humain, à travers l'éducation, la formation professionnelle ou même les soins médicaux.

La production résulte de la combinaison des facteurs de production dans des proportions qui dépendent de leurs coûts, principalement le salaire (coût du travail) et le taux d'intérêt (coût du capital financier). L'efficacité de la combinaison des facteurs de production se mesure par leur productivité.

2) La productivité

La productivité physique du facteur travail – on peut aussi calculer celle du capital – est le ***rapport entre la quantité de production et la quantité de travail mise en œuvre pour la réaliser***. Pour comparer les productivités du travail entre différentes entreprises, il faut s'intéresser aux valeurs de la production et du travail. On parle de la productivité en valeur.

Cependant, la comparaison de la productivité du travail entre entreprises peut être trompeuse. Supposons que deux entreprises aient les mêmes effectifs et réalisent la même production. Elles ont donc la même productivité du travail. Mais si la première a des équipements plus performants, l'intensité des efforts y est moindre que dans la seconde. La productivité du travail et celle du capital sont donc inséparables. Mesurer la seule productivité du travail donne une vision partielle de l'efficacité du facteur travail. Pour cela, la productivité du travail est parfois appelée ***productivité apparente du travail***. Il est donc plus intéressant de mesurer la ***productivité globale des facteurs***, qui est calculée comme une moyenne des productivités apparentes du travail et du capital.

La notion de rendement d'un facteur est équivalente à celle de productivité. Mais les rendements peuvent aussi être d'échelle – on parle d'économies d'échelle. Une situation d'économies d'échelle signifie que l'entreprise devient plus efficace (ses coûts diminuent) quand son échelle de production est plus grande (sa taille augmente). C'est ce qui justifie les concentrations d'entreprises.

B – La distribution de revenus

En produisant, l'entreprise crée de la richesse. Cette richesse est ce qu'elle ajoute à ce qu'elle achète. C'est la valeur ajoutée, égale à la différence entre la valeur de la production (le chiffre d'affaires) et la valeur des biens et services utilisés pour cette production (les consommations intermédiaires).

Quels sont les bénéficiaires de cette richesse créée ? Ils sont au nombre de quatre :

- ***les salariés***, puisque l'entreprise leur verse les salaires, les charges sociales (ils en sont les bénéficiaires de façon indirecte) et une participation aux résultats ;
- ***l'État***, qui met à la disposition des entreprises des infrastructures et services publics, à qui l'entreprise verse des impôts et taxes ;
- ***les apporteurs de capitaux***, banquiers et actionnaires ;
- ***l'entreprise elle-même*** pour s'autofinancer.

C – L'investissement

L'investissement est l'acte par lequel l'entreprise engage l'avenir. L'acte d'investissement consiste à augmenter ou à renouveler le capital de l'entreprise. Il existe des investissements matériels et des investissements immatériels, ces derniers comprenant les frais de recherche et développement, la formation des personnels, l'acquisition de logiciels, et l'action commerciale de long terme (c'est-à-dire hors dépenses publicitaires courantes).

L'investissement est donc le moyen de constituer le capital de l'entreprise. On dit que la formation du capital se réalise par l'investissement. Pour cela, l'Investissement est appelé Formation Brute de Capital Fixe (FBCF) dans la Comptabilité nationale.

D – Le profit

En termes comptables, le profit correspond grossièrement aux recettes de l'entreprise qui ne sont pas utilisées pour acheter les consommations intermédiaires ou pour rémunérer les salariés. Il sert en particulier à rémunérer le propriétaire de l'entreprise. Un terme à la mode approchant est celui de ***création de valeur pour l'actionnaire***.

Le profit a une signification différente pour les économistes. En effet, le travail des salariés et les capitaux apportés par les propriétaires de l'entreprise sont deux facteurs de production qu'il n'y a pas lieu de différencier. Tout comme les salariés se privent de loisirs et fournissent un effort en travaillant, les apporteurs de capitaux se privent d'une consommation immédiate et prennent un risque en apportant les capitaux. Les deux méritent une rémunération. Dans ces conditions, pourquoi le salaire serait un coût pour l'entreprise et la rémunération du capital un gain (le profit comptable)? Les économistes considèrent donc la rémunération du capital à l'identique de celle du travail, et le profit correspond à la suite au revenu résiduel de l'entreprise, celui qui reste quand elle a payé tous les facteurs de production. Comme ce profit n'a pas vraiment de raison d'être dans un monde parfaitement concurrentiel (on parle aussi de sur-profit), il est nul à long terme.

À NOTER • La combinaison des facteurs de production, plus ou moins efficace selon la productivité, permet l'obtention d'une production. Celle-ci, distribuée sous forme de revenus, ira financer les apporteurs de capitaux et les salariés. Le profit économique n'existe pas puisque la rémunération du capital est un coût de même nature que la rémunération du travail.

2 Les entreprises françaises

Le monde des entreprises est très varié. Outre la diversité des productions (agricoles, industrielles, tertiaires), les entreprises se distinguent par leur statut juridique et par leur taille.

A – La taille des entreprises

Depuis un décret de décembre 2008, actualisé en 2011, les catégories d'entreprises sont définies en référence à trois critères (effectif, chiffre d'affaires et total du bilan).
Les ***microentreprises*** sont celles qui, d'une part occupent moins de 10 personnes, d'autre part ont un chiffre d'affaires (CA) annuel ou un total de bilan n'excédant pas 2 millions d'euros. ***Les PME*** sont celles qui d'une part occupent moins de 250 personnes, d'autre part ont un CA n'excédant pas 50 millions ou un total de bilan n'excédant pas 43 millions d'euros. ***Les entreprises de taille intermédiaire*** (ETI) sont celles qui ne sont pas des PME et qui d'une part occupent moins de 5 000 personnes, d'autre part ont un CA n'excédant pas 1,5 milliard d'euros ou un total de bilan n'excédant pas 2 milliards. Les ***grandes entreprises*** sont les autres.

B – Le tissu des entreprises en France

La France compte 3,1 millions d'entreprises à la fin 2011, majoritairement dans le secteur des services et du commerce, souvent des entreprises individuelles (1,9 million) ou avec moins de dix salariés (1 million). L'emploi salarié se répartit de façon égale entre les petites entreprises, les entreprises de 10 à 49 salariés, les entreprises de 50 à 200 salariés et les entreprises de plus de 200 salariés. Les petites entreprises de moins de 10 salariés représentent cependant sensiblement plus du tiers de l'emploi total, en tenant compte des actifs non salariés (les entrepreneurs individuels).

Le tableau suivant permet d'entrevoir les caractéristiques du tissu entrepreneurial français : des entreprises avec plusieurs établissements, une très grande majorité de micro-entreprises sans salarié, des tailles d'établissement qui vont de 18 à 190 salariés en moyenne pour les sociétés, une rémunération qui décroît avec la taille de l'entreprise, une capacité à exporter qui chute pour les PME par rapport aux ETI.

	Grandes entreprises (GE)	Entreprises de taille intermédiaire (ETI)	Petites et moyennes entreprises (PME) hors MIC	Micro-entreprises (MIC)	Total général
Nombre d'entreprises	214	4 794	136 068	2 951 600	3 092 676
Nombre d'unités légales situées en France	19 400	46 689	207 383	2 963 702	3 237 174
Effectif salarié par entreprise	17 977	686	30	1	5
Effectif salarié par unité	198	70	20	1	4
Salaire brut annuel (en milliers d'euros)	41	38	34	36	37
Taux d'exportation (*) (en pourcentage)	22,6	19,2	9,6	3,3	16,1

** CA export sur CA total. Source : Insee (2014) – Principales caractéristiques des entreprises par catégorie en 2011. Entreprises hors activités financières et assurances*

Selon une méthodologie différente, une étude de General Electric France de fin 2012 montre que les entreprises de taille moyenne (entre ETI et PME) sont celles qui ont fait preuve de la plus grande résilience pendant la crise : entre 2007 et 2010, elles ont créé près de 58 000 emplois tandis que, sur la même période, les grandes entreprises en ont supprimé 494 000. Ces nouveaux emplois correspondent à une contribution supplémentaire de 2,2 milliards d'euros à l'économie française. Pour quelles raisons ? Une stratégie équilibrée qui obéit à un raisonnement à la fois mondial et ancré dans l'économie locale, un effort d'innovation soutenu (elles détiennent un tiers des brevets, 72 % d'entre elles se considèrent comme innovantes) mais aussi l'existence d'une véritable vision stratégique avec implication des collaborateurs. Parmi les freins identifiés, les financements, encore, les difficultés de recrutement de « talents » ou l'instabilité réglementaire et fiscale.

C – Les créations d'entreprises, le régime d'auto-entrepreneur

En 2014, 550 700 entreprises ont été créées en France (dont 283 500 auto-entreprises et 101 600 entreprises individuelles), soit 2 % de plus qu'en 2013. Cette légère hausse est portée par les créations de sociétés (+ 4 % par rapport à 2013) et les demandes d'immatriculations d'auto-entreprises (+ 3 %). Ces dernières forment la majorité des créations d'entreprises depuis la mise en place du régime d'auto-entrepreneur en 2009 (51 %). Mais un tiers des créations en ce domaine ne recouvre au final aucune activité (ce sont des créations « pour voir »).

La grande majorité des nouvelles entreprises n'emploient pas de salariés à leur création : seules 5 % sont employeuses ; hors auto-entrepreneurs, elles sont 10 %. Comme en 2013, l'âge moyen des créateurs d'entreprises individuelles est de 38 ans et la part des créatrices se stabilise à 38 % (33 % il y a dix ans).

Il convient aussi d'intégrer les fermetures d'entreprises dans le raisonnement. Selon l'INSEE, le nombre d'établissements (un établissement est une unité de production géographiquement localisée : ce peut être une usine, une boulangerie, un magasin de vêtements, un hôtel d'une chaîne hôtelière, la « boutique » d'un réparateur de matériel informatique...) est passé de 3,5 millions à 4,2 millions dans les activités marchandes hors agriculture entre 2008 et 2013, soit 1,7 million d'établissements supplémentaires, ce qui représente une augmentation annuelle de +3,5 % en moyenne. Le renouvellement des établissements est par ailleurs considérable : chaque année, sur la période, 21 % des établissements sont nouveaux et 17 % disparaissent, avec d'importantes différences régionales.

Le régime d'auto-entrepreneur a donc stimulé le mouvement naturel de création d'entreprises en France. Ce régime, instauré par la loi de modernisation de l'économie de 2008, permet à ceux qui le souhaitent (étudiants, chômeurs, salariés, retraités...) d'exercer une activité commerciale ou artisanale en parallèle d'une activité principale, au-delà des créateurs qui en font leur activité unique. Souple, sans trop de formalités, le régime d'auto-entrepreneur présente de nombreux avantages sociaux et fiscaux. La loi Pinel de 2014 a toutefois souhaité le faire rentrer dans le régime commun, fusionnant les régimes fiscaux et sociaux de l'auto-entreprise avec celui de la micro-entreprise, pour aller vers ce que l'INSEE nomme les micro-entrepreneurs. Il présente aussi des limites, quand l'activité se développe, ou en matière de protection sociale des chefs d'entreprise.

D – Deux spécificités françaises : pas assez d'ETI, plus de multinationales qu'ailleurs

La France se caractérise par une structure singulière de ses entreprises par taille, avec moins de PME mais surtout d'ETI qu'ailleurs, mais plus de très petites entreprises (nous l'avons vu avec la création) et de multinationales. Le tableau suivant souligne le premier point, en mettant l'accent sur le rôle du « Mittelstand » allemand, les entreprises de taille moyenne.

Nombre d'entreprises par taille (milliers, en 2012)

	0 à 9 salariés	10 à 49	50 à 249	Plus de 250
France	3 392 (94,3 %)	170 (4,7 %)	29 (0,8 %)	6 (0,2 %)
Allemagne	2 930 (80,3 %)	580 (15,9 %)	113 (3,1 %)	26 (0,7 %)

Source : Natixis, Flash n° 544, 7 juillet 2014

De fait, la France manque d'entreprises de taille intermédiaire (ETI). Une des causes de cette faiblesse est la structure de financement des PME, notamment l'insuffisance de financement par les fonds propres. Et l'on sait que des entreprises financées surtout par l'endettement, surtout dans un environnement de faible profitabilité des entreprises nationales, ont une aversion pour le risque plus forte, donc une capacité à innover et à créer des emplois moindre. Une des voies est donc d'encourager fiscalement la constitution de fonds propres dans les PME pour les transformer en ETI. L'État a évidemment un rôle à jouer, soit directement *via* la Banque publique d'investissement nouvellement créée, soit indirectement *via* la politique fiscale qui doit réorienter l'épargne des ménages vers les fonds propres des PME.

L'autre élément souvent évoqué quant à la faible proportion des ETI en France est l'effet de seuils réglementaires. De fait, une étude de l'INSEE de 2012 fait clairement apparaître la rupture au seuil du 50e salarié : tandis qu'il y a environ 1 500 entreprises de 48 salariés et 1 600 entreprises de 49 salariés, le nombre d'entreprises de 50 salariés chute brutalement (environ 600). Même rupture si l'on regarde la probabilité de croître en fonction de la taille de l'entreprise. L'INSEE aboutit au final à une double conclusion : les effets de seuil sont statistiquement significatifs ; ils expliquent cependant une part très faible de la sous-représentation des ETI françaises par rapport à l'Allemagne (sur un écart de 4 points de leur poids dans les deux pays, les effets de seuil n'en expliquent qu'au plus 0,3 point).

De l'autre côté du spectre, la France affiche un nombre de multinationales supérieur à la moyenne. Ainsi, la France compte environ 40 groupes dans le top 500 mondial par le chiffre d'affaires, mieux, elle compte 6 groupes dans le top 50, en second rang derrière les États-Unis ! La diversité des grandes firmes françaises renvoie au modèle généraliste de spécialisation de notre économie : outre l'industrie, on retrouve ces entreprises dans la finance (Axa, BNP, Société Générale), la distribution (Carrefour ou Auchan), le BTP (Bouygues, Vinci), l'énergie (Total ou EDF) ou encore les services collectifs (Veolia ou GDF-Suez).

Parfois décriées, ces entreprises sont un atout pour l'économie française. La nationalité du siège social impose des devoirs sans lesquels un certain nombre d'usines et de centres de recherche auraient certainement été délocalisés. Ainsi, près de 1,7 million de salariés en France travaillent aujourd'hui dans les entreprises du CAC 40, soit 10 % de l'emploi privé du pays environ, avec des rémunérations plus généreuses qu'ailleurs.

Les entreprises du CAC 40 ne sont toutefois pas exemptes de critiques. On peut légitimement leur reprocher de se désengager du territoire national. Mais les mauvais élèves ne sont pas ici nécessairement ceux que l'on attend : Renault, dont le capital est détenu à 15 % par l'État, produisait en 2010 seulement 20 % de ses véhicules en France (contre 60 % en 1999) et 29 % de ses moteurs (contre 85 % pour PSA) ! Une autre critique est celle de se comporter avec les PME hexagonales en donneurs d'ordre inflexibles plutôt qu'en partenaires de long terme, susceptibles de faire émerger un écosystème. Il y a ici à inventer une articulation entre multinationales et ETI, pour favoriser l'émergence de ces dernières plutôt que de les broyer pour des visées de profitabilité à court terme.

À NOTER • La France compte proportionnellement plus de petites et très grandes entreprises, moins de PME et surtout d'ETI. Pourtant, ce sont ces dernières qui fondent la puissance allemande par exemple : capacité d'innovation et d'exportation, créations d'emplois localisés. Il faut soutenir leur émergence en France, en consolidant les fonds propres des PME, en modifiant la relation de subordination entre les multinationales et ses sous-traitants et leurs fournisseurs.

E – La situation financière des entreprises : des marges détériorées

La situation financière des entreprises peut se lire selon plusieurs indicateurs, appelés en comptabilité d'entreprise les soldes intermédiaires de gestion. Il en est un qui illustre bien la profitabilité des entreprises, le taux de marge, qui se définit comme le rapport de l'excédent brut d'exploitation (ce qui reste à l'entreprise quand elle a payé ses fournisseurs, ses salariés et, à certains égards, l'État) à la valeur ajoutée.

Le graphique suivant illustre son évolution sur une longue période. On observe les fluctuations marquées de cet indicateur à la baisse dans les années 1970, à la hausse dans les années 1980, pour se stabiliser ensuite dans les années 1990 et 2000. Mais la fin de la décennie marque une nouvelle rupture, avec une baisse nette de la profitabilité des entreprises depuis les premiers soubresauts de la crise fin 2007.

C'est ce constat qui a guidé l'instauration du ***crédit d'impôt pour la compétitivité et l'emploi (CICE)***, puis du ***pacte de responsabilité*** (allégements d'impôts et cotisations à hauteur de 40 milliards). Malheureusement, l'érosion de l'augmentation des gains de productivité, dans un contexte de hausses salariales certes contenues, empêche toute inversion nette de tendance. Les données trimestrielles de fin 2014 et début 2015 semblent toutefois ouvrir un espoir de redressement même modeste des marges d'entreprises.

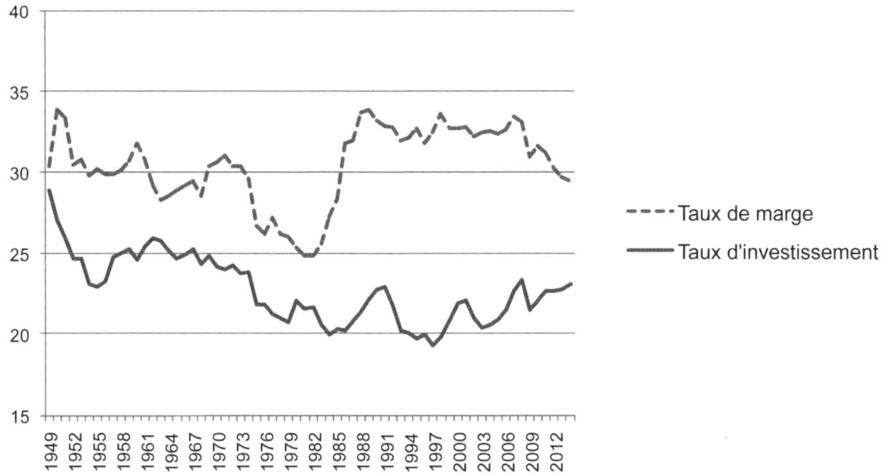

Les conséquences de cette évolution sont connues, elles suscitent l'inquiétude : quand la marge décroît, et alors qu'il convient de toujours davantage rémunérer les actionnaires dans les sociétés par actions, c'est l'autofinancement et donc l'investissement qui en pâtit. Au-delà, les PME et ETI se financent essentiellement par emprunt, avec effet de levier par autofinancement. De fait, le taux d'investissement est bas en France, même s'il se redresse récemment. Le tissu productif français s'affaiblit en conséquence, ce qui posera des problèmes demain.

À NOTER • Le taux de marge des entreprises françaises chute lourdement depuis le tout début de la crise, ce qui réduit leurs investissements dans un contexte de frilosité bancaire, puis en suivant la croissance potentielle de la France, sa croissance « naturelle » en quelque sorte. Le redressement du taux de marge est donc un impératif, notamment pour les entreprises de taille petite et moyenne. Les politiques publiques (CICE ou pacte de responsabilité actuellement) ne réussiront que si les gains de productivité repartent à la hausse.

Les ménages consomment leurs revenus

CHAPITRE 3

En économie, un ménage est constitué d'une ou de plusieurs personnes physiques disposant d'une unité de comportements en tant que consommateur. Cette définition est différente de celle des démographes ou des sociologues pour lesquels un ménage est l'ensemble des occupants d'un même logement. La notion de ménage englobe celle de famille, qui est une partie d'un ménage comprenant au moins deux personnes (couples avec ou sans enfants, personnes sans conjoint avec enfants et familles monoparentales), et celle de personnes isolées.

Dans les faits, la France métropolitaine compte 28,1 millions de ménages en 2013, soit 85 % de plus qu'en 1960. En comparaison, la croissance démographique n'est que de 38 % au cours de la même période. En conséquence, la taille moyenne des ménages diminue régulièrement depuis 40 ans, passant d'un peu plus de 3,1 personnes par résidence principale en moyenne en 1968 à 2,3 en 2013. Les personnes seules représentent un tiers des ménages. Deux conséquences à cela : les pressions sur l'environnement augmentent (liées à la consommation d'espace et de ressources, à la pollution et à la production de déchets), et le niveau de vie de chacun en est altéré (on gagne à se regrouper).

Dans le système économique, les ménages possèdent ***un patrimoine*** et bénéficient d'un ***revenu*** soit parce qu'ils fournissent les facteurs de production (leur travail et leur argent), soit parce qu'ils bénéficient du système de redistribution. Ils affectent une partie de ce revenu à la ***consommation***. L'***épargne*** peut être considérée comme ce qu'il reste du revenu après consommation ou comme une décision à part entière du ménage dépendant de facteurs spécifiques.

1 Le patrimoine des ménages, leur endettement

Le patrimoine des ménages français s'est élevé à 10 414 milliards d'euros fin 2013, soit environ 8 fois leur revenu disponible net, selon l'INSEE. Il représente l'essentiel du patrimoine national, évalué à 13 345 milliards d'euros.

Il est composé aux trois quarts d'actifs non-financiers, des biens immobiliers essentiellement, terrains et bâtis (7 188 milliards). Le patrimoine financier net des ménages représente, lui, le quart de leur patrimoine total. L'assurance-vie demeure le premier placement avec un encours évalué à 1 530 milliards d'euros.

Fin 2014, selon la Banque de France, l'encours de crédits des ménages atteignait 1 179 milliards d'euros. En termes relatifs, la dette des ménages représente 55,1 % du PIB, 84,7 % du revenu disponible brut. Sur ce dernier critère, si l'endettement des ménages français a augmenté de 15 points depuis 2007, notamment à cause de la hausse de l'immobilier, il reste dans la moyenne basse des pays les plus riches, proche des Allemands (82,7 % du revenu), mais loin derrière les Américains (136,5 %), les Anglais (134,5 %) ou encore les Espagnols (111,8 %). Le problème de la dette française n'est donc d'évidence pas celui de la dette des ménages !

La part de l'immobilier dans l'endettement total des ménages était de 86 % dans l'Hexagone à la fin de l'année 2013, soit une moyenne de 50 000 euros de dette par ménage propriétaire. De fait, les prix de l'immobilier sont aujourd'hui en France parmi les plus élevés au monde : en cela, la France fait presque figure d'exception. Ainsi, les prix ont peu baissé ces dernières années (3 % en 2014, 6,5 % depuis trois ans), alors qu'ils ont baissé de 20 à 40 % en Espagne, Irlande, Portugal ou États-Unis, dans un contexte il est vrai différent. Aujourd'hui en France, le ménage-type qui accède à la propriété a trente-six ans, 4 430 euros de revenus nets mensuels, 50 000 € d'apport (80 000 en Ile-de-France). En moyenne, ces ménages ont dépensé cette année 210 000 € pour s'offrir un appartement ou une maison et ils ont emprunté à leur banque un peu moins de 160 000 €.

Sur un autre champ, le taux de détention des crédits diminue une nouvelle fois en 2014 pour atteindre son plus bas niveau depuis 25 ans (46,5 %). Depuis 2008 par exemple, ce sont plus de 1,7 million de ménages qui sont sortis du marché des crédits ! Dans le détail, 20,9 % des ménages ne détiennent qu'un ou des crédits immobiliers, 15,9 % qu'un ou des crédits à la consommation, 9,7 % les deux types de crédits.

2 Le revenu

Le revenu est ce qu'un agent économique reçoit au cours d'une période sans prélever sur son capital ou son patrimoine.

A – Les différents types de revenu

1) Les revenus primaires

Le revenu des ménages est d'abord constitué de la rémunération du travail, qu'il soit mis à la disposition d'autrui (le travail salarié) ou qu'il soit exploité pour son propre compte (le travail indépendant). Ces revenus constituent les ***revenus d'activité***. À côté de ces revenus, les ménages récoltent le fruit de leurs placements financiers (à la Bourse ou à la banque) ou de leurs investissements immobiliers (la location de maisons ou d'appartements). Ces placements constituent une partie du patrimoine des ménages. Pour cela, les revenus qui en découlent sont appelés les ***revenus de patrimoine***. Les revenus d'activité et les revenus de patrimoine constituent le ***revenu primaire des ménages***. C'est le revenu qui résulte de la participation des ménages à l'activité économique, en mettant à la disposition d'autrui son travail et son capital (les facteurs de production).

2) Les revenus secondaires

Certains ménages ne participent pas à l'activité économique. Ils en sont le plus souvent empêchés par des considérations indépendantes de leur volonté (maladie, retraite, insuffisance d'emplois...). Ils perçoivent alors des revenus au titre du mécanisme d'assurance publique obligatoire auquel ils ont souscrit antérieurement, ou au titre de la solidarité nationale. Les revenus qu'ils perçoivent sont appelés revenus secondaires ou ***revenus de transfert***.

3) Le revenu disponible

Un ménage perçoit souvent à la fois des revenus primaires et des revenus secondaires. La somme des deux, déduction faite des impôts, taxes et cotisations que les ménages doivent payer, constitue le ***revenu disponible***; c'est celui qui reste pour consommer ou épargner.

Revenu disponible

Revenu primaire

Revenu d'activité
- Revenu du travail salarié
- Revenu du travail indépendant

Revenu du patrimoine
- Revenu du patrimoine financier
- Revenu du patrimoine immobilier

Revenu secondaire

Revenu de transfert (retraite, maladie, chômage, solidarité...)

B – Les revenus en France : quelques repères

1) Les salaires et leurs inégalités

Le salaire mensuel net moyen dans les entreprises du secteur privé et semi-public en 2012 pour un poste à temps complet s'élève à 2 154 euros (2 870 euros bruts), avec des disparités sectorielles importantes (1 511 euros dans l'action sociale, 3074 € dans l'information et la communication par exemple). Le salaire net médian est lui de 1 730 € euros, presque 400 euros de moins que la moyenne, preuve que certains perçoivent des salaires importants alors qu'une grande partie des gens touchent entre 1 200 et 2 000 euros (60 %).

Les inégalités de salaires s'observent sur plusieurs champs. Il existe ainsi une différence public/privé, le salaire net moyen (équivalent temps-plein) étant de 2 465 euros dans la fonction publique, l'écart étant surtout lié aux différences de diplômes des uns et des autres. Ensuite, les différences dans le privé sont d'un facteur 3 entre les 10 % à plus bas et les 10 % à plus hauts salaires (1 184 net contre 3 460).

Il existe aussi des différences selon la taille de l'entreprise d'accueil, le salaire moyen étant de 1 798 euros dans les entreprises de moins de 10 salariés, contre 2 403 euros dans les entreprises de plus de 500 (v. Chapitre 2).

Enfin, les inégalités hommes/femmes sont de l'ordre de 19,2 % et ne montrent pas de signe de diminution en tendance. Plusieurs explications sont avancées : les femmes travaillent davantage à temps partiel (un tiers des emplois pour les femmes, 5 % pour les hommes), elles interrompent davantage leurs carrières ou travaillent moins dans l'année, elles occupent davantage les emplois moins rémunérés (70 % des postes d'employés par exemple). Mais l'écart des salaires est encore de l'ordre de 5 à 10%, une fois tous ces critères pris en compte.

2) Revenu disponible et niveau de vie dans les faits

Le salaire est perçu à l'échelle individuelle. Qu'en est-il du revenu (tous revenus compris) après impôts – le revenu disponible – au niveau de chaque ménage ? En 2011, le revenu moyen mensuel des ménages français est de 2 998 €, le revenu médian de 2 417 €. Le salaire compte pour 72 % des revenus, le reste étant constitué des revenus du patrimoine, des revenus immobiliers ou, pour les professions libérales et artisans, des revenus mixtes.

Il existe ici aussi de fortes hétérogénéités entre les ménages, selon l'activité, la CSP ou le lieu d'habitation du chef de famille. Sur ce dernier point, les ménages d'Île-de-France bénéficient d'un revenu de 123, alors qu'il est de 100 pour la France, 95 pour Poitou-Charentes et 60 pour un département d'outre-mer par exemple.

Du salaire au niveau de vie en France : données médianes en 2012

Il reste que le revenu disponible par ménage ne mesure pas le niveau de vie effectif des individus. Celui-ci dépend du nombre de personnes composant le ménage, alors même que les dépenses (le chauffage par exemple) ne sont pas proportionnelles.

Le niveau de vie est donc calculé en divisant le revenu disponible du ménage par le nombre d'unités de consommation. Pour l'établir, on donne un coefficient 1 au premier adulte du ménage, 0,5 aux autres personnes de plus de 14 ans et 0,3 aux enfants de moins de 14 ans. Ainsi par exemple, on estime le niveau de vie d'une famille composée d'un couple et de deux enfants, l'un de 15 ans et l'autre de 13, en divisant son revenu disponible par 2,3.

De fait, en 2012, selon l'INSEE, le niveau médian de vie des individus ainsi défini était de 1 645 euros par mois. Les 10 % des ménages les plus modestes ont un niveau de vie inférieur d'un facteur 3,5 à celui des 10 % les plus aisés, chiffre qui a peu évolué depuis une dizaine d'année. Le niveau de vie des retraités est très proche de celui des actifs, loin devant celui des inactifs, des chômeurs, des jeunes, ou des familles monoparentales (1 100 €/par mois).

Toujours en termes de niveau de vie, ***le seuil de pauvreté*** à 60 % de la médiane s'établit à 987 € par mois. Le taux de pauvreté (le pourcentage de personnes en situation de pauvreté) est de 13,9 %, en hausse de plus d'un point depuis 2008. Cela concerne presque 800 000 personnes dont on peut dire qu'elles ont basculé dans la pauvreté ! Ainsi, 8,6 millions de personnes sont concernées, pour un niveau de vie mensuel médian de 784 €, dont 2,7 millions d'enfants. L'UNICEF annonce ainsi en 2015 qu'un enfant sur cinq naît en dessous du seuil de pauvreté en 2015.

La politique de lutte contre la pauvreté s'appuie largement sur le RSA qui est entré en vigueur le 1er juin 2009 et comporte deux volets : le RSA socle et le RSA complément d'activité, qui apporte un supplément de revenu aux travailleurs pauvres, et vise à les inciter à rechercher du travail (v. Chapitre 7). Le RSA socle, d'un montant plancher de 514 euros en 2015 est alloué aux personnes sans aucun revenu sous conditions patrimoniales et de composition du foyer. Il concerne 1,8 million de personnes fin 2014.

C – La classe moyenne

L'idée de classe moyenne reposait sur le fait que les deux tiers de la population bénéficiaient de revenus raisonnables, s'inscrivaient dans une logique d'ascenseur social, partageaient une culture de sécurité et de confiance dans l'avenir. Seule une minorité d'exclus d'une part, une classe dirigeante de l'autre, échappaient à ce sentiment d'appartenance, à ce destin commun. Il est vrai qu'une importante fraction de la population bénéficie encore de revenus se situant autour de la moyenne : selon le Credoc, 60 % des Français disposant d'un niveau de vie compris entre 70 % et 150 % du niveau de vie médian (de l'ordre de 1 750 € par mois par le Credoc), c'est-à-dire entre 1 200 et 2 700 € par mois. Ce sont les classes moyennes, bordées en amont par les catégories pauvres ou modestes (30 % de la population tout de même) et en aval par les catégories aisées ou riches (20 % de la population). Les salaires moyens d'un très grand nombre de professions sont compris dans cet intervalle : coiffeur, agent de sécurité, vendeur, cuisinier, secrétaire, conducteur de véhicule, assistant social, policier, infirmière, enseignant, etc. Pour un couple avec deux enfants, faire partie de la classe moyenne consiste à bénéficier de 2 400 à 5 200 € par mois.

Une typologie des classes moyennes et des autres catégories de revenus

800 euros	1 200 euros	1 600 euros	2 700 euros	3 100 euros	
10%	20%	30 %	20%	10%	10%
Catégories pauvres	Catégories modestes	Classes moyennes inférieures	Classes moyennes supérieures	Catégories aisées	Hauts revenus

Lecture : les classes moyennes inférieures rassemblent 30 % de la population et comprennent les personnes dont les revenus mensuels avant impôt sont compris entre 1 200 € et 1 750 € (pour une personne seule). *Note* : ces seuils ont été calculés par rapport à la dernière enquête de l'INSEE sur les revenus fiscaux et sociaux (2006).

Au-delà, sur une longue période, l'idée d'un décrochage et, plus encore, d'une paupérisation, des classes moyennes n'est pas une réalité statistique : en l'espace d'un peu plus d'une génération, le niveau de vie des classes moyennes a presque doublé, et cette progression a été plus forte que celle de l'ensemble de la population.

Mais sur la période récente, d'autres évolutions sont en cours :

- d'abord, les classes moyennes inférieures ont un sentiment d'aspiration vers le bas. De fait, une étude du CREDOC de 2013 (*en France, les classes moyennes inférieures bénéficient moins de la redistribution que dans d'autres pays*, novembre 2013, n° 264) étaye dans une logique de comparaison internationale le sentiment partagé au sein de la classe moyenne inférieure d'être la grande oubliée de l'État providence, trop riche pour être aidée, mais suffisamment pour payer des impôts. Si ce sentiment était aussi adossé à la fin des années 2000 à une augmentation visible du niveau de vie des catégories modestes, ce n'est toutefois plus le cas aujourd'hui : seuls les revenus de très riches augmentent dorénavant ;
- effectivement, les plus riches voient leur situation s'améliorer. Par exemple, pour figurer dans les 1 % les plus riches, il fallait gagner par personne 6 930 en 2004, mais 7 750 en 2011, soit une augmentation de 820 €. Pis, pour figurer parmi les 0,1 % et plus encore les 0,01 % des plus riches, il fallait gagner en 2011 respectivement 21 300 et 67 500 euros par mois, contre 17 300 et 47 300 en 2004. Des augmentations sans commune mesure avec celles enregistrées par exemple au niveau des revenus médians (+ 116 €) ! L'existence d'une classe d'hyper-riches, leur consommation outrancière, leur mode de vie ostentatoire relayé par les médias, provoque un sentiment de frustration de la classe moyenne qui n'a plus les moyens de s'identifier aux classes supérieures à la leur : la dilapidation matérielle de l'oligarchie sert d'exemple à toute la société (cf. l'ouvrage d'Hervé Kempf, *Comment les riches détruisent la planète*, 2007).

Au final, le sentiment des Français de la classe moyenne est que nous allons vers une structure sociale faite de deux ensembles (voir aussi Chapitre 7 sur la structure des emplois) :

- l'un, composé des gagnants de la mondialisation, les titulaires de capitaux, les rentiers, les travailleurs très qualifiés, polyglottes, technophiles, mobiles, disposant de compétences spécifiques qui ne trouvent pas de rivaux ailleurs à moindre coût,
- l'autre, allant du commun des salariés (et des retraités) précarisés aux vrais pauvres et aux exclus.

À NOTER • Le salaire mensuel médian en France est de l'ordre de 1 700 €, tout comme le niveau de vie médian. Une très grande partie de Français est concernée par cette somme, à plus ou moins 500 €. C'est la classe moyenne française, qui se sent aujourd'hui aspirée vers le bas, et ne peut plus s'identifier aux riches, et encore moins aux très riches, dont les niveaux de vie explosent.

3 La consommation

Le revenu des ménages permet la consommation finale. La ***consommation finale*** représente la valeur des biens et des services utilisés pour la satisfaction directe des besoins humains, individuels ou collectifs. La comptabilité nationale distingue la consommation de l'investissement des ménages, ce dernier consistant par exemple en l'achat d'un bien immobilier.

La consommation des ménages a considérablement augmenté depuis la Seconde Guerre mondiale de sorte qu'elle est devenue le phénomène économique central de nos sociétés industrielles, appelées aussi « sociétés de consommation ». La consommation de masse est directement à l'origine de la formidable croissance économique d'après-guerre, sans doute aussi certainement de la crise écologique actuelle. Le schéma était alors le suivant : la forte demande liée à une consommation de masse permettait l'automatisation des processus et la division du travail (le fordisme) qui étaient source de gains de productivité et donc de baisse de prix à l'origine de nouvelles augmentations de consommation.

A – Les modes de consommation et leur évolution

En France, la dépense de consommation finale des ménages augmente depuis plusieurs décennies maintenant. Ainsi, chaque Français consomme 3,2 fois plus qu'en 1960 en volumes ! Dans le même temps, les modes de consommation ont sensiblement évolué : la part de l'alimentation dans les dépenses totales est passée de 20 % en 1960 à 13 % en 2009, la part du logement a augmenté (de 17 à 23 %), tout comme celle du transport, de la communication, des loisirs ou encore de la santé. En 2009, l'alimentation représente encore toutefois le second poste de dépenses des ménages français, après le logement. C'est ce que montre l'évolution des *coefficients budgétaires* calculés par l'INSEE.

Dans une logique de comparaison internationale, l'INSEE propose, à la suite des travaux de la commission Stiglitz sur les indicateurs de l'économie alternatif au PIB, une comparaison européenne des niveaux de consommation effective des ménages, *i.e.* que la dépense leur incombe ou non (elle passe alors par les administrations). Après ajustement par les parités de pouvoir d'achat (les prix des biens et services renommés en France dépassent de 9 % la moyenne européenne), la consommation effective des ménages français par habitant en volume apparaît en 2012 supérieure de 14 % à la moyenne européenne, derrière l'Allemagne par exemple (9 points) au même niveau que le Royaume-Uni. Mais c'est surtout la structure spécifique de la consommation française qui est intéressante : par exemple, le volume de consommation en produits alimentaires des français est plus élevé qu'ailleurs (un Français consomme trois fois plus de poissons et une fois et demie plus de viande qu'un Allemand), tout comme celui des boissons alcoolisés, alors que nous allons moins souvent que les autres dans les cafés ou restaurants que les Espagnols ou Italiens (99 pour une base européenne de 100 contre 126 pour les Italiens et 209 pour les Espagnols). Nous sommes également parmi les plus grands consommateurs d'antidépressifs... Dernier élément, les administrations prennent en charge 88 % de notre consommation d'éducation, 77 % de celle de santé et même 15 % de celle de loisirs et culture, contre respectivement 74, 68 et 7 % en Allemagne par exemple.

B – Les déterminants économiques de la consommation

Le revenu des ménages et le prix des biens sont les deux principaux éléments qui déterminent le niveau et la structure de la consommation. Des comportements sociologiques interviennent également.

1) Consommation et revenu

Si le revenu d'un ménage augmente, il pourra consommer davantage de chaque bien. Consommation et revenu sont donc étroitement liés. Cette règle n'est cependant pas vérifiée pour tous les biens. Ainsi, la consommation de certains produits alimentaires baisse quand le niveau de vie augmente. Prenons l'exemple de la farine : l'augmentation du niveau de vie fait que l'on achète les pâtisseries plutôt que de les faire. Plus généralement, il est établi que la part des dépenses alimentaires dans le budget des ménages diminue avec l'augmentation de revenu. C'est la loi d'Engel, du nom du statisticien allemand qui a le premier montré cette relation dès le milieu du XIXe siècle. On peut aussi illustrer cette loi en prenant l'exemple du pain, dont la consommation stagne depuis une vingtaine d'années en France (elle diminue dans les autres pays).

La loi d'Engel peut être établie en calculant l'élasticité de la demande par rapport au revenu, ou ***élasticité-revenu de la demande***. Elle représente la sensibilité de la demande d'un produit à la variation du revenu de l'individu. Elle se calcule en faisant le rapport entre la variation relative de consommation et la variation relative de revenu.

Cela permet de définir les catégories des ***biens normaux*** (élasticité comprise entre 0 et 1, c'est-à-dire augmentation de consommation moins que proportionnelle au revenu), des ***biens supérieurs*** (supérieur à 1 = augmentation plus que proportionnelle) et des biens inférieurs (chiffre négatif : baisse quand le revenu augmente).

2) Consommation et richesse

Le revenu des ménages est sans doute la variable qui influence le plus leur consommation. Mais au-delà du revenu, c'est la richesse des ménages qui est prépondérante. La richesse englobe tous les revenus que l'individu espère obtenir aujourd'hui et dans le futur en fonction de son patrimoine humain (formation, capacités...) et matériel (actifs réels, financiers et monétaires). Friedman parlait ainsi de revenu permanent. Le comportement de consommation est donc fonction de ***tous les revenus prévus par un individu*** et non du seul revenu effectivement perçu à un moment donné.

Cet effet de richesse passe par l'épargne, qui fait ici dépendre la consommation d'une volonté ou non des ménages de constituer une épargne de précaution (selon la logique : ma richesse augmente, j'épargne moins mon revenu courant, je peux consommer davantage). Cet effet a, par exemple, été estimé par Natixis (*special report*, 10 avril 2009 – n° 112) selon les coefficients suivants :

Effets sur le taux d'épargne brut des ménages d'une hausse de 1 point de PIB		
	De la richesse financière	De la richesse immobilière
États-Unis	– 0,034	– 0,042
Zone euro	– 0,003	– 0,005
Royaume-Uni	– 0,011	– 0,020

L'effet de richesse s'observe partout, mais est plus présent dans les pays anglo-saxons, à système de retraite par capitalisation.

3) Consommation et prix

La loi de la demande indique qu'en règle générale la demande diminue lorsque le prix du bien demandé augmente. La demande varie en sens inverse du prix. Est-il possible que l'augmentation du prix d'un bien entraîne une augmentation de ses quantités demandées ? C'est rare, mais pas impossible, une hausse du prix ayant en fait deux effets : l'effet de substitution et l'effet de revenu.

L'***effet de substitution*** incite les individus à consommer davantage les biens qui peuvent remplacer celui dont le prix a augmenté. Par exemple, si le prix du café augmente, dans une certaine mesure, on consommera davantage de thé.

L'***effet de revenu*** résulte du fait que la hausse du prix d'un bien appauvrit ceux qui le consomment. Avec un même revenu, on consomme moins de café, si son prix augmente. Vue sous cet angle, une hausse du prix d'un bien a exactement les mêmes conséquences qu'une baisse du revenu.

Les deux effets, de substitution et de revenu, vont dans le même sens pour les biens normaux ou supérieurs. Une hausse du prix limite les quantités demandées. Pour les biens inférieurs, ils sont de sens contraire. C'est la raison pour laquelle il n'est pas inimaginable qu'une hausse du prix entraîne l'augmentation des quantités demandées de certains biens (effet de revenu dominant).

Comme pour le revenu, la sensibilité des quantités consommées au prix s'exprime par l'***élasticité-prix***, égale au rapport de la variation relative des quantités demandées à la variation relative du prix.

On mesure enfin le caractère substituable ou complémentaire des biens en calculant leurs élasticités-prix croisées (si le prix du café augmente, la consommation de sucre diminue – biens complémentaires, celle du thé augmente – biens substituables).

4) Consommation et comportements sociologiques

Les explications sociales de la consommation sont importantes pour expliquer son évolution.

Ainsi, dans le cas où la consommation d'un bien augmente quand son prix augmente, les explications sociologiques sont plus convaincantes que l'explication économique :

- d'abord, les ménages peuvent être sensibles au sentiment de snobisme qui les pousse à consommer des biens chers ou dont le prix augmente. C'est le cas des produits de luxe comme les objets d'art ;
- ensuite, l'observation des comportements de personnes influentes sur un marché peut laisser penser que le prix va augmenter encore plus. On trouve alors les comportements de spéculation qui font que la consommation augmente en réponse à une hausse du prix car les acheteurs anticipent une hausse encore plus forte.

La spéculation est fondée sur le comportement moutonnier des consommateurs qui calquent leurs décisions sur celles de quelques personnes influentes. Le même comportement existe lorsque les individus cherchent à imiter le modèle de consommation des groupes sociaux dont le niveau de vie est immédiatement supérieur au leur. Ce phénomène, qualifié d'***effet de démonstration***, explique pourquoi sur une longue période, la croissance du revenu n'entraîne pas de baisse de la part des dépenses de consommation dans le revenu (cette part s'appelle la propension à consommer).

Enfin, si la consommation dépend du revenu actuel, elle dépend aussi des habitudes de consommation passée. C'est l'explication de la consommation par ***l'effet de cliquet***. Elle repose sur le fait que les ménages répugnent à réduire le niveau de leur consommation passée, ou même le niveau d'accroissement de leur consommation passée. En cas de baisse de leur revenu, ils puisent d'abord dans leur épargne. Il existe donc une forte inertie à la baisse de la consommation (ou de ses augmentations). Ces comportements expliquent que la consommation des ménages est l'un des agrégats les plus stables de l'économie.

À NOTER • La consommation d'un bien dépend du revenu (et au-delà de la richesse), de son prix (et des prix des biens qui lui sont proches) et de considérations sociologiques.

4 L'épargne

Selon l'INSEE, l'épargne représente la part des ressources courantes qui reste disponible pour accumuler des actifs physiques ou financiers. C'est aussi la partie non consommée du revenu. Le rapport de l'épargne au revenu est appelé ***taux d'épargne***. La part de l'épargne qui n'est pas utilisée pour acquérir un logement ou un terrain est appelée épargne financière. Quand celle-ci est rapportée au revenu, on obtient le taux d'épargne financière.
L'analyse de l'épargne fait l'objet d'une dualité d'approche, selon le courant de pensée : pour les uns, keynésiens, elle n'est qu'un reliquat du revenu non consommé, pour les autres, classiques, elle a une raison d'être en tant que telle, indépendamment de la consommation, avec ses facteurs d'influence propre, au premier rang desquels le taux d'intérêt (nous avons aussi vu l'effet richesse), et ses incidences, sur le volume d'investissement notamment.

A – Évolution du taux d'épargne français et comparaison internationale

Le comportement d'épargne des ménages français est singulier à deux titres : les ménages français épargnent relativement plus que les autres, autour de 15 % contre moins de 14 % dans la zone euro et moins de 11 % dans l'Union européenne ; le taux d'épargne est finalement assez stable en dépit des aléas de revenus (15,1 % début 2014, alors que le pouvoir d'achat augmente légèrement).

Si le taux d'épargne français est élevé et stable, cela signifie également que les Français ont, moins que d'autres, les Américains évidemment, succombé aux sirènes de l'endettement, notamment des crédits à la consommation adossés à la valeur des biens immobiliers (crédits hypothécaires).

S'il est stable, on peut penser que les comportements d'épargne sont davantage liés à des considérations structurelles que conjoncturelles.

Au-delà, l'épargne des ménages est très fortement concentrée parmi les hauts revenus : en 2009, le taux d'épargne atteint 10 % pour les ménages que l'on pourrait assimiler à la classe moyenne supérieure, mais il explose à 47 % pour les 20 % les plus aisés et est négatif (– 11 %) pour les 20 % de ménages les plus pauvres qui financent ce besoin par les transferts privés (de ménage à ménage). Au final, les 20 % les plus aisés dégagent 80 % de la masse totale de l'épargne des ménages, selon l'Insee.

B – Structure et évolution de l'épargne financière

L'épargne des ménages constitue *in fine* leur patrimoine, décrit plus haut. Pour rappel, les deux tiers de ce patrimoine sont constitués d'immobilier, un tiers de placements. Dans le détail, 25 % de l'épargne financière est une épargne bancaire (comptes courants, comptes rémunérés, comptes à terme…), 10 % vont nourrir les livrets réglementés (livret A, livret de développement durable…), lesquels jouent un rôle prépondérant dans le financement du logement social, 26 % se placent directement – ou *via* les banques – sur les marchés, et 38 % composent l'assurance-vie. L'épargne longue – les deux derniers placements – constitue donc les deux tiers de l'épargne.

Cette épargne fait l'objet depuis peu d'une convoitise nouvelle, parce que les besoins sont accentués : les banques doivent conforter leurs bilans (voir Chapitre suivant), les entreprises, les PME en particulier, peine à se financer (crédits ou capitaux propres), l'État souhaiterait qu'une partie plus importante de sa dette soit détenue par des agents nationaux (un tiers aujourd'hui), par souci de souveraineté nationale, les promoteurs immobiliers, y compris dans le logement social, souligne la pénurie de logement alors même que le secteur du bâtiment serait sinistré. Dans le même temps, l'assurance-vie, qui est à 56 % investie en obligations et actions d'entreprises, a connu une décollecte nette inédite en 2012, plus de retraits que de dépôts donc.

Bref, il y a ici à imaginer un nouveau fléchage de l'épargne – à travers des incitations fiscales – vers les supports longs et en direction des agents qui en ont le plus besoin. Plusieurs pistes avaient été proposées par le rapport Bergè-Lefebvre de 2013 :

- consolider l'épargne populaire en particulier par le respect de l'engagement de doublement du plafond des dépôts sur le livret A (il a déjà fait l'objet d'un double relèvement de 25 %, de sorte qu'il atteint 22 950 euros début 2012 contre 15 300 euros mi 2012, ce qui a largement contribué à stimuler sa collecte : + 49 milliards en 2012) ;
- réaménager la fiscalité de l'assurance-vie pour renforcer la nature de long terme de ce support ;
- réorienter à hauteur de 15 à 25 milliards d'euros par an (100 milliards d'ici la fin du quinquennat) l'épargne financière des ménages en faveur des entreprises, dont un quart aux ETI et PME ;
- favoriser la transformation de contrats d'assurance-vie actuels en nouveaux contrats diversifiés, investis sur le long terme dans le financement des entreprises, avec un rendement attractif mais une garantie du capital à terme et non plus en permanence. L'idée serait de dégager 20 milliards au bénéfice des entreprises d'ici 2017.

C – Une explication structurelle à l'évolution du taux d'épargne

Le taux d'épargne dépend de nombreux éléments : la richesse comme cela a été dit, sa rémunération évidemment (le taux d'intérêt réel), mais sans que l'on ne sache en mesurer précisément l'effet (s'il augmente, j'ai intérêt à épargner davantage mais, *a contrario*, je peux épargner moins, mon épargne actuelle me rapportant plus).
D'autres considérations expliquent son niveau élevé en France. L'accession à la propriété est davantage anticipée, puisque les prix ont beaucoup augmenté. L'éclatement des familles, une mobilité professionnelle accrue, l'absence de vision sociétale longue, les craintes pour le financement de la retraite… tous ces éléments incitent à la constitution d'une épargne de précaution, comme en témoigne le succès des produits d'assurance-vie, également dopés par une fiscalité incitative.

Une autre raison, démographique et donc structurelle, peut être avancée pour expliquer les taux d'épargne. Elle repose sur la théorie du *cycle de vie* de Modigliani (prix Nobel d'économie en 1985). Globalement, il considère que sur la durée de la vie, la consommation d'une personne est égale à son revenu. S'inscrivant hors d'une logique de retraite par répartition, il constate une baisse des revenus lors de la cessation d'activité, et donc la constitution préalable d'une épargne en fin de vie active, quand les emprunts sont remboursés. De fait, il fait dépendre le taux d'épargne de la structure démographique de la population. Dans un pays comme la France, ce phénomène n'est pas lié à la baisse de revenus des retraités (ils sont identiques à ceux des actifs), mais aux mesures individuelles d'assurance par rapport à la perte d'autonomie, plus tardive. Pour cette raison, et alors que les générations du baby-boom partent seulement à la retraite, le taux d'épargne français pourrait rester élevé quelques années encore.

À NOTER • Le taux d'épargne français est stable et élevé. À ce titre, il constitue un point de force de l'économie française, qui devrait davantage financer l'économie productive *via* des incitations fiscales. À court terme, l'épargne dépend du patrimoine et du taux d'intérêt réel. À long terme, il dépend du degré de confiance des ménages dans l'avenir et de la structure démographique de la population. Selon la théorie du cycle de vie, le taux d'épargne des ménages ne devrait pas baisser dans les prochaines années.

Les banques financent l'économie et créent la monnaie

CHAPITRE 4

Les banques jouent un rôle économique majeur puisqu'elles financent l'économie et sont à l'origine de la création de monnaie.

1 Les banques et leur rôle dans l'économie

A – Le système bancaire français

Les statuts et les activités des établissements de crédit sont régis par la loi de 1984. Les établissements de crédit effectuent des opérations de banque qui sont de trois types : la ***réception des fonds du public***, les ***opérations de crédit***, l'***émission et la gestion des moyens de paiement*** (la monnaie). La Banque centrale est une banque particulière dans le système bancaire. Elle est la banque des banques, puisque les banques commerciales se refinancent auprès d'elle. Elle est la seule à émettre de la monnaie-centrale, c'est-à-dire les billets et les pièces.

Les établissements de crédit sont classés en 6 catégories : les banques relevant de l'Association Française des Banques (BNP Paribas, la Société Générale, HSBC, les banques mutualistes ou coopératives – par exemple Crédit Agricole et Crédit Mutuel, les Caisses d'épargne et de prévoyance (qui ont fusionné avec les Banques populaires), les Caisses de crédit municipal, les sociétés financières et les institutions financières spécialisées (les plus connues étant le Comptoir des entrepreneurs, le Crédit foncier de France, et le Crédit d'équipement des PME). Par ailleurs, le financement des collectivités territoriales s'opère également *via* la Société de financement local (SFIL), une nouvelle banque publique détenue par l'État, la Caisse des dépôts et La Banque Postale, en remplacement de Dexia, l'opérateur historique dans ce secteur. Elle vise un financement à hauteur de 5 milliards à partir de la fin 2013.

En termes de part de marché, la première place est occupée par BNP Paribas devant Crédit agricole puis Société générale et BPCE. La banque est l'un des premiers employeurs du secteur privé en France avec environ 370 000 collaborateurs avec près de 60 % des postes occupés par des femmes et 60 % des embauches orientées clients.

Le secteur bancaire emploie 370 000 personnes en France. Les plus gros employeurs sont en 2014 BPCE (97 500 salariés), Société Générale et BNP Paribas (autour de 58 000) ou encore Crédit Agricole (38 000). Entre 2011 et 2014, les quatre principales banques françaises ont perdu plus de 15 000 emplois, par effet de périmètre, mais aussi par souci de rationalisation dans la banque de détail. Cela ne veut pas dire qu'elles n'embauchent pas, les banques AFB par exemple recrutant environ 40 000 personnes l'an passé par renouvellement de postes non supprimés.

B – Le rôle des banques

1) La collecte de l'épargne auprès des ménages

Les banques ont d'abord pour fonction de collecter l'épargne auprès des ménages et de la prêter aux agents économiques qui veulent financer un projet. La banque prélève alors des frais qui correspondent à son expertise dans la sélection des clients. En effet, un particulier qui voudrait placer son argent ne saurait pas à qui le prêter, puisqu'il n'a pas le temps d'étudier l'intérêt du projet de celui qui veut emprunter, et qu'il ne connaît pas sa solvabilité. La banque le fait à sa place et est plus compétente pour le faire. Par ailleurs, si vous prêtez directement à quelqu'un et que celui-ci ne vous rembourse pas, vous perdez beaucoup puisque vous perdez tout. La banque, elle, prête à beaucoup de monde. Si un emprunteur ne rembourse pas, elle répartit la perte sur l'ensemble de ses clients, de sorte que la perte de chacun est minime.

2) L'ajustement des durées de placement et d'emprunt

Les banques ont ensuite pour fonction de faire correspondre les durées de placement et d'emprunt.

Ceux qui prêtent ne veulent pas s'engager pour longtemps. Pour le moins, ils veulent être sûrs de récupérer rapidement leur argent en cas de problème. Une partie importante des dépôts est donc à court ou moyen terme.

Ceux qui empruntent, souvent pour réaliser des investissements, veulent du temps pour rembourser. Une partie importante des emprunts est à long terme.

Sans la banque, il serait impossible de faire coïncider la volonté des uns avec celle des autres. La banque, elle, sait le faire, puisque la succession des dépôts à court terme fait des emprunts à long terme : un prêt à un an reconduit dix fois a la même caractéristique qu'un prêt à dix ans. Ceci fonctionne parfaitement à condition que les volumes collectés ne changent pas.

3) La création de monnaie

Les banques ont enfin pour fonction de créer de la monnaie. La création de monnaie est indispensable à la croissance économique. En effet, l'épargne existante provenant des revenus distribués (et donc de la production réalisée) permet seulement de financer les investissements de remplacement, ceux qui garantissent le même niveau de production. La croissance économique (les augmentations de production) est, elle, rendue possible par les investissements supplémentaires (les investissements nets). Pour les financer, il faut injecter des liquidités dans le système économique. C'est le rôle de la création monétaire.

À NOTER • Les banques sont au cœur du financement de l'économie. Pour cela, elles collectent l'épargne, font coïncider les durées de placements et d'emprunts, et créent de la monnaie.

2 Le mécanisme de la création de monnaie

A – La monnaie

La monnaie est l'ensemble des moyens de paiement permettant le règlement des transactions. Le paiement se fait de différentes façons : par chèque, par carte bancaire, par prélèvement automatique… Ce sont les instruments de paiement.

En pourcentage du nombre d'opérations, les Français sont avec les Américains ceux qui utilisent le plus de chèques (26 % des opérations contre 9 % en moyenne dans la zone euro). Les opérations par carte bancaire y sont aussi relativement plus importantes (38 % contre 34 %), au contraire des virements et des avis de prélèvement.

1) Le rôle de la monnaie

La monnaie remplit trois fonctions. Elle est :

- ***unité de compte*** (quelle est la valeur d'un bien ?) ;
- ***intermédiaire des échanges*** (comment faire pour échanger un bien contre un autre bien ?);
- ***réserve de valeur*** (comment faire pour échanger un bien aujourd'hui contre un autre bien demain ?).

La monnaie peut donc être détenue pour deux raisons principales :

- elle sert d'abord à acheter les biens de la vie courante, ou à faire face à des dépenses imprévues. Le choix de conserver de la monnaie, souvent non rémunérée, plutôt que des titres, rémunérés, découle de sa propriété de parfaite ***liquidité.*** Un actif est liquide s'il est immédiatement utilisable comme moyen de paiement;
- elle peut ensuite être détenue dans un souci de ***spéculation*** : si vous pensez aujourd'hui que la Bourse va chuter demain, alors mieux vaut vendre vos actions et placer votre argent sur votre compte en banque !

2) La mesure de la monnaie

La monnaie occupe une place importante dans l'économie. Trop de monnaie et les prix grimpent, pas assez de monnaie et l'activité économique ralentit. Pour savoir s'il y a trop ou pas assez de monnaie, il faut la mesurer. La base monétaire, ou « monnaie banque centrale », désigne la monnaie qui a été créée directement par la Banque centrale : elle est constituée des espèces (pièces et billets), et du solde des comptes des banques dans les livres de la Banque centrale, aussi appelés « réserves » ainsi que les facilités de dépôt accordées. À partir de cette base monétaire, les banques, par les crédits qu'elles accordent, accroissent la monnaie scripturale et donc la masse monétaire. Elles créent de la monnaie.

Les statistiques officielles regroupent les différentes formes d'argent (placé ou non) sous forme d'agrégats monétaires appelés *M1, M2 et M3*.

Ces trois agrégats monétaires sont emboîtés les uns dans les autres par ordre décroissant de liquidité. Ils recensent les actifs monétaires (les moyens de paiement et, parmi les actifs financiers, ceux qui peuvent être convertis en moyens de paiement sans risques importants en capital) détenus par les agents résidents à l'exclusion des banques. Les ***agrégats monétaires*** mesurent la masse de monnaie en circulation. On distingue la masse monétaire au sens étroit et au sens large :

- *la masse monétaire au sens étroit (M1)* est composée de l'ensemble des moyens de paiement détenus sous forme de monnaie métallique (ou divisionnaire, les pièces), fiduciaire (billets) et scripturale (dépôt à vue). M1 regroupe les deux formes de monnaie immédiatement utilisables pour régler des transactions;
- *la monnaie au sens large (M3)* englobe en outre les placements à vue – placements rémunérés par le versement d'un intérêt et que l'on peut retirer à tout moment (les livrets jeunes par exemple) – et les placements à court terme rémunérés au taux du marché.

Début 2015, la contribution française à M3 s'élevait à 1 800 milliards d'euros, 700 au titre de M1, 750 au titre de M2-M1, 350 au titre de M3-M2. En variation, ce qui importe, l'agrégat monétaire M3 a retrouvé des taux de croissance significatifs, autour de 4,0 %, ce qui traduit le retour de l'appétence des Français pour le crédit.

De fait, les agrégats monétaires mesurent la masse monétaire mais ne rendent pas compte de l'origine de la création de monnaie. Celle-ci est décrite par les ***contreparties de la masse monétaire*** qui décrivent les créances correspondant aux agrégats. Il existe trois grands types de créances : les créances sur l'extérieur, sur le Trésor public et sur l'économie.

3) Les monnaies virtuelles

On voit également apparaître sur le web des monnaies virtuelles, à l'instar des ***Amazon coins*** (1 dollar équivaut à 100 Amazon coins) lancés en 2013, visant à l'achat d'application et de jeux conçus pour la tablette KindleFire. L'idée est d'accroître les possibilités de monétisation – de revenus – pour les développeurs d'application de la tablette d'Amazon. Mais la monnaie virtuelle qui remporte le succès le plus important est le ***Bitcoin***, une monnaie que l'on acquiert en installant sur son ordinateur un logiciel qui permet d'allouer une partie de sa capacité de calcul. La création de Bitcoins est contrôlée par un algorithme qui doit en amener le volume à 21 millions d'ici 2030, il en existe 11 millions aujourd'hui. Cette monnaie s'échange ensuite contre dollars ou euros sur des plateformes comme Mt Gox (début 2015, le bitcoin vaut 200 euros contre 15 en 2013, tout en étant très fluctuant) permet d'acheter des objets réels sur Internet, ou d'accéder aux fonctionnalités payantes de site en ligne, *Wordpress* par exemple.

B – Le mécanisme de la création de monnaie

1) Qui crée de la monnaie ?

La création monétaire est l'augmentation des moyens de paiement mis à disposition des agents économiques. Il y a création de monnaie si la valeur des agrégats monétaires augmente. Les pièces et les billets en circulation peuvent être plus nombreux si la banque centrale en émet davantage. Les sommes inscrites sur les dépôts à vue peuvent être plus importantes si les banques accordent plus de crédits aux titulaires de ces comptes.

Comme les billets ne représentent que 10 % de l'agrégat M1, on voit bien que l'augmentation de la masse monétaire provient surtout d'une augmentation des crédits accordés par les banques. Ce sont donc bien les banques qui créent de la monnaie.

2) Comment les banques créent-elles de la monnaie ?

Comment une banque peut-elle créer de la monnaie sans que l'institut d'émission (la Banque centrale) ne soit concerné ? La réponse vient du fait que la banque n'a pas besoin de disposer de l'argent nécessaire à son crédit. Pour quelle raison ? Parce qu'une partie de ce qu'elle prête lui revient sous forme de dépôts.

Exemple

Imaginons une économie composée d'une seule banque. Cette banque a, par exemple, 8 clients. Elle leur fait à chacun un crédit de 100 €. Avec ces 100 € de monnaie en plus, les clients se font des chèques, qui vont être déposés à la seule banque du pays, la banque qui a fait le crédit. De la sorte, la création de monnaie a simplement consisté en un jeu d'écritures sur les comptes de la banque commerciale sans que la Banque centrale ait son mot à dire !

Cependant, le système bancaire comprend plusieurs établissements. Supposons donc qu'une deuxième banque s'implante dans le pays, et obtienne 20 % de parts de marché (v. schéma). La première banque (A) a donc 8 clients et la seconde (B) a 2 clients. Chaque banque prête 100 € à chaque client. Avec les 1 000 € de monnaie créée, les gens s'achètent des biens (ils se payent par chèque). Alors, la probabilité est grande que 80 % de la monnaie créée revienne à la banque A et 20 % à la banque B. Cependant, les clients de A font des chèques à tout le monde, clients de A et clients de B. Ce ne sont pas les 800 € de crédits accordés par A qui vont lui revenir mais 80 % de ces 800 € (soit 640 €) plus 80 % des 200 € de crédits accordés par B (soit 160 €). Ceci signifie que A va se retrouver avec 160 € de chèques émis par des clients de B.

De la même façon, B va se retrouver avec des chèques émis par des clients de A, pour 20 % de 800 €, soit 160 € aussi. Les sommes étant les mêmes, les banques n'ont plus qu'à s'échanger les chèques : c'est *la* ***compensation***. Ainsi, même en présence de plusieurs établissements, les banques peuvent créer de la monnaie sans avoir de comptes à rendre à quiconque.

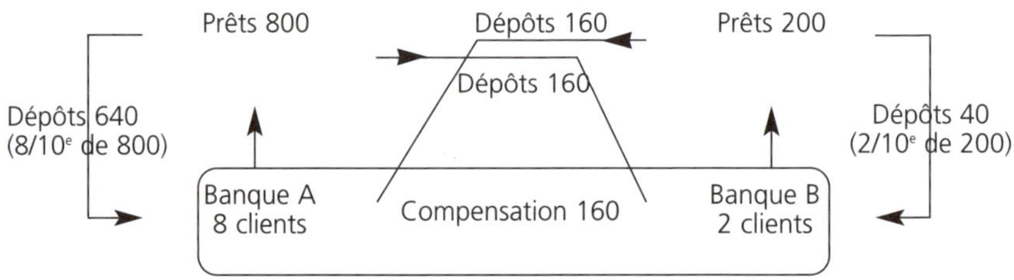

3) Les limites de la création monétaire

Avec nos hypothèses, la création de monnaie n'aurait aucune limite : les banques ont intérêt à prêter (elles gagnent de l'argent) et elles peuvent le faire sans rendre de comptes. En fait, la création de monnaie est d'abord limitée en raison des contraintes qui pèsent sur la demande et l'offre de crédits :

- en premier lieu, la création de monnaie est contrainte par les demandes de crédits provenant des entreprises ou des ménages. Or la volonté d'emprunter est favorisée ou limitée par différents facteurs : l'évolution des revenus et des taux d'intérêt, le niveau de l'endettement, etc. C'est ce que l'on observe actuellement dans la zone euro : la création de monnaie par la Banque centrale ne se traduit pas ou très peu par une augmentation des crédits à l'économie ! Ainsi, base 100 en 2002, la base monétaire (M0) et la masse monétaire (M2) de la zone euro s'établissaient respectivement à 180 et 160 en 2008, une évolution normale. Mais alors que la politique de création monétaire massive de la BCE s'est depuis traduite par une envolée de la base monétaire (elle vaut 350 aujourd'hui), la masse monétaire s'est relevée à 180 seulement. Cela signifie que la transmission de la politique monétaire à l'économie est inopérante ;
- en second lieu, la création de monnaie est limitée par le fait que les banques restreignent elles-mêmes le volume des crédits offerts en prenant en compte les risques de non-remboursement des emprunteurs. Il s'agit alors de limiter le risque d'insolvabilité des débiteurs.

Au-delà, trois autres facteurs limitent la création de monnaie :

- les banques ne peuvent pas faire plus de crédits que ne leur autorise leur part de marché. Dans le cas contraire, elles vont devoir s'emprunter de l'argent les unes aux autres sur le marché monétaire ce qui leur coûte cher (v. Chapitre 8) ;

– quand la banque fait un crédit, les clients peuvent garder une partie de l'argent sous forme liquide dans leurs poches. Les banques vont alors devoir emprunter de l'argent auprès du seul établissement habilité à en émettre : la Banque centrale. Ce faisant, la Banque centrale peut contrôler le montant des crédits accordés par les banques (v. Chapitre 11) ;
– l'activité bancaire est enfin régulée en particulier par les accords de Bâle qui obligent les banques à détenir des fonds propres en proportion des crédits qu'elles accordent.

À NOTER • La monnaie est surtout créée par les banques quand elles font des crédits. Elles peuvent créer de la monnaie indépendamment de la Banque centrale parce qu'une partie des crédits qu'elles accordent leur revient sous forme de dépôts.

3 Les grandes questions bancaires pour la décennie

Une des explications de la crise vient des dysfonctionnements de la finance en partie hébergée par les banques. La doctrine du *too big to fail* bancaire (trop important pour être mis en faillite) a volé en éclat quand le gouvernement américain a décidé de ne pas soutenir plus avant Lehmanns-Brothers en 2008. Les banques pouvaient donc faire faillite, entraînant dans leur sillage la ruine des petits exposants.

De fait, aujourd'hui, trois questions se posent. Faut-il séparer les activités spéculatives des banques de leurs activités de dépôt et de prêt ? Les banques sont-elles suffisamment solides ? Qui doit payer en cas de faillite bancaire ?

Au-delà, la mise en place de l'Union bancaire ajoute un pilier indispensable à la construction européenne.

A – La séparation des activités de banque d'affaires et de banque de dépôt

Au sens strict, une banque d'affaires est un intermédiaire financier pour les entreprises concernant les opérations financières, par exemple les fusions, les offres publiques d'achat ou d'échange… Au sens large, elle englobe les activités de *trading* pour compte propre, quand les banques ont commencé à faire des affaires pour elles-mêmes. Il s'agit pour une banque de prendre des positions sur les différents marchés financiers – actions, taux, devises ou marchés dérivés – pour elle-même et non pas pour le compte de ses clients. Cette activité est progressivement devenue essentielle pour les banques, leur procurant une grande partie de leurs revenus et de leurs bénéfices. L'idée est comme pour les *hedge funds* (voir Chapitre 17) de surperformer les marchés, d'aller au-delà des rendements indiciels. Ceci renvoie aux grands scandales de traders de ces dernières années, comme l'affaire Kerviel, du nom de cet opérateur de la Société générale qui avait engagé plus de 50 milliards sur des produits dérivés, le dénouement des opérations dans la précipitation ayant entraîné une perte de 4,9 milliards pour la banque. D'autres affaires du même genre ont éclaté depuis.

Ces défaillances individuelles – ou inhérentes à l'activité spéculative – démontrent en tout cas que le trading pour compte propre peut mettre en danger l'activité de détail de la banque en cas de retournement massif de marché comme cela fut le cas en 2007-2008. La question est alors de savoir s'il convient de dissocier ces deux structures, comme cela fut le cas aux États-Unis avec le *Glass-Steagall act* de 1933 ou même en France en 1945.

L'argument en faveur d'une telle dissociation est évidemment de protéger les déposants en cas de faillite. Les arguments en sa défaveur sont que les banques les plus solides dans la crise ont finalement été les banques universelles, et que la diversification fait *in fine* baisser les coûts de financement, ce dont au final bénéficient les clients des banques de dépôts.

En 2015, la perspective d'une dissociation nette des deux types de banques s'éloigne toutefois. La loi bancaire française du printemps 2013 prévoyait de cantonner les activités spéculatives des banques non utiles à l'économie dans une filiale séparée et imposait une supervision renforcée des activités de marché. Mais les critères caractérisant les activités spéculatives atténuent largement la portée de la mesure. Au-delà, le Parlement européen n'arrive pas en 2015 à trouver un consensus sur le sujet, alors que le terme de séparation est jugé trop contraignant par le commissaire européen en charge du dossier.

B – Les banques sont-elles solides ?

Comme pour les États, il convient tout d'abord de ne pas confondre les éventuels problèmes de solvabilité avec ceux de liquidité. La solvabilité repose sur la capacité à absorber des pertes sans faire faillite : elle s'appuie sur une dotation suffisante en fonds propres. La liquidité repose, elle, sur la capacité à faire face à des retraits importants d'argent sans mettre en danger ses actifs à long terme : elle repose sur une détention suffisante d'actifs liquides.

La solidité des banques fait l'objet de tests appelés « ***stress tests*** » qui s'appuient sur des indicateurs de solvabilité, de liquidité mais aussi de contagion. L'objectif est de juger la résistance des banques à la survenance d'un certain nombre de chocs exceptionnels, d'ordres macro-économiques et financiers. Ils ont été réalisés en Europe une première fois en 2011, une seconde fois en 2014. Sur cette dernière séquence, 25 établissements européens de taille moyenne ont échoué, principalement des banques de second ordre (pour la France, la seule Caisse de refinancement de l'habitat, qui a corrigé le tir depuis). Les hypothèses relatives aux chocs sont encore et toujours questionnées : la possibilité d'une déflation n'est par exemple pas envisagée.

Au-delà, les dispositifs dits de Bâle 3 (pour les assureurs, il s'agit de Solvabilité 2) prévoient :

- en matière de solvabilité, de porter en 2015 leur ratio minimal de fonds propres de 2 % à 4,5 %, auquel il faudra ajouter un coussin de protection (pour parer à toute éventualité de crise) de 2,5 % à partir de 2016. Avant 2019, toutes les banques européennes devront donc disposer d'un *core tier one* (fonds propres durs) de 7 % du montant des prêts qu'elles accordent. Pour y parvenir, elles pourront mettre en réserve une partie de leurs bénéfices, ou procéder à des augmentations de capital. Il semble que les banques françaises satisfassent dès aujourd'hui cette exigence ;

– en matière de liquidité, la création de deux ratios de liquidité (à un mois et à un an), qui seront exigibles en 2015 pour le premier, et 2018 pour le second. Il s'agit de faire en sorte que les réserves de liquidité des banques soient supérieures aux fuites qui peuvent être générées par un retrait massif de dépôts ou par la crispation du marché interbancaire.

Au niveau international, les établissements les plus importants (16 banques européennes, 8 américaines et 4 asiatiques) susceptibles d'entraîner dans le sillage d'une éventuelle faillite le reste de l'économie (les *Global systemically important financial institutions* - G-Sifis) devront respecter des ratios de *common equity tier* one supplémentaires de 1 % à 2,5 % à partir de 2016 avec une application totale en 2019.

Il reste que ces dispositions font craindre une déstabilisation des marchés de capitaux, parce que les banques vont aussi devoir lever des fonds propres et donc assécher les marchés pour ce qui est de la solvabilité, réduire leurs prêts à long terme – et donc resserrer les crédits aux entreprises et aux ménages – de façon à acheter des actifs liquides pour ce qui est de la liquidité.

Au-delà, il est à craindre une déstabilisation du système bancaire, et de ses possibilités de régulations, de nombreux établissements ou acteurs cherchant à échapper au statut contraignant de Banque et à ses contraintes réglementaires.

C – Qui doit payer en cas de défaut bancaire ?

Il est donc de nouveau acquis qu'une banque peut faire défaut, soit parce qu'elle est mise en danger par les pertes sur ces activités de trading, soit même parce que les agents économiques auxquels elle a prêté ne peuvent pas rembourser, de sorte que l'accumulation des créances douteuses devient mortelle. Une telle hypothèse n'est pas exclue en Europe, tant les banques ont parfois accumulé des créances douteuses (Espagne), ou sont à la merci de défaillances d'États (Chypres après la restructuration de la dette grecque).

Le nouveau cadre bancaire réglementaire européen prévoit ainsi que les actionnaires et créanciers des banques assument leur part des coûts en cas de faillite, dans le cadre d'un mécanisme de renflouement interne appelé *Bail-in*. Si ces interventions ne suffisent pas, ils resteraient alors à piocher dans les dépôts bancaires en respectant leur garantie fixée à hauteur de 100 000 euros dans l'Union européenne.

Ce mécanisme permet de ne plus faire porter au contribuable le coût d'une déconfiture bancaire, comme ce fut le cas lors de la faillite du Crédit lyonnais dans les années 1990 ; cela réduit en même temps l'aléa moral du *Too big to fail*, qui a parfois conduit les banquiers à prendre des risques exagérés, sachant qu'il y aurait toujours quelqu'un pour renflouer.

D – L'Union bancaire

Tout cela participe de l'***Union bancaire***, nouveau pilier de la construction européenne. Ce qui était autrefois une prérogative de chaque État avec des exigences européennes minimales et une légère coopération est dorénavant délégué au niveau européen. L'Union bancaire concentre les pouvoirs de supervision et de gestion de crise financière dans les mains d'agences européennes, un peu comme la création de l'Euro a centralisé la politique monétaire.

L'Union bancaire est constituée de 2 piliers interconnectés :

– le ***Mécanisme de Supervision Unique*** ou « *Single Supervision Mechanism* » : entré en fonction le 1er janvier 2014, il fait de la Banque Centrale Européenne (BCE) le superviseur unique des banques ;

– le ***Mécanisme de Résolution Unique*** ou « *Single Resolution Mechanism* » : il est depuis 2015 chargé d'appliquer les plans de résolution ou de liquidation d'une banque correspondant au bail-in déjà cité. Dans l'objectif de recapitalisation des banques, il dispose d'un fonds de résolution alimenté par les contributions des banques qui sera constitué progressivement sur 8 ans. À terme, en janvier 2024, ce fonds représentera 55 milliards d'euros, mais aura aussi la possibilité d'emprunter sur les marchés si cela s'avère nécessaire, voire aussi s'adresser au Mécanisme Européen de Stabilité (MES).

À NOTER • Les banques et leurs stratégies sont au cœur de l'analyse de la crise. La question un temps posé d'une séparation nette de leurs activités d'affaires de celle de dépôts est aujourd'hui atténuée : les effets pervers ou les difficultés pratiques semblent plus importants que les effets d'atténuation de contagion. La solidité des banques est largement renforcée par les accords de Bâle : il reste à savoir si les ponctions financières sur l'économie ne seront pas excessives. Les mécanismes d'imputation en cas de faillite bancaire – encore largement envisageable en zone euro – ont été précisés : sans doute faudrait-il encore clarifier la séquence de responsabilité au bénéfice du contribuable – ou du client – qui finit souvent par payer. L'Union bancaire participe de cette logique, aussi en confiant la supervision des banques au niveau européen.

Le secteur public produit, redistribue et assure

CHAPITRE 5

1 Le public, périmètre et poids

A – Généralités

Le secteur public, traditionnellement développé en France, se compose :

- des ***administrations publiques*** (APU pour la comptabilité nationale) ou de la ***fonction publique***, terme équivalent. Les administrations publiques sont l'État, les collectivités locales et la sécurité sociale ; les deux fonctions communes à toutes les administrations publiques sont la *production de services non marchands* (services fournis gratuitement comme l'éducation, la police ou l'entretien des routes) et la *redistribution du revenu ou du patrimoine national* ;
- des ***entreprises publiques***, puisqu'un bon nombre d'entreprises françaises comptent toujours l'État comme actionnaire. Ces participations publiques passent par différents canaux. Il y d'abord l'Agence des Participations de l'État (APE), qui s'occupe des entreprises publiques. Citons les participations de l'État dans EDF (84,4 %) Aéroport de Paris (50,6 %), GDF-suez (35,7 %), Safran (22,4 %), Thales (27,1 %), Orange (13,6 %), Airbus group-EADS (11 %), Air France-KLM (15,9 %) ou encore Renault (15,2 %).

Mi-2014, la valeur des actions détenues par l'État *via* l'APE, qui regroupe donc les titres cotés directement détenus par l'État, s'élevait à 85 milliards d'euros, contre 200 milliards fin 2007 (enrayement de la bourse et privatisations partielles). De 1992 à 2007, l'APE avait engrangé 92 milliards d'euros de cession. L'État est aussi présent dans des sociétés ou établissements non cotés en bourse, tel Giat industrie-nexter (100 %), La Poste (73,7 %) ou DCNS (63,6 %). Les autres canaux de prise de participation s'opèrent *via* la Caisse des Dépôts et des Consignations (CDC), qui prend des participations dans des entreprises privées, pour aider au financement de PME non cotées, le Fonds Stratégique d'Investissement et bientôt la Banque publique d'investissement.

Fin 2013, 5,6 millions de salariés (en comptant les contrats aidés) travaillent dans la fonction publique, soit 20 % de l'emploi total. Près de la moitié d'entre eux dépend de la fonction publique de l'État (FPE), un tiers de la fonction publique territoriale (FPT), un cinquième de la fonction publique hospitalière (FPH). Depuis 2007, les effectifs des trois fonctions publiques sont quasi-stables, après avoir augmenté au début de la décennie passée. Sur la période 2000-2010, les effectifs publics ont crû en moyenne annuelle de 1,1 % (0,5 % pour l'emploi total), mais avec de fortes disparités internes : baisse dans la fonction publique d'État (- 0,5 %) contre hausse dans le territorial (+ 3,1 %). Au final, avec près de 90 emplois publics pour 1 000 habitants, la France se place dans une position intermédiaire haute, encore derrière certains pays scandinaves (le Danemark et la Norvège présentent des taux d'administration proches de 160 emplois publics pour 1 000 habitants) mais devant le Royaume-Uni où le taux diminue très fortement, l'Allemagne (50 pour 1 000) ou la Japon (40 pour 1 000). Les modèles sont donc très différents entre pays, puisque le rapport des taux d'administration varie de 1 à 4.

La notion de ***service public*** est plus large que celle de secteur public. Elle fait référence à la fois aux organismes concernés (le secteur public) et à la nature de la production de ces organismes (les services rendus par le secteur public). Les missions de service public se résument en quatre points : être présent sur tout le territoire ; proposer le même tarif sur l'ensemble du territoire ; garantir des services spécifiques aux plus défavorisés ; être (même partiellement) pris en charge par la collectivité. Elles sont aussi parfois réalisées par des entreprises privées, dans le cadre de délégations de services publics.

L'Europe retient pour sa part le terme de « services d'intérêt général » (SIG) ; ceux qui revêtent un caractère économique (transport ou énergie par exemple) sont appelés « services d'intérêt économique général » (SIEG).

B – Le poids des administrations, les prélèvements obligatoires

Les administrations publiques sont financées par les ***prélèvements obligatoires***. Les prélèvements obligatoires comprennent l'ensemble des impôts, taxes et cotisations sociales qui pèsent sur les agents économiques. Le poids des administrations publiques dans l'économie est mesuré par le ***taux de prélèvements obligatoires*** (rapport des PO au PIB).

Le graphique suivant décrit l'évolution des taux de prélèvements obligatoires français et de l'OCDE, ainsi que l'évolution du taux de dépenses publiques. De fait, la France apparaît comme un pays particulièrement administré, les taux étant bien au-dessus des taux moyens, l'écart se creusant au fil du temps. Sur la période récente, le graphique fait également apparaître l'augmentation plus marquée en France qu'ailleurs du taux de prélèvements obligatoires, ce qui pose un problème de compétitivité.

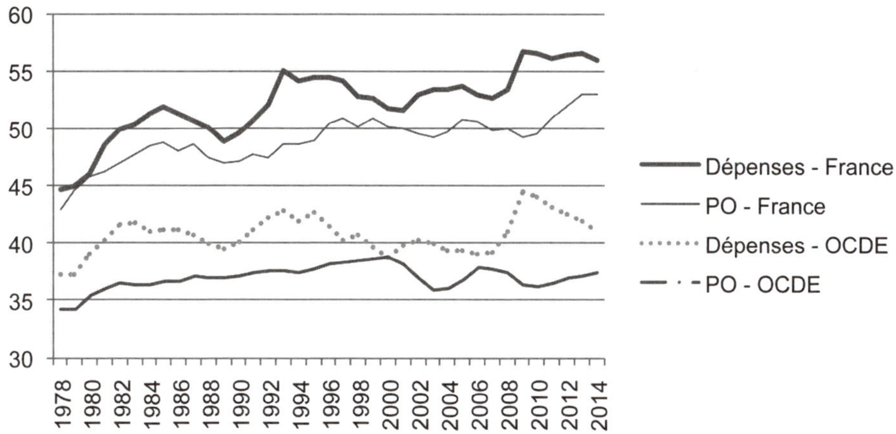

Source : OCDE, étude économique de la France, 2015.

En termes de structure, les cotisations sociales et prélèvements indirects (TVA notamment) pèsent plus en France qu'ailleurs ; les prélèvements financent plus qu'ailleurs l'État et la sécurité sociale, ce qui traduit le caractère encore centralisé de notre économie. De fait, la structure des prélèvements est peut-être plus problématique que son niveau : trop de cotisations sur le travail, pas assez d'impôts directs, pourtant plus justes ; trop de financements centralisés, au détriment du local. La question du niveau renvoie, elle, à un modèle de société : les besoins existent indépendamment de leur financement, comme l'illustre le poids des dépenses de santé aux États-Unis (16 % du PIB, en grande partie privatisées, contre 11 % en France).

2 Le budget de l'État

Outre les fonctions de production de services non marchands et de distribution, l'État assure aussi la fonction de ***régulation de l'économie***. La régulation consiste à influencer le niveau de l'activité à court moyen terme (on parle des politiques conjoncturelles). Pour atteindre ses objectifs, outre l'arme législative, l'État dispose de l'arme budgétaire, en fixant le montant et la nature des dépenses et des recettes publiques.

Le tableau suivant décrit certains aspects du budget prévisionnel de l'État pour 2015, tel que présenté dans la loi de finances.

Budget de l'État en 2015, Projet de lois de finances, morceaux choisis – *en milliards d'euros*

Dépenses	368	%	Recettes	293	%
Enseignement et recherche	73	19,8	TVA	143	48,8
Défense	29	7,9	Impôt sur le revenu	69	23,5
Solidarité, insertion	15	4,1	Impôt sur les sociétés	33	11,3
Logement, ville	13	3,5	TIPP	15	5,1
Sécurité	12	3,3			
Travail et emploi	11	3,5	Toujours au titre des dépenses, reversements :		
Justice	6	1,6	Collectivités territoriales	53	14,4
Mais aussi…			Union européenne	21	5,7
Charge de la dette	44	12			
Pensions	46	12,5	DÉFICIT (prévisionnel) DE L'ÉTAT		75

A – Les dépenses

Les dépenses du budget de l'État sont établies par mission (une mission peut concerner plusieurs ministères) ou par nature (voir tableau).

Il apparaît que la mission d'enseignement scolaire et supérieur (et de recherche) est celle qui mobilise le plus de crédits devant celles de défense ou de sécurité par exemple. Par nature, les dépenses de personnels pèsent le plus lourd, à plus de 40 % du total, devant les dépenses d'intervention (subvention, compléments de revenus…). La charge de la dette (hors tout remboursement donc) pèse 12 % du budget, pour un montant de l'ordre de 44 milliards d'euros annuels. Loin derrière, on trouverait les dépenses d'investissement, avec un famélique 4 % du total.

L'État doit donc retrouver des marges de manœuvre pour investir davantage. Certains parlent à cette fin de réduire le « train de vie » de l'État. Les seules dépenses de fonctionnement au sens strict n'y suffiraient pas, puisqu'elles ne représentent que 5 % du budget (14 % au sens large). Il faut donc agir sur les dépenses de personnel, et l'efficacité organisationnelle de l'État. Ce fut l'objet de la ***révision générale des politiques publiques*** (RGPP) de 2007 puis de la ***modernisation de l'action publique*** (MAP).

La RGPP renvoyait à l'optimisation organisationnelle, cela s'est traduit par exemple par une nouvelle carte militaire, la création des agences régionales de santé (et le changement du mode de gouvernance des hôpitaux), la fusion des Impôts et du Trésor public pour créer la Direction générale des finances publiques (DGFIP), la refonte de la carte judiciaire, le transfert de la gendarmerie sous la tutelle du ministère de l'Intérieur...

La MAP s'appuie, elle, outre la simplification de l'administration (avec des mesures concrètes comme la possibilité de demander les aides au logement entièrement en ligne mais aussi la suppression immédiate de 100 commissions consultatives jugées inutiles), et l'accélération de la transition numérique, sur l'évaluation de toutes les politiques publiques sur l'ensemble du quinquennat. Pour accompagner ce mouvement, le gouvernement s'engage depuis 2013 dans un choc de simplification qui vise aussi à une interprétation plus souple ou à la suppression de normes par exemple (voir aussi Chapitre 17).

La réduction des dépenses porte aussi largement sur l'évolution des effectifs. Depuis 2012, après la doctrine d'un remplacement sur deux des départs en retraite, des postes sont créés en particulier dans l'Éducation nationale (60 000 créations prévues d'ici à 2017), d'autres sont supprimés (le Livre blanc de la défense prévoit 24 000 suppressions d'ici quatre ans) pour un solde négatif d'évolution des emplois. La baisse des dotations aux collectivités se traduira aussi par un ajustement à la baisse de leurs effectifs. Notons que d'autres pays ont, par le passé, adopté des mesures beaucoup plus radicales de réduction des effectifs publics (Suède, Canada, Nouvelle-Zélande...). Par exemple, l'État suédois a divisé par deux le nombre de ses fonctionnaires en l'espace de seulement dix ans, au début des années 1990. Les missions sont désormais réalisées par des agences – et donc des agents – privées, dans le cadre de délégations de services publics.

B – Les recettes

Du côté des recettes, la principale est la Taxe sur la Valeur Ajoutée (TVA) loin devant l'Impôt sur le Revenu des Personnes Physiques (IRPP), l'Impôt sur les Sociétés (IS) et la Taxe Intérieure sur les Produits Pétroliers (TIPP).

La TVA est souvent décrite comme un impôt injuste, parce que proportionnelle et non progressive. Un impôt est ***progressif*** si le taux de prélèvement s'accroît avec la base ***d'imposition*** et proportionnel sinon. Les impôts peuvent par ailleurs être équitables ou égalitaires. Un impôt est ***équitable*** si chacun contribue en fonction de ses possibilités, et ***égalitaire*** si chacun contribue de façon égale. À ce titre, la TVA est égalitaire mais non équitable. Pour quelle raison, puisque l'impôt payé est d'autant plus important que la consommation est forte ? Parce que l'impôt touchera l'intégralité du revenu s'il est entièrement consommé et une partie seulement (la partie consommée) s'il est en partie épargné. Et comme ce sont les gens les plus riches qui épargnent la plus grande partie de leur revenu, ce sont eux qui payent le moins d'impôt en proportion de leur revenu.

L'IRPP (impôt sur le revenu des personnes physiques) est le seul des principaux impôts à être progressif, puisque le taux de l'impôt augmente avec le revenu imposable (le taux est progressif de 0 à 45 %). L'IRPP représente pour sa part 23 % des recettes. Il a souvent baissé ces dernières années, pour toutes les tranches, et fait l'objet de nombreuses exemptions ou réductions, au titre des niches fiscales par exemple. En 2014, le taux moyen d'imposition des contribuables imposables est de 6,44 % de leurs revenus, et le taux médian de 5,68 %.

Le ***prélèvement à la source*** (on paye les impôts sur les revenus d'une même année) devrait voir le jour en 2016, pour s'étaler sur trois ans afin d'éviter l'année blanche pour les finances publiques (celle qui consisterait à taxer les revenus de 2015 en 2016 et les revenus de 2017 en 2017, avec la perte d'une année d'imposition). Cette inflexion est logiquement le premier pas d'une fusion annoncée entre l'IRPP et la CSG, avec la question de la progressivité ou proportionnalité (*flat tax*) de l'impôt.

Au-delà, un débat existe autour de l'intérêt de ces *niches fiscales*, tout ce qui vient en réduction des recettes normales de l'État. Il en existe 453 en 2015, pour un coût estimé à 88 milliards, les principales étant les taux réduits de TVA (pour travaux de rénovation ou dans la restauration), les crédits d'impôts (recherche pour les entreprises, pour l'emploi d'un salarié à domicile pour les ménages), ou encore la prime pour l'emploi. Elles font l'objet de coups de rabot successifs pour accroître les recettes, certaines ayant été supprimées (exonération d'impôt pour les heures supplémentaires).

De fait, la fiscalité française apparaît complexe, faite d'empilement de déductions, crédits et exemptions à l'impôt. En conséquence, les coûts du recouvrement de l'impôt apparaissent relativement élevés en France, de l'ordre 0,4 % du PIB ou 1,4 % des recettes, dans la fourchette haute des pays de l'OCDE.

C – Le déficit

Le budget de l'État s'élève pour 2015 à 368 milliards d'euros environ (volet dépenses), avec un déficit prévisionnel de l'ordre de 75 milliards, soit une dépense sur six non financée.

Le déficit est donc important et permanent. Mais sans doute convient-il de différencier un déficit presque naturel, dû à une situation économique morose, d'un déficit endémique, indépendant des soubresauts de la conjoncture. De fait, un État, comme un ménage, peut très bien être vertueux sur longue période – c'est-à-dire ne pas dépenser plus qu'il ne gagne en moyenne – sans pour autant éviter de tomber ponctuellement dans le rouge, suite à des dépenses imprévues ou à des moindres rentrées. C'est le déficit structurel, le déficit qui reste lorsque l'on retire tous les facteurs liés à la conjoncture. Alors que l'on peut très bien accepter un déficit conjoncturel, par définition réversible, c'est plus délicat pour le déficit structurel.

Selon les calculs de la Commission européenne, le solde public structurel des administrations françaises est de - 1,9 % du PIB en 2014 (+ 1,2 % si l'on soustrait les investissements publics), contre - 4,4 % pour le solde total. Le déficit structurel doit être ramené à - 1,4 % en 2017, dans le cadre d'un plan d'économie de 50 milliards (qui touche aussi les dotations aux collectivités locales).

À NOTER • Le budget est l'acte économique par lequel l'État influence la conjoncture. Ses dépenses servent à payer les frais de personnel (pour 40 %), l'éducation nationale (pour 20 %) mais aussi les intérêts de la dette (pour 15 %). La principale recette est la TVA (40 % des recettes), loin devant l'impôt sur le revenu dont l'importance décroît, parfois grevé par les niches fiscales qui font débat. Le déficit de l'État de 2015 est pour moitié conjoncturel, pour moitié structurel. C'est ce dernier qu'il faut réduire en tendance, pour retrouver des marges de manœuvre en cas de retournement de conjoncture.

3 La protection sociale

La protection sociale vise à aider les personnes qui connaissent :

- une baisse de revenu (chômage, inaptitude au travail due à la vieillesse ou au handicap, maladie, etc.) ;
- une absence de revenu (pauvreté, exclusion, etc.) ;
- une augmentation des besoins (maladie, charge d'enfants, etc.).

A – Les grands équilibres de la protection sociale

Les dépenses de protection sociale répondent à deux logiques différentes. La première est une logique d'***assurance*** (les individus s'assurent contre un risque) ; la seconde est une logique de ***solidarité*** (la collectivité assiste des individus en détresse).

Le tableau suivant décrit les grands équilibres de la protection sociale en 2013.

	Var/2000	Niveau 2013	
Dépenses	4,5	759	Dont
Prestations de protection sociale	4,2	716	
Autres (frais gestion, frais financiers)		43	
Ressources	3,9	707	%
Cotisations effectives	3,5	385	54,5
• Cotisations d'employeurs		240	33,9
• Cotisations de salariés		88	12,4
Impôts et taxes affectés	5,3	178	25,2
Contributions publiques	2,6	69	9,8

	%	Var/2000
Vieillesse-Survie	43,0	4,7
Maladie	25,6	4,2
Invalidité Accidents du T	6,8	
famille	6,7	
Emploi-chômage	5,6	
Logement	2,5	
Pauvreté	2,2	

Source : Compte de la protection sociale, 2015.

Fin 2013, les dépenses de protection sociale atteignaient environ 716 milliards d'euros, dont 43 % pour la vieillesse au sens large (avec la survie), et 32 % pour la santé (maladie, invalidité, accident du travail). Ces deux types de dépenses augmentent en valeur de l'ordre de 4 % l'an depuis le début des années 2000, soit 3 % en volume, donc plus que la croissance (aussi des revenus) en France. Les autres types de dépenses sont la famille (7 % du total, ce qui place la France en tête des pays de l'OCDE et explique en partie notre forte fécondité), l'emploi (6 %) ou l'aide au logement et les dépenses de solidarité (2 % toutes deux). Les frais de gestion sont en proportion du même ordre de grandeur de ce que l'on trouve dans des organismes privés. Les recettes proviennent principalement des cotisations (55 %, 65 % avec les cotisations imputés) et, dans une moindre mesure, des impôts et taxes (CSG, CRDS). Sur une longue période, la structure des recettes évolue avec l'augmentation de la part des impôts et taxes affectées (3 % seulement en 1980), dans le sillage de la mise en place de la CSG et de la compensation des exonérations de cotisations sur les bas salaires.

Il reste toutefois que les prélèvements sur les salaires demeurent la principale source de financement de la protection sociale, à 70 % en 2013 contre 76 % en 1959 par exemple. En conséquence, la France est parmi les pays de l'OCDE celui qui propose les prélèvements sur le travail les plus élevés, à 15 % du PIB. Les cotisations employeurs en particulier sont nettement plus fortes qu'ailleurs, ce qui pose encore et toujours la question du coût du travail…

B – La Sécurité sociale

La Sécurité sociale s'inscrit dans la première des deux logiques décrites, celle de l'assurance. Elle a pour objectif de couvrir différents risques sociaux qui privent l'individu d'un revenu professionnel (maladie, accident du travail et retraites) ou qui entraînent des dépenses particulières (famille). Elle est constituée de trois branches, la branche Assurance-maladie et Accident du travail, la branche Allocations familiales et la branche Assurance vieillesse. L'indemnisation du chomâge (la quatrième branche de la protection sociale) n'entre donc pas dans son périmètre de compétence.

Au-delà, les besoins en termes de prise en charge de dépendance ou de perte d'autonomie des personnes âgées, ce que l'on appelle le 5e risque, vont aller en augmentant. Plus d'un million de personnes âgées sont dépendantes en 2015, elles seraient deux millions en 2040. C'est un coût important pour les familles, le montant restant à la charge d'un résident d'EHPAD s'élevant par exemple à 1 900 € par mois en moyenne fin 2014, soit 65 €/jour. En Ile-de-France, ce montant est de 2 300 €. La question de la dépendance est donc cruciale, de nombreuses familles ne pouvant assumer cette charge. On se dirige vraisemblablement vers une articulation double pour son financement, solidarité nationale et donc prise en charge par la Sécurité sociale (sans création d'une branche nouvelle) pour les moins fortunés, assurance privée obligatoire à partir de 50 ans pour les autres.

La Sécurité sociale est par ailleurs une juxtaposition de régimes légaux. Le régime principal, qui couvre les salariés du secteur privé, est appelé régime général. Les autres régimes sont le régime agricole, les régimes spéciaux (qui concernent les agents du secteur public : fonctionnaires, agents SNCF, agents EDF-GDF) et les régimes autonomes qui concernent les professions indépendantes autres qu'agricoles (artisans, commerçants, professions libérales).

La Sécurité sociale est régulièrement en déficit, ce que l'on appelle le « trou de la sécu ». En 2014, le déficit s'élève à moins de 10 milliards d'euros, en baisse régulière depuis le début de la décennie 2010 (25 milliards de déficit cette année-là). En y ajoutant le Fonds de solidarité vieillesse (FSV), le déficit 2014 se situe à 13,2 milliards d'euros. Les branches déficitaires sont la branche maladie (6,5 milliards d'euros, déficit en baisse), retraite (1,2 milliard) et famille (2,7 milliards). La maîtrise des dépenses maladie d'une part, la moindre progression des dépenses retraite d'autre part sont les deux principaux facteurs expliquant ce reflux relatif.

Un pas plus loin, les déficits donnent les dettes qui doivent finalement être payées. De façon presque surprenante, la dette sociale diminue, les recettes affectées couvrant largement les déficits observés. Au 31 décembre 2014 en effet, sur les 226,8 milliards d'euros de dette sociale repris depuis 1996 par la CADES (la ***caisse d'amortissement de la dette sociale***), 96,7 milliards d'euros ont déjà été amortis. Il reste donc 132,1 milliards d'euros de dette à amortir (soit 260 € dus par chaque adulte français tout de même, selon la règle simple qui fait qu'un milliard au global vaut 20 € par adulte sur la base de 50 millions d'adultes). Les ressources de la CADES, de 16 milliards annuels, viennent pour 6,6 milliards de la CRDS (contribution au remboursement de la dette sociale), un impôt fixé à 0,5 % de tous les revenus, de la CSG (pour 5,8 milliards), du Fonds de Réserve des Retraites (2,1 milliards) et d'un prélèvement sur les revenus du capital (1,4 milliard).

Les branches maladie et vieillesse sont donc au cœur du système de Sécurité sociale et de ses déficits. Quelles sont leurs perspectives de réformes ?

1) La santé

Dans un contexte de déficits croissants, le régime d'assurance-maladie a été profondément réformé en 2004 d'abord, puis en 2009, dans le cadre de la loi « Hôpital, patients, santé et territoires ». La loi Touraine de 2015 prévoit pour sa part un plan d'économie de 10 milliards pour la sécurité sociale d'ici 2017, portant pour partie sur l'hôpital (3 milliards d'économies attendues, par la maîtrise de la masse salariale – contraction de 2 % des effectifs de la fonction publique hospitalière, par la mutualisation des achats des hôpitaux et l'obtention de meilleurs tarifs auprès des fournisseurs, par le rapprochement entre hôpitaux voisins et par le développement de la chirurgie ambulatoire, qui permet une sortie de l'hôpital le jour de l'intervention). D'autres leviers visent à agir sur le prix des médicaments (développement des génériques) et à limiter les actes inutiles ou redondants.

L'idée directrice est la maîtrise de l'augmentation des dépenses : depuis la loi de 2004, le parlement fixe un ***objectif d'augmentation des dépenses de santé*** (ONDAM), autour de 3 %, et corrige d'éventuelles dérives par des mesures correctrices. Cette maîtrise est globalement effective, même si elle ne suffit pas, nous l'avons vu, à contenir les déficits. Mais elle a son revers, l'augmentation des dépenses de santé à la charge des ménages, ce que l'on nomme le reste à charge, qui annoncerait une privatisation partielle de l'assurance-maladie.

La structure du financement des dépenses de santé contredit pourtant largement un tel sentiment de privatisation de la Sécu : en 2009, l'assurance-maladie couvrait 75,5 % des dépenses, contre 13,8 pour les complémentaires, 9,4 pour les ménages (qui payent aussi les complémentaires), et 1,3 % pour l'État. Par rapport aux autres pays de l'OCDE, la France est ainsi le pays où le reste à charge des ménages est le plus faible, avec les Pays-Bas !

Trois considérations amènent toutefois à nuancer ce constat :

- d'abord, la part du financement des dépenses de santé par l'assurance-maladie diminue d'année en année ; de 1995 à 2008, elle est passée de 77,1 % à 75,5 %. Pourquoi cette baisse, même modeste ? Parce que la relative maîtrise des dépenses de santé fait le plus souvent porter la charge de l'ajustement sur les complémentaires ou les assurés ;
- ensuite, au-delà de l'évolution, il faut se méfier de la moyenne. Ainsi, si les pathologies les plus lourdes, dites affections de longue durée (ALD), comme le cancer ou le diabète, sont remboursées à 100 %, les soins courants, hors ALD donc, sont pris en charge à 55 % seulement par l'assurance-maladie obligatoire. Cela... en moyenne également, puisque 30 % des assurés sont par exemple remboursés à moins de 50 % ;

– enfin, les disparités en fonction du niveau de vie sont loin d'être négligeables. Certes, plus les ménages sont aisés, plus ils paient de leur poche : les 10 % les plus riches déboursent en moyenne 431 euros par an contre 271 euros pour les 10 % les moins favorisés. Cela s'explique notamment par l'existence de la CMU, pour 4,2 millions de personnes, et des aides à l'acquisition d'une complémentaire santé pour les assurés les plus modestes. Mais en proportion des revenus, c'est l'inverse : le reste à charge représente seulement 0,5 % des revenus des plus riches, alors que ce « taux d'effort » dépasse 2 % pour les moins favorisés. Tout cela sans compter les 5 millions de Français exclus du système complémentaire, qui subissent de plein fouet déremboursements et dépassements de tarifs.

2) Les retraites

Le financement de la retraite est l'un des grands débats de notre société. Aujourd'hui, notre système de retraite repose sur la répartition, les actifs cotisant pour les retraités. Cet équilibre menace d'être rompu par les évolutions démographiques en cours. Selon les dernières projections de l'INSEE (printemps 2011), on passerait de 2,1 actifs par inactif de 60 ans ou plus aujourd'hui à 1,5 en 2060, l'essentiel de la baisse étant réalisé dès 2035. La part des plus de 55 ans, qui est de 12,4 % en 2010, atteindrait 17,9 % en 2060 alors que celle des 25-54 ans diminuerait de 5 points.

Ceci se traduirait mécaniquement par une augmentation significative du poids des retraites dans le PIB, passant de 13 % environ aujourd'hui à 16 % en 2040, et ce dans l'hypothèse d'un taux de chômage de 6 % seulement...

Dans ce contexte de vieillissement progressif de la population, la sauvegarde du système actuel de retraite par répartition passe inéluctablement par trois types de mesures non exclusives : *diminuer le taux de remplacement* (rapport de la pension de retraite au dernier salaire) ; *augmenter les taux de prélèvement qui financent les pensions* ; *allonger la durée des cotisations*, soit en augmentant le nombre de trimestres requis pour bénéficier de la retraite à taux plein, soit en retardant l'âge légal de départ à la retraite.

C'est cette dernière double solution qui a été retenue lors des réformes de 2004 et 2010. La réforme de 2010 en particulier repose sur un double allongement, celui de l'âge légal de départ à 62 ans d'ici à 2018, celui de l'âge d'annulation de la décote à 67 ans d'ici 2023.

Sur le premier point, il faudra donc, pour bénéficier d'une retraite à taux plein en 2020, avoir cotisé 41,5 ans (41 en 2012) et avoir plus de 62 ans. Les effets seront massifs, puisque 60,5 % des assurés prenaient leur retraite à 60 ans en 2009, et 3,8 % avant 60 ans. En 2011, l'âge moyen de départ pour les salariés du privé s'établissait à 62 ans (63,7 pour le régime des professions libérales), 61 ans pour les fonctionnaires d'État, 60,2 ans pour les fonctionnaires territoriaux et 55 pour les cheminots... Les règles ne changent pas pour la surcote et la décote, qui modulent le montant de la pension selon que l'on part plus ou moins tard à la retraite : un salarié qui a la durée de cotisation requise et qui décide de travailler un an au-delà du nouvel âge légal de 62 ans, jusqu'à 63 ans, améliorera ainsi le montant de sa pension de 5 % (surcote de 1,25 % par trimestre multiplié par quatre trimestres).

Sur le second point, l'âge à partir duquel la décote ne s'applique plus est donc relevé à 67 ans. Rappelons que la retraite n'en est pas automatiquement à taux plein dès cet âge, le montant de cette pension continuant d'être calculé au prorata du nombre de trimestres cotisés.

La réforme de 2014 complète ce dispositif, tout en s'inscrivant dans une volonté de corriger les inégalités du système. La ***durée d'assurance cotisée minimale*** (nombre de trimestres cotisés) requise pour bénéficier d'une pension de retraite de base à taux plein, est augmentée de 166 à 172 trimestres à raison d'un trimestre supplémentaire tous les 3 ans pour les assurés nés entre 1958 et 1973. Les autres dispositions décrites plus haut sont inchangées. Sur les éléments correctifs, depuis le 1er janvier 2015, chaque salarié du secteur privé exposé à des facteurs de risques professionnels bénéficie d'un compte de ***prévention de la pénibilité*** (ou « **compte de pénibilité** » qui n'est plus individuel par souci de simplification), les carrières à temps partiel ou avec une faible rémunération sont mieux prises en compte (la validation d'un trimestre de cotisation demande une cotisation sur un revenu équivalant à 150 heures – et non 200 – de Smic brut), les jeunes actifs peuvent acquérir des trimestres de cotisation au titre de leurs ***périodes d'études, de stages et d'apprentissage*** sous réserve de respecter certaines conditions.

Le rapport du *Conseil d'orientation des retraites* (COR) de fin 2014 dresse un bilan mitigé des incidences financières de ces mesures. Si les réformes successives devaient permettre de rétablir l'équilibre du régime général des salariés du privé d'ici à 2017, certes sous des hypothèses optimistes, elles ne permettent pas de résoudre l'équation financière pour les régimes complémentaires des salariés du privé (Agirc – cadres, et de l'Arrco – ensemble des salariés du privé), ni d'équilibrer les retraites de la fonction publique, dont les régimes pourraient avoir besoin de près de 3 milliards d'euros supplémentaires d'ici 2018.

3) Quelle protection sociale dans le futur ?

Que ce soit en matière de santé ou de retraite, le système français de protection sociale donne davantage le sentiment de colmater les brèches que d'apporter des réponses pérennes. La raison en est l'inexorable augmentation des dépenses, que la Commission européenne chiffre au minima à quatre points de PIB à l'horizon 2040 (de 22,3 à 26,5 %). Ainsi, si le vieillissement en bonne santé est incontestablement un bienfait humain, s'il peut même devenir un avantage comparatif (on peut mieux que d'autres soigner les - vieux - étrangers, leur vendre des médicaments ou le concept de maisons de retraite en kit), il n'en reste pas moins surtout un coût économique. L'agence de notation Standard & Poor's a ainsi évalué les dépenses publiques dues au vieillissement de la population, y compris les dépenses de santé afférentes, à 32 % du PIB en 2050, contre 25 % aujourd'hui.

Faut-il dès lors envisager un nouveau modèle de protection sociale ? Notre modèle, vieux lui aussi de presque 70 ans aujourd'hui, s'appuie sur deux principes de simplicité et d'universalité. Chacun selon ses besoins, en quelque sorte. Or, les situations individuelles sont aujourd'hui très hétérogènes, les inégalités d'accès légions, les conditions démographiques différentes.

Dans une société toujours plus inégalitaire, alors que les capacités contributives sont très différentes, ne faut-il pas revenir à la logique revisitée du chacun selon ses capacités, selon sa situation ? Peut-on échapper à une généralisation des prestations sous condition de ressources qui sont encore aujourd'hui l'exception ?

Dans le domaine de la santé, certains proposent un bouclier sanitaire (rapport Briet/Fragonard) qui établerait un forfait en fonction des revenus du patient au-delà duquel ses dépenses seraient remboursées par l'Assurance-maladie. Dans le domaine de la retraite, d'autres évoquent la mise en œuvre de comptes notionnels, une retraite à points, dans laquelle le montant des pensions versées s'ajuste en fonction de l'âge de la retraite et des cotisations payées.

Par ailleurs, pour ce qui relève du financement de la protection sociale (voir chapitre 12 pour un développement), au regard de ce que nous avons dit sur l'évolution des dépenses de santé, il semble raisonnable de séparer en deux les dépenses de protection sociale avec le principe suivant :

- les dépenses qui relèvent de l'assurance (retraite, maladie « normale », accidents du travail, chômage) pourraient être financées par des cotisations sociales payées sur les salaires. On ne va pas financer les retraites des salariés par une taxation des revenus du capital ;
- les dépenses qui relèvent de la solidarité (maladies graves, affections de longue durée, dépendance, prestations familiales) devraient être financées par une taxation de l'ensemble des revenus (la CSG).

Ce sont des pistes qu'il faudra débattre, pour construire une nouvelle protection sociale, pérenne financièrement, sans nuire à la construction d'une communauté de destin. Pour passer d'un État providence généraliste à un État providence ciblé sur les populations qui en ont vraiment besoin.

À NOTER • La protection sociale, et notamment la sécurité sociale, est structurellement déficitaire, parce que les dépenses augmentent en tendance de 3 % en volume, et que les recettes sont encore trop assises sur les salaires. Boucher le trou de la sécu relève dans ce cadre d'un colmatage permanent. Sans croissance forte, il faudra peut-être revoir fondamentalement la structure des dépenses (passer d'un chacun selon ses besoins à un chacun selon ses capacités) et des recettes (la CSG sociale).

Le marché des biens et services

CHAPITRE 6

1 Biens et services : concepts

A – Généralités

Les biens peuvent être économiques ou libres. Les ***biens économiques***, les plus nombreux, sont disponibles en quantité limitée. Les ***biens libres*** sont eux disponibles sans limite (par exemple l'air ou le soleil). Certains biens libres peuvent aussi devenir économique : c'est le cas de l'eau qui devient un bien marchand et échangeable, en particulier du fait du réchauffement climatique.

Les biens économiques peuvent être matériels ou immatériels. Les ***biens matériels*** ont une réalité physique, concrète, et peuvent être stockés pour des durées variables. Les ***biens immatériels*** sont non palpables et non stockables. Leur consommation doit être simultanée à leur production. On les appelle aussi les ***services***. Traditionnellement, on suppose que les biens sont échangeables (transportables) d'un pays à l'autre alors que les services ne le sont pas ou ne l'étaient pas…

B – Les biens

Parmi les biens matériels, on distingue :

- pour les entreprises, les ***biens de production***, qui perdurent une fois la production réalisée, et les ***biens intermédiaires***, qui sont consommés dans le processus de production ;
- pour les ménages, les ***biens de consommation courante***, non réutilisables, et les ***biens de consommation durable***, pouvant être utilisés un grand nombre de fois jusqu'à l'usure.

Les biens qui peuvent être utilisés plusieurs fois (biens de production et biens de consommation durable) constituent la catégorie des ***biens d'équipement***.

C – Les services

Parmi les services, on distingue :

– les ***services marchands*** destinés à être vendus sur un marché. Certains services marchands sont spécifiquement destinés aux ménages, d'autres aux entreprises ;

– les ***services non-marchands***, gratuits et réalisés avec les facteurs de production obtenus sur un marché. Les services non-marchands sont produits par les administrations publiques.

Exemples de biens et services correspondant aux typologies précédentes :

Services				Biens			
non-marchands	marchands			de consommation		de production	inter-médiaires
	Divers	Ménages	Entreprises	courante	durable		
Éducation	Commerce	Hôtel-restaurant	Conseils jurid.	Produits	Automobile	Machine-outil	Produits semi-finis
Police	Transports			alimentaires Réfrigérateur			
Justice	Locat. immo. Serv.	Coiffure Blanchisserie	Publicité Intérim	Matériels	Téléviseur	Appareils électroniques	Matières premières
Armée	financiers		Nettoyage	électroniques	Biens d'équipement		

2 La structure productive de l'économie

La structure productive permet de connaître la nature des biens et services produits dans un pays. Les biens et services sont regroupés en branches et secteurs :

– une ***branche*** regroupe des unités de production homogènes, c'est-à-dire fabriquant des produits ou rendant des services de même nature. Ces unités de production peuvent être des parties d'entreprises ;

– un ***secteur*** regroupe, lui, des entreprises entières classées selon leur activité principale. On distingue trois grands secteurs dans l'économie : le ***secteur primaire*** (agriculture, forêts et mines), le ***secteur secondaire*** (industrie) et le ***secteur tertiaire*** (service). On parle maintenant parfois d'un ***secteur quaternaire***, secteur de l'immatériel, du savoir, de la connaissance (innovation, marques, design, patrimoine, R&D, enseignement supérieur…).

Le graphique suivant représente la valeur ajoutée des branches d'activité définies par la comptabilité nationale pour l'année 2014. Environ 79 % de la valeur ajoutée provient des activités de services, contre 4 % pour l'agriculture et les industries agro-alimentaires et 17 % pour l'industrie entendue au sens large, construction et énergie comprises. Hors ces éléments, l'industrie manufacturière représente 10 % de la valeur ajoutée, soit deux fois moins que les services fournis par les administrations. Les services marchands représentent plus de la moitié de la valeur ajoutée totale, les branches les plus importantes étant celles des services aux entreprises, des activités immobilières et du commerce.

Valeur ajoutée par secteurs et branches en 2014

(en % du total, *Source* : INSEE : *www.insee.fr*)

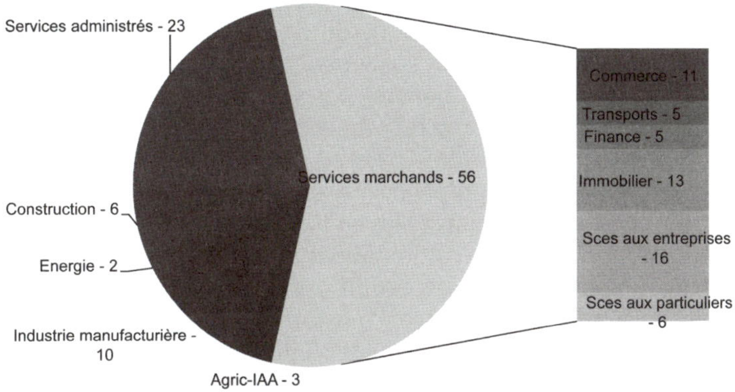

Le secteur du tourisme illustre l'importance des services marchands, et symbolise la tertiarisation de l'économie. La consommation touristique en France s'élève à 157 milliards d'euros, une somme équivalente à 7,4 % du PIB en 2013, en nette progression depuis le début de la décennie. Du côté des entreprises, on recense ainsi plus de 230 000 acteurs professionnels œuvrant dans le secteur comme les agences de voyages, les lieux d'hébergements, les débits de boisson ainsi que les restaurants qui représentent plus de la moitié des entreprises touristiques. Ces acteurs utilisent régulièrement et à temps plein 630 000 salariés, un chiffre qui équivaut au tiers de la totalité des emplois créés par le tourisme. Il reste aussi que ce secteur fait l'objet d'une compétition mondiale féroce : si la France est depuis longtemps la première destination touristique mondiale, avec 84,7 millions d'arrivées de touristes internationaux, elle n'arrive qu'en troisième place pour les recettes que génère cette activité (42,7 milliards d'euros). Il y a là un potentiel de valorisation à exploiter quand le cap du milliard de touristes à travers le monde a été atteint et que ce chiffre progresse à hauteur de 4 % par an (+43 millions de personnes chaque année).

3 La désindustrialisation

Tous les indicateurs traduisent une ***désindustrialisation massive de la France*** qui a ainsi perdu près de 2 millions d'emplois industriels entre 1980 et 2007, passant de 5,3 millions d'emplois à 3,4 millions. Et entre fin 2000 et fin 2013, l'industrie française a encore perdu 22,1 % de ses emplois salariés directs, selon l'Insee (« *Les Entreprises en France* », édition 2014). La désindustrialisation se traduit aussi par le passage de fleurons industriels sous pavillon étranger. Ces dernières années, Lafarge, deuxième cimentier mondial, est devenu propriété suisse après son acquisition par Holcim, le pôle énergie d'Alstom a été englouti par

General Electric, Alcatel a été cédé à Nokia au terme d'une longue agonie. Certes, les créations d'usines sont reparties à la hausse en 2014 (163 sites industriels ont ouvert leurs portes dans l'hexagone, soit 41 de plus qu'en 2013), mais pas assez pour compenser les fermetures (217 usines ont fermé) : la France a encore perdu 54 sites industriels sur cette année, 576 depuis 2009. Les usines qui se créent sont également de plus en plus petites en termes d'emplois (49 emplois en moyenne ont été générés par site industriel créé, contre 59 en 2013). Seulement 2,3 % des suppressions d'emplois seraient dues à la délocalisation, alors que 60 % des sites seraient transférés dans d'autres pays au sein de l'Union européenne, preuve du dynamisme industriel d'autres pays européens (l'Allemagne bien sûr, mais aussi les pays d'Europe centrale avec des productions industrielles en hausse de 20 % pour la Pologne à presque 80 % pour la Slovaquie). Un élément d'atténuation toutefois : hors les destructions d'emploi de la sphère publique, le solde de 2014 est positif. L'industrie française n'est donc pas morte. Elle se concentre dans les secteurs d'excellence comme l'aéronautique, le luxe ou le cuir, et même l'automobile et ses équipementiers (Source : Trendeo, 2015).

De fait, si la logique d'affaiblissement industriel est commune aux économies développées (en raison du recours croissant à l'externalisation d'activités productives vers le secteur des services, de la déformation de la structure de la demande au cours du temps – préférence pour les services, des gains de productivité toujours forts dans l'industrie ou encore de l'émergence d'acteurs des pays émergents), d'autres facteurs traduisent un affaiblissement propre à la France, de nature macro-économique, tels une spécialisation productive sur le moyen de gamme, un niveau trop important des charges pesant sur le travail manufacturé (selon le vice-président de Renault, entre un véhicule produit en France et le même produit en Europe de l'est, il y a un écart de coût de 1 400 €, dont 1 000 € de charges sociales), l'appréciation de l'euro… ou micro-économique, notamment la faiblesse des entreprises de taille intermédiaire (v. Chapitre 2).

On parle souvent de ***réindustrialisation***. Mais les chiffres récents montrent qu'il y a au contraire accélération de la désindustrialisation (pertes d'emplois, investissements à l'étranger), ce qui est normal puisque les capacités de production se déplacent vers les pays où la croissance de la demande est plus rapide.

À NOTER • La désindustrialisation est massive, même si elle ralentit sur la période récente. Outre les éléments communs à tous les pays (externalisation d'activités, gains de productivité, nouvelle donne concurrentielle), elle est spécifique à la France, pour des raisons macro-économiques (structure et financement de la protection sociale, positionnement en milieu de gamme) et micro-économiques (faiblesse des ETI).

4 Industrie et services, une classification dépassée

Au-delà, la nature des activités économiques change fondamentalement. L'industrie au sens large, c'est-à-dire tout ce qui fait appel aux processus industriels, comprend, au-delà du secteur manufacturier, l'agroalimentaire (le scandale de 2013 sur la substitution du cheval au bœuf dans des plats préparés montre de façon claire que la viande est devenue une marchandise industrielle : ses méthodes de production sont de nature industrielle, sa chaîne de valeur est mondialisée), l'énergie, le bâtiment et les travaux publics (la construction du viaduc de Millau relève par exemple d'une logique industrielle), mais aussi les industries culturelles, les activités liées aux technologies de l'information et de la communication (les centres d'appels sont parfois appelés usines du tertiaire) et certains services aux entreprises. La finance, à certains égards, peut être considérée comme une industrie, ce qui est le cas dans les pays anglo-saxons. Dans cette configuration, l'industrie représente un poids de 40 % dans la valeur ajoutée. Cela amène à relativiser le sentiment d'une désindustrialisation de la France, nourri par les délocalisations d'entreprises.

Ces mutations amènent à se poser la question de la pertinence d'un découpage de l'économie en trois secteurs, le troisième représentant les trois-quarts du tout. En particulier, la distinction entre industrie et services s'appuyait sur la caractéristique suivante : les biens industriels étaient stockables donc échangeables internationalement, au contraire des services. Cette barrière a volé en éclat avec le développement des technologies de l'information et de la communication. Les biens d'information par exemple sont maintenant stockables et échangeables sans limite ni durée. C'est la révolution de l'échangeabilité.

Les révolutions de l'échangeabilité

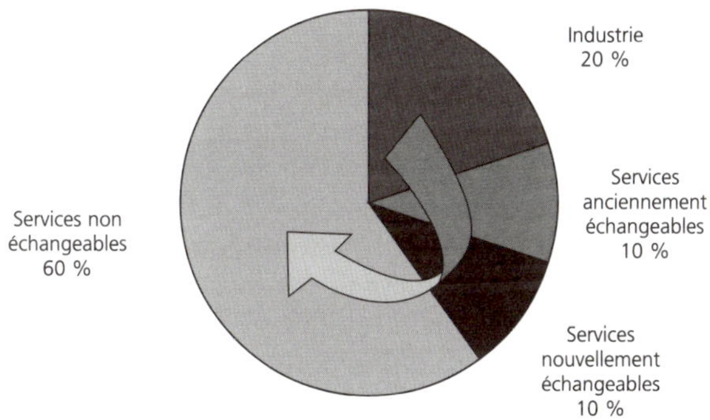

5 L'immatériel, nouvelle organisation productive

En fait, ce qu'il convient de distinguer, ce n'est pas l'industrie d'une part et les services d'autre part, mais des formes de production (agricoles, industrielles et tertiaires) fondées ou non sur le savoir. La révolution des technologies de l'information et sa diffusion dans toutes les sphères de l'activité économique a bouleversé les structures économiques et la vision que l'on pouvait en avoir au XXe siècle.

La capacité intellectuelle, la connaissance, l'imagination, l'innovation et la recherche sont aujourd'hui au cœur de la création de richesse dans le monde. Cela fonde l'économie de l'immatériel. ***L'économie de l'immatériel*** repose sur la capacité à innover, à créer des concepts, à produire des idées. C'est l'économie du savoir, de la connaissance et des talents. D'ores et déjà, la valeur des entreprises repose de plus en plus sur ces éléments immatériels, comme les brevets ou les marques, la capacité créative des équipes ou de fidélisation des clients, le système d'information et la qualité de la gouvernance. Ces éléments constituent le capital immatériel, celui qui ne figure pas au bilan des entreprises mais fonde une grande partie de leur valeur.

La ***créativité*** est un des aspects les plus visibles de l'économie de l'immatériel. Cela conduit à définir un champ nouveau – tout du moins spécifique – de l'économie, les industries créatives et culturelles. Ces industries comprennent notamment l'architecture, les archives et bibliothèques, l'artisanat d'art, l'audiovisuel (comme le cinéma, la télévision, les jeux vidéo et le multimédia), le patrimoine culturel, le design, les festivals, la musique, les arts du spectacle, l'édition, la radio et les arts visuels. Les nouvelles technologies numériques et la mondialisation redessinent largement les contours de ces activités, l'économie des médias par exemple étant totalement chamboulée par le web (de la crise de la presse aux reconfigurations de l'économie de la musique). Leur poids économique est non négligeable. Les industries créatives et culturelles représentent ainsi 4,5 % du PIB européen et 3,8 % des emplois (12 % du PIB et 8,4 % des emplois aux États-Unis, le pays de fabrique de l'entertainment mondial). En France le secteur créatif pèse 687 000 emplois, soit plus que l'automobile (225 000) ou que les télécoms (152 000).

L'État est lui-même détenteur d'***actifs immatériels***, constitués de brevets publics, de licences professionnelles, de droits d'accès au domaine public (les fréquences hertziennes), de marques culturelles, de bases de données, de savoir-faire des acteurs publics, d'expertise, de gisement de propriété intellectuelle particulièrement précieux dans le monde actuel. Par exemple, la signature en mars 2007 d'un accord entre la France et les Émirats arabes unis portant sur la conception et le fonctionnement du musée universel Louvre Abu Dhabi qui ouvrira en 2013 donne une première idée du potentiel de valorisation du patrimoine culturel de la France à l'international. Le contrat, d'une durée de 30 ans, rapportera à l'agence internationale des musées de France une somme totale d'un milliard d'euros, incluant le droit d'utilisation de la marque Louvre (pour 400 millions), la réalisation d'expositions temporaires, le prêt d'œuvres, du conseil et de la formation. Au-delà, la mise en valeur des marques culturelles (Louvre, Sorbonne, Tour Eiffel, Mont Saint-Michel…) et le rapprochement stratégique entre les secteurs du tourisme et de la culture s'inscrivent comme des axes forts de cette nouvelle économie de l'immatériel.

À NOTER • Le découpage de l'activité en trois secteurs n'est plus pertinent. Des services s'industrialisent, dans le sillage du développement des TIC, c'est la révolution de l'échangeabilité. L'immatériel devient un avantage comparatif primordial. Il s'appuie sur la capacité à innover, à former, à créer, à valoriser.

Le marché du travail et le chômage

CHAPITRE 7

1 Le marché du travail

En 2013, 25,8 millions de personnes ont un travail. Près de neuf actifs occupés sur dix sont des salariés, la plupart d'entre eux bénéficiant d'un contrat à durée indéterminée. Le sous-emploi, qui touche plus particulièrement les femmes et les jeunes, concerne 6,5 % des actifs occupés. Le chômage s'établit en moyenne à 10 % des actifs en 2015. La dégradation observée sur ces deux dernières années a davantage affecté les hommes, dont le taux de chômage a dépassé celui des femmes. Le halo du chômage enserre, lui, presque 5 millions de personnes, soit 20 % des actifs.

A – Le statut des emplois

Le tableau ci-dessous décrit le statut des emplois de l'économie française. Il fait tout d'abord apparaître le développement sur longue période du salariat au détriment de l'activité indépendante. Cela s'explique par le fait que les professions indépendantes s'organisent de plus en plus en cabinets (avocats), études (notaires, huissiers) ou agences (immobilières), qui salarient leurs employés, et par la concentration du commerce et de l'agriculture, source de réduction du nombre des petits commerçants et agriculteurs.

Statut des emplois	1990		2013		
	Milliers	%	Milliers	%	15-24 ans (%)
Non salariés	3460	15,5	2 894	11,2	2,5
Salariés	18862	84,5	22868	88,8	97,5
dont : hors CDI	1324	7,0	3 084	12,0	52,3
Intérimaires	232	1,2	508	2,0	5,9
CDD	869	4,6	2 170	8,4	28,3
Apprentis	223	1,2	406	1,6	18,1
Total	22322	100	25 764	100	100
Dont temps partiels			4 747	18,4	23,7

Source : INSEE.

La forme la plus répandue de travail est le salariat régi par un *contrat de travail à durée indéterminée* (CDI). En 2013, cette forme de travail représente encore 76,8 % du total des emplois (cf. tableau). Ce type de relation de travail a représenté durant les trente glorieuses (1945-1975) une norme s'imposant à tous. Il a servi de socle à ce que l'on a appelé « la société de consommation ». Dans ce cadre, le ***plein-emploi*** fait référence non pas à une situation où tout le monde travaille, mais à la possibilité donnée à tous d'accéder à un emploi à temps plein et à durée indéterminée.

Ces dernières années, on a vu apparaître d'autres formes de travail, parfois qualifiées de précaires, les formes particulières d'emplois (FPE). Ces FPE sont devenus une composante essentielle du marché du travail. On peut même parler de marché atypique du travail. Les FPE sont les ***contrats à durée déterminée*** (CDD), les ***contrats intérimaires***, les ***stages rémunérés*** et les ***contrats d'apprentissage***.

En 2013, les FPE représentent 12 % des emplois salariés contre 7 % en 1990. De fait, après avoir fortement augmenté dans les années 1990, les FPE s'étaient atténuées au début des années 2000, pour reprendre depuis la crise. Au total, depuis trente ans, la part des CDD a plus que doublé dans le stock des emplois. Plus significatif, en termes de flux, la part des CDD dans les nouveaux contrats a gagné 10 points en quatorze ans, passant de 76 % début 2000 à 86 % aujourd'hui. Ainsi, en 2013, 69 % des nouveaux contrats de travail concernent un CDD de moins d'un mois (49 % en 2000) ! Sur un autre champ, souhaitable à certains égards, le nombre d'apprentis est passé du 250 000 en 1986 à presque 406 000 en 2013, en particulier avec le développement de l'apprentissage hors niveau 5 (BEP et CAP), du baccalauréat professionnel jusqu'au niveau master. Par ailleurs, 18 % des emplois sont à temps partiel. Les femmes sont les plus concernées par cette double situation, à 70 %. C'est ici que se trouve le cœur des travailleur(se)s pauvres. Pour les jeunes, l'accès au CDI se réalise en moyenne à 28 ans (moins de la moitié des jeunes de 15 à 24 ans bénéficient d'un CDI) : la période-sas avant l'emploi pérenne s'étale donc sur une dizaine d'années.

Ces évolutions traduisent trois tendances de fond du statut des travailleurs :

- *moins de CDI :* dans la société nouvelle, les « ressources humaines » (les ouvriers de la production tout particulièrement) ont également été flexibilisées. Les formes particulières d'emplois (FPE) sont ainsi devenues la norme ;
- *des CDI moins protecteurs :* le contrat à durée indéterminée n'est plus une protection contre le risque de perte d'emploi. Au cours des années 2000, le taux moyen de perte d'emploi en CDI est 30 % plus élevés que celui observé sur la période 1980-1990 ;
- *tous des indépendants ?* Au-delà, l'entreprise étendue, dans sa recherche de réduction des coûts fixes, externalise le travail en même temps que la production. Ceci amène un certain nombre de salariés à sortir du champ de l'entreprise pour devenir des indépendants (exemple : les transporteurs routiers).

B – La quantité de travail en France

La quantité totale de travail d'un individu sur sa vie d'adulte résulte principalement de sa volonté de participer au marché du travail (l'activité), du chômage et des durées hebdomadaires et annuelles du travail. Pour une économie, il faut également tenir compte de la démographie. Rappelons que d'un point de vue méthodologique, le ***taux d'emploi*** définit le rapport entre le nombre de personnes travaillant et le nombre d'actifs alors que le ***taux d'activité*** décrit le rapport entre le nombre d'actifs et la population correspondante pour une tranche d'âge donnée. Le ***taux de chômage*** décrit, lui, le rapport de la population au chômage à la population active.

Le graphique suivant décrit une caractéristique bien connue du marché du travail français, le relatif sous-emploi aux deux âges extrêmes de la vie active, et le suremploi aux âges intermédiaires. Cette particularité s'explique par une moindre activité pour les seniors, qui sont souvent exclus du marché du travail, et un chômage massif chez les jeunes, qui ne trouvent pas à s'insérer (cf. *infra*).

Taux d'emploi, en % de la population par classe d'âge – Moyenne 2005-2011

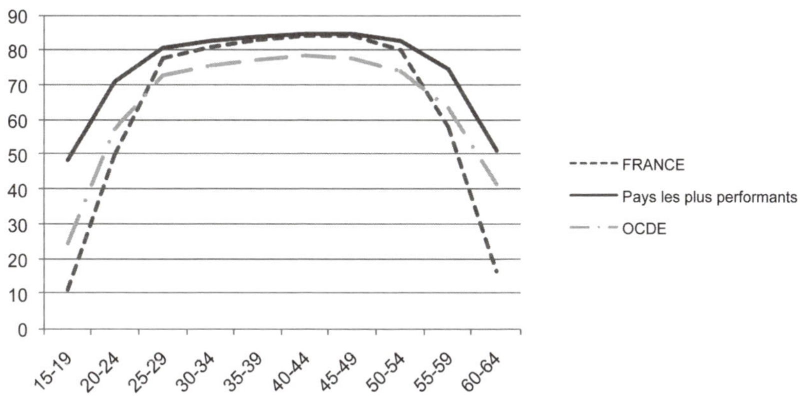

Source : OCDE. Étude économique de la France 2013.

Au-delà de l'activité et de l'emploi, les heures annuelles effectives travaillées sont également plus faibles en France que dans les autres pays de l'OCDE. Trois éléments participent de cette situation : la durée hebdomadaire y est moindre (35 h), le total des jours d'absences, fériés et de congés, y est plus élevé (36 jours, dont 11 fériés), le recours aux heures supplémentaires est moins important qu'ailleurs. Au total, la durée effective de travail annuelle est de 1 661 h en 2013 en France, contre par exemple 1 805 h en Espagne, 1 900 h au Royaume-Uni ou 1 847 h en Allemagne (source Eurostat).

Le troisième étage de l'analyse de la quantité totale de travail qu'un individu peut fournir renvoie au nombre d'années travaillées sur la vie active. Ici encore, la possibilité de partir en retraite à 60 ans, ou 62 ans, fait figure d'exception, de sorte que le nombre d'années travaillées est moins important qu'ailleurs.

Au final, le cumul de ces éléments fait qu'un Français travaille environ 50 000 h sur sa vie active, quand un Américain ou un Japonais travaille par exemple 60 000 h. Cet écart explique pour l'OCDE l'essentiel de la différence de niveaux de vie entre Américains et Français par exemple. Il reste aussi, bien évidemment, que cette analyse ne tient pas compte de l'aspect demande de travail, qui peut être jugée insuffisante (autrement dit : y a-t-il du travail ?).

À NOTER • Les Français travaillent moins que les étrangers, ce que certains appellent ironiquement la préférence française pour le loisir. Les raisons sont multiples : moins d'incitations à l'activité, plus de chômage, moins d'heures de travail par semaine, dans l'année ou sur la vie active pour ceux qui travaillent. Ceci justifierait les différences de revenus avec des pays les plus riches.

C – La nature des emplois

Les projections de créations d'emplois à l'horizon 2020 par métier traduisent clairement les grandes lignes de force de l'économie française : évolution de la structure productive vers l'amont et l'aval de la production (commerciaux, informaticiens), montée en gamme de l'industrie (métiers du process, cadres), besoins liés aux services à la personne et, au-delà, au vieillissement (aides à domicile, aides-soignants), ce que l'on appelle la ***silver économie***, nécessité de consolider les connaissances dans une économie du savoir (enseignants), importance de la fonction logistique (conducteurs) dans l'économie du flux tendu à l'échelle planétaire. Par ailleurs, on sait aujourd'hui que les emplois liés à l'environnement devraient se multiplier, plus exactement qu'il faudra « verdir » de nombreux emplois : on estime à 500 000 le nombre d'emplois que devrait générer la révolution verte d'ici à 2020. Des secteurs bien particuliers en bénéficieront : le bâtiment, les énergies renouvelables, les transports ou encore le traitement des déchets. Au final, le dynamisme de l'emploi dans certains métiers et la déformation de la pyramide des âges dans d'autres, pourraient entraîner des difficultés de recrutement qu'il convient d'anticiper par des dispositifs d'incitation et de formation appropriés.

Plus largement, la tendance d'évolution de la structure des emplois en France est clairement dessinée : la proportion d'emplois intermédiaires diminue, la proportion d'emplois qualifiés augmente, tout comme celle d'emplois non qualifiés, et au total le niveau moyen de qualification et de productivité des emplois diminue.

France : nombre d'emplois par niveau de qualification en % de l'emploi total

Niveau de qualification	1992	2002	2012	2022
Indépendants	10,8	8,2	7,8	7,3
Ouvriers et employés peu qualifiés	18,6	19,1	18,2	18,1
Ouvriers et employés qualifiés	37,9	36,5	33,2	32,1
Professions intermédiaires	19,9	18,4	19,9	20,5
Cadres	15,8	17,8	20,9	22,0

Sources : Flash Natixis 1er juin 2015 – N° 436, depuis INSEE, France Stratégie, Dares

Au-delà, la robotisation de l'économie d'une part, la numérisation d'autre part, pourraient aussi détruire des emplois de niveau intermédiaire de qualification. En effet, contrairement aux idées reçues, les robots et le numérique détruisent moins les emplois peu qualifiés (services à la personne, distribution, loisirs…) que les emplois intermédiaires (comptabilité, médias, transports, informatique) ! Cela pourrait annoncer un ***marché du travail dual, bipolaire*** : une minorité d'emplois très qualifiés (scientifiques, personnels de santé, concepteurs de nouvelles technologies, financiers, juristes…) ; une majorité d'emplois peu qualifiés. C'est une menace claire pour notre modèle social, c'est un facteur structurel d'accroissement des inégalités.

2 Les réformes du marché du travail

A – Le marché français du travail : un marché d'insiders

Traditionnellement, le marché du travail est considéré comme concurrentiel aux États-Unis et au Royaume-Uni, et assez peu concurrentiel dans la zone euro, notamment en France, avec un fort degré de protection de l'emploi, ce que montre l'indice OCDE de protection de l'emploi. Cette rigidité – eu égard au développement des FPE – du marché du travail français implique que l'on n'observe pas en France de lien net et négatif entre la croissance des salaires réels d'une part, le chômage, la compétitivité ou la profitabilité des entreprises d'autre part. Ainsi, sur la période 1998-2014, la corrélation entre le salaire réel par tête et le taux de chômage est positive à 0,35 en France, alors qu'elle coure de - 0,21 à - 0,79 dans les autres pays européens et aux États-Unis. Autrement dit, il n'y a pas en France de modération salariale quand le chômage augmente, au contraire des enseignements fondamentaux de la théorie des marchés.

	Indice OCDE de protection de l'emploi, de 0 (flexible) à 6 (rigide)		Corrélation salaire réel-chômage (98-2014 Q2)*
	2013	*1998*	
États-Unis	0,26	*0,17*	- 0,45
Royaume-Uni	1,03	*0,95*	- 0,75
Allemagne	2,87	*2,68*	- 0,79
France	2,38	*2,34*	+ 0,35
Espagne	2,05	*2,61*	- 0,31
Italie	2,51	*1,77*	- 0,21

Source : Natixis - Flash Economie – 24 octobre 2014 – N° 846 – la « Courbe de Phillips à l'envers », de la France et son marché du travail dual.

L'explication tient essentiellement dans l'attitude des syndicats, qui s'intéressent principalement au bien-être des salariés protégés (ayant des contrats de travail permanents), et non à la situation des chômeurs (la CGT-chômeurs plafonne aujourd'hui autour de 2 000 adhérents, son activité semble dissociée de l'action d'ensemble). Avec la dualité du marché du travail décrite précédemment, il s'agit de deux caractéristiques d'un marché du travail d'insiders, un marché qui privilégie les salariés en place et bénéficiant de contrats solides.

À NOTER • Le marché du travail français a toutes les caractéristiques d'un marché d'insiders : certains bénéficient d'un travail stable et pérenne, ils sont prioritairement défendus par les syndicats. Tous les autres apparaissent comme des laissés pour compte : ceux qui cumulent des emplois instables ou courts, au premier rang desquels les jeunes, ceux qui n'ont pas de travail.

B – Les réformes du marché du travail

Dans ces conditions, une réforme du marché du travail en France devrait donc consister en un rapprochement des caractéristiques des contrats de travail (permanents, temporaires), ce qui devrait pousser les partenaires sociaux à intégrer l'emploi comme objectif de négociation. L'accord emploi du printemps 2013 s'inscrit dans cet objectif. Il dessine les traits d'une flexsécurité à la française.

1) L'objectif visé : la flexsécurité

Dans un monde en mutations technologiques et économiques, les individus sont appelés à changer plusieurs fois d'emploi dans leur vie professionnelle. La formation tout au long de la vie devient par ailleurs fondamentale pour asseoir l'employabilité des individus. Enfin, chacun doit pouvoir bénéficier de temps privés, familiaux ou pour convenance personnelle.

Partant de ce constat, et depuis longtemps, plusieurs acteurs provenant d'horizons divers de la vie économique et sociale avancent l'idée de créer une sécurité sociale professionnelle.

L'idée est donc de penser les temps de vie professionnelle dans un ensemble plus vaste que l'entreprise, de façon à sécuriser la personne et non l'emploi. La formation professionnelle jouerait dans ce cadre un rôle particulier, autour des outils existants, validation des acquis de l'expérience (VAE) d'une part, droit individuel à la formation (DIF) d'autre part. Cela suppose aussi un dispositif spécifique d'accompagnement des demandeurs d'emploi, à la fois personnalisé et inscrit dans une logique territoriale.

Cette logique d'ensemble se trouve par exemple dans le système de ***flexsécurité danoise***. Ce système repose sur plusieurs piliers :

- ***liberté de licenciement pour les entreprises*** (flexibilité) dans un cadre législatif réduit : la loi ne fixe ni salaire minimum, ni durée légale du travail (qui dépendent tous deux d'accords entre les partenaires sociaux), ne sécurise pas le droit de grève et n'impose pas de modèle de contrat de travail ;
- ***indemnités fortes et pérennes*** – jusqu'à 90 % du dernier salaire pendant quatre ans, avec un plafond à 1 800 € mensuels – pour les salariés licenciés (sécurité) avec affiliation obligatoire à un syndicat pour bénéficier de l'assurance chômage. De fait, plus de 80 % des salariés sont syndiqués ;
- ***obligation de s'inscrire dans une recherche active de travail***, avec l'interdiction de refuser plusieurs propositions d'emploi en rapport avec ses compétences, ou de formation, avec stage et reclassement imposés.

En bref, les entreprises n'hésitent pas à embaucher, sachant qu'elles pourront licencier facilement, le salarié ne craint pas le licenciement, parce qu'il perd peu en termes de revenu, qu'il peut bénéficier de formations, et qu'il est susceptible de trouver facilement un travail. Le système est cependant tout entier conditionné à la capacité de l'économie à créer des emplois. La crise en réduit d'autant la pertinence, le système s'avérant coûteux et peu efficace en l'absence de ces créations.

2) Les réformes antérieures à 2012

La loi de modernisation du marché du travail de 2008 a souhaité mettre en place des dispositifs nouveaux concernant les contrats de travail, dans l'objectif de préfiguration d'une flexsécurité à la française.

La principale disposition concernait la ***procédure amiable de rupture*** du contrat de travail, négociée entre les deux parties, soumise à validation de la direction du travail, et permettant à l'entreprise d'éviter une procédure de licenciement et au salarié de percevoir des indemnités chômage. Il s'agissait donc de fluidifier les fins d'activité, au bénéfice des deux parties. Le dispositif connaît depuis un succès certain (en 2015, plus d'1,8 million de salariés ont fait ce choix ; fin 2014 les ruptures conventionnelles représentaient 18 % des ruptures de CDI), mais fait l'objet de critiques en cela qu'il relèverait d'un arrangement entre amis sur le dos de l'assurance chômage, l'entreprise évitant le coût du licenciement, le salarié percevant des allocations tout en cotisant à la retraite. Il est de fait très couteux pour les finances publiques.

3) L'accord interprofessionnel de 2013 suivi du *Small business act* de 2015

L'axe principal de réforme du marché du travail depuis le changement de majorité est l'accord emploi négocié par les partenaires sociaux et ratifié par le Parlement au printemps 2013. Il s'agit d'abord d'une rupture de la méthode, l'idée étant progressivement de responsabiliser les syndicats de salariés et d'employeurs pour améliorer la qualité du dialogue social, particulièrement faible en France. Le texte vise à accorder plus de flexibilité aux entreprises tout en créant de nouveaux droits pour les salariés.

La première grande mesure de l'accord concerne le ***maintien dans l'emploi***. En cas de graves difficultés conjoncturelles, l'entreprise qui signera un tel accord avec les syndicats majoritaires s'engagera à garantir les postes de travail sous peine de « dommages et intérêts versés aux salariés ». En contrepartie, elle pourra demander à ces derniers des aménagements dans leur temps de travail et une baisse de leur rémunération. Au 15 mars 2015, le ministère du Travail ne recensait que dix accords dans toute la France, dont neuf dans des petites et moyennes entreprises.

La deuxième mesure importante concerne la création de « droits rechargeables » à l'assurance-chômage : les chômeurs conservent leurs droits à une allocation lorsqu'ils reprennent un travail de quelques semaines. C'est donc une incitation à accepter des contrats, même courts.

D'autres mesures de portée plus ou moins large sont mises en œuvre : taxation des contrats courts (les cotisations d'assurance-chômage de certaines catégories de CDD sont d'autant plus majorées que le contrat est court – moins d'un mois, de un à trois mois) ; création d'un compte personnel de formation abondé de 24 heures par an pour 150 heures maximum, durée minimale de 24 heures par semaine pour le travail à temps partiel, incitation à la mobilité interne pour favoriser les restructurations sans licenciements, généralisation des complémentaires de santé à tous les salariés du privé payées par l'entreprise.

En 2015, le gouvernement annonce la création d'un « *Small business act* » à la française, pour les seules TPE/PME donc : ***aide exceptionnelle à l'embauche du premier salarié*** pour les 1,2 million de TPE qui n'ont aucun salarié, 4 000 € pour tous les CDI et CDD de plus de 12 mois signés avant et le 8 juin 2016, renouvellement possible une seconde fois des CDD et contrats d'intérim dans le cadre d'une durée maximale inchangée de 18 mois, ***plafonnement variable selon la taille des entreprises des indemnités prud'homales*** accordées aux salariés licenciés sans cause réelle et sérieuse, gel pendant trois ans de l'effet des franchissements de seuils fiscaux jusqu'à 50 salariés.

4) Les réformes ailleurs en Europe

Les politiques de flexibilisation du marché du travail gagnent partout en Europe.

En Italie, la réforme lancée en 2014 crée notamment un nouveau contrat de travail à durée indéterminée, dit « à protection croissante », qui s'applique aux nouvelles embauches et remplace l'obligation de réintégration du salarié – en cas de licenciement déclaré injustifié par le juge – par une indemnité en fonction de son ancienneté dans l'entreprise et dont le barème est fixé. Une nouvelle forme de rupture négociée est également créée. Ces modifications du régime juridique s'accompagnent de fortes incitations financières à l'embauche dans le cadre de ce nouveau CDI (en particulier des exonérations de cotisations sociales).

De fait, la question fondamentale du ***contrat de travail unique*** revient de façon lancinante, y compris en France. Le contrat unique serait à durée indéterminée, permettant de favoriser la continuité dans l'accumulation des droits des salariés en évitant les effets de rupture entre CDD (qui disparaîtrait) et CDI. En cas de licenciement, les exigences juridiques pesant sur l'entreprise seraient allégées, la compensation consistant en un paiement, au moment du licenciement, d'une indemnité proportionnelle à l'ensemble des salaires versés tout au long du contrat de travail. Deux objectifs sont visés : rassurer les entreprises qui souhaitent embaucher, mettre fin à la dualité du marché du travail, le *marché d'insider* décrit précédemment. En 2015, cette option est écartée par le gouvernement de Manuel Valls.

Au-delà, on peut citer le cas anglais, très dérégulé et non transposable : période d'essai la plus longue d'Europe à 12 mois au maximum, préavis de licenciement le plus court (une semaine pour un salarié recruté depuis moins de deux ans) ou encore congés légaux les plus courts à 20 jours annuel. Mais c'est bien la mesure du ***contrat « zéro heure »*** qui interpelle le plus. Ce contrat introduit en 2008 permet d'appeler les employés pour travailler seulement quand l'entreprise en a besoin, et de les payer pour le seul nombre d'heures effectuées, sans obligation de leur indiquer les heures de travail prévues. 13 % des employeurs britanniques ont recours aux contrats zéro heure, une proportion qui passe à 45 % dans l'industrie de la restauration et du logement, où les horaires de travail doivent être particulièrement souples. Les employés ont la garantie de toucher le salaire horaire minimum (environ 7,70 euros/heure).

À NOTER • L'accord emploi de 2013 doit ouvrir une nouvelle étape dans la réforme du marché du travail. Il s'agit de renforcer le dialogue social pour des réformes gagnant-gagnant, flexibilité pour les entreprises, sécurisation pour les personnes (et non pour les postes). Une attention particulière est portée aux TPE/PME dans le cadre d'un « *Small business act* » à la française. Ailleurs en Europe, les réformes du marché du travail participent de la libéralisation du marché, avec la mesure emblématique et décriée du contrat « zéro heure » en Angleterre.

3 Le chômage

A – La mesure et les formes du chômage

1) La mesure du chômage

Les principales définitions du chômage utilisées en France sont celles du Bureau International du Travail (BIT). Pour celui-ci, un actif doit remplir trois conditions pour être comptabilisé comme chômeur :

– être à la recherche d'un emploi ;

– être disponible immédiatement (sous quinze jours) ;

– ne pas avoir travaillé plus d'une heure dans la semaine qui précède l'enquête.

En France, c'est l'INSEE qui comptabilise la population correspondant à ces critères lors d'enquêtes trimestrielles sur l'emploi qu'il réalise. Les données relatives aux demandeurs d'emplois sont, elles, fournies par Pôle emploi, qui distingue les demandeurs d'emploi tenus de faire des actes positifs de recherche d'emploi, sans emploi (catégorie A) ; ceux ayant exercé une activité réduite courte de 78 heures ou moins au cours du mois (catégorie B) ; ceux ayant exercé une activité réduite longue de plus de 78 heures au cours du mois (catégorie C) ; les demandeurs d'emploi non tenus de faire des actes positifs de recherche d'emploi en raison d'un stage, d'une formation, d'une maladie, sans emploi (catégorie D) ou les mêmes en emploi (par exemple : bénéficiaires de contrats aidés, catégorie E).

Les deux séries (BIT-INSEE et Pôle emploi) ne se recoupent que partiellement.

2) Les formes du chômage

Le ***chômage conjoncturel*** varie avec les fluctuations de l'activité économique au contraire du ***chômage structurel*** qui s'explique par des raisons liées à l'évolution des technologies (on parle de ***chômage technologique***) ou par une mauvaise adéquation entre les qualifications offertes et recherchées. On parle parfois aussi de ***chômage naturel*** (au sens incompressible). De façon empirique, on peut estimer le chômage structurel français à 8 % environ, en légère baisse sur la période récente, puisque c'est un taux plancher que l'on a du mal à abaisser durablement.

Le ***chômage frictionnel*** correspond à la période nécessaire au passage d'un emploi à l'autre (adaptation de la population active aux nouveaux emplois créés) ; il dépend du degré de mobilité professionnelle des individus. Il représente au maximum 2 à 3 % de la population active. Le chômage frictionnel est donc structurel.

Le ***chômage volontaire*** est lié au fait que les gens refusent de travailler au taux de salaire en vigueur sur le marché du travail. Les chômeurs volontaires s'écartent donc volontairement du marché du travail et ne font pas partie de la population active. Pour les économistes classiques ou libéraux, si les marchés sont parfaitement flexibles, le chômage ne peut être que volontaire. En fait, il n'y a pas alors de chômage au sens commun du terme. Le ***chômage involontaire*** résulte du fait que les gens ne trouvent pas de travail au taux de salaire en vigueur sur le marché. Les chômeurs involontaires forment la partie de la population active qui n'est pas employée et qui est à la recherche d'un emploi.

Le chômage involontaire peut être de type classique ou keynésien. Le ***chômage classique*** s'explique par l'existence de rigidités sur le marché du travail (par exemple le SMIC imposé par l'État) qui sont à l'origine de salaires trop élevés par rapport à ce que souhaitent payer les entreprises. Le ***chômage keynésien*** résulte lui d'une insuffisance de la demande globale adressée aux entreprises (leurs débouchés) ce qui les dissuade d'embaucher.

B – Caractéristiques et évolution du chômage français

1) Le constat

Début 2015, le nombre de chômeurs est de 3,5 millions pour Pôle emploi, 2,8 millions pour l'Insee (données reconnues au niveau international, dites au sens du BIT). Le premier publie les chiffres des personnes figurant sus ses listes, la seconde estime le chômage par sondage, retenant comme chômeurs les personnes en âge de travailler, de 15 ans ou plus, sans aucun emploi ni activité, immédiatement disponible, en recherche active.

Le tableau suivant décrit la situation début 2015 pour Pôle emploi. Il montre qu'il existe un halo du chômage au-delà du cœur, le nombre de chômeur doublant si l'on y inclut les personnes en périphérie d'un chômage reconnu. Rapporté à la population active (28 315 000 personnes), le total traduirait un taux de chômage large de plus de 20 %.

Chômage (début 2015, au sens du BIT - Source pôle emploi)			
Catégorie A Métropole	3 490 000	Personnes inscrites à Pôle emploi n'ayant pas du tout travaillé	
Catégorie A Outre-mer	300 000		
Catégorie B	687 000	personnes travaillant, moins de 78 heures par mois	Ex. femme de ménage qui a travaillé deux heures par semaine chez des particuliers et payée en « chèque emploi service »
Catégorie C	1 080 000	personnes travaillant plus de 78 heures dans le mois	Ex. cuisinier qui effectue un remplacement à plein-temps pendant trois semaines
Catégorie D	276 000	personnes sans emploi et non immédiatement disponibles	Ex. personne en formation ou en arrêt maladie par exemple
Catégorie E	379 000	personnes pourvues d'un emploi en recherche	Ex. personnes en CDD qui savent que, trois mois plus tard, ils rechercheront activement un travail en font partie
Total	5 920 000		

Sur un autre champ, le chômage structurel est considéré comme élevé en France, aussi en comparaison d'autres pays européens. Natixis (voir par exemple *Flash* n° 366 de mai 2015) l'estime par exemple à 7,1 % de la population active, prenant comme mesure simple ou simpliste le point le plus bas atteint par le chômage sur les dix dernières années. Ainsi, l'essentiel du chômage français serait de nature structurelle (voir *Investment research d'Axa,* 23 avril 2015).

2) Le chômage par catégorie

Au-delà de ces chiffres globaux, les différences par catégories sont nombreuses.

Le taux de chômage des hommes (10,5 %) est notamment supérieur à celui des femmes (9,7 %) : cela traduit un retournement de tendance observée depuis plusieurs décennies : la différence était de presque 3 points au bénéfice des hommes en 1990 (6 contre 9,7 %).

Le taux de chômage décroît naturellement avec le diplôme : il court de 16,7 % pour les non-diplômés à 5,7 % pour les titulaires d'un Bac +2/+3 (légèrement moins touchés par le chômage que les titulaires d'un bac + 5, à 6,1 %).

Concomitamment, le taux de chômage des jeunes est particulièrement élevé, 23,9 % pour les 15-24 ans, contre 9,1 % pour les 25-49 ans, et 6,7 % pour les 50-64 ans, souvent concernés par d'autres dispositifs. La première catégorie est évidemment la plus en difficulté : la part des jeunes ni étudiants, ni en emploi, ni en formation est en 2012 de 20 % pour les 20-24 ans, de 22,5 % pour les 25-29 ans, contre 17 et 19 % en moyenne pour l'OCDE (*Base de données éducation de l'OCDE, 2014*). Selon l'OCDE, la France est avec l'Espagne et la Belgique le pays où la sensibilité du chômage des jeunes au cycle économique est la plus marquée. Cette pénalisation des jeunes est par ailleurs durable, les jeunes ayant connu plus de 26 mois de chômage avant 22 ans gagneront entre 800 et 1 250 euros de moins que les autres lorsqu'ils auront 26 ans.

Sur un autre champ, l'ancienneté dans le chômage est de 14 mois fin 2013, 40 % des personnes étant au chômage depuis un an ou plus.

3) Un chaînon manquant : le chômage partiel

En France métropolitaine, début 2015, la part des personnes en situation de sous-emploi (qui travaillent à temps partiel et souhaitent travailler plus ; qui ont involontairement travaillé moins que d'habitude) s'élève à 6,5 % des personnes en emploi. Ce sont principalement des femmes, à hauteur de 1,2 million, contre 500 hommes.

Dans cet ensemble, le chômage partiel ne concerne que 0,2 % des personnes en emploi, soit seulement 63 000 personnes. Il s'agit pourtant d'un levier fort de régulation de l'activité des entreprises, leur permettant d'ajuster leur volume de travail à un choc temporaire. Ce système est par exemple très utilisé en Allemagne (3 millions de salariés étaient concernés mi-2010, au plus fort de la crise). Il reste toutefois que les dispositifs d'activité partielle, refondus en un système unique et simplifié par la loi de sécurisation de l'emploi de 2013, se diffusent actuellement, 12 000 emplois étant sauvegardés chaque mois selon une étude de 2015, menée conjointement par le patronat et les syndicats sur un premier bilan de l'accord interprofessionnel de 2013.

4) L'indemnisation du chômage

Fin 2013, deux millions et demi de chômeurs sont indemnisés au titre du chômage, dont 1,2 million en activité réduite (ils cumulent indemnité et salaire). La règle de base est la suivante : un mois d'indemnisation pour un mois cotisé dans les 28 derniers mois, avec un minimum de 4 mois et un maximum de 24 mois (36 pour les seniors). Le montant d'indemnisation est inchangé : de 57,4 % à 75 % de l'ancien salaire. Ce cadre prévoit une règle d'automaticité de baisses de cotisations pour les entreprises si le déficit de l'Unedic se résorbe. Aujourd'hui, l'indemnité chômage est en moyenne de 1 100 euros bruts mensuels, pour une durée d'indemnisation moyenne de 10 mois et un taux de remplacement net moyen de 70 % environ, alors que l'allocation de solidarité spécifique (ASS) versée par l'État pour les chômeurs en fin de droits est de 480 euros nets mensuels.

Ce système d'indemnisation a été jugé trop généreux par la Cour des comptes dans un rapport de 2013, eu égard à son caractère plus protecteur que dans beaucoup d'autres pays. La Cour pointe une indemnité maximum versée par l'assurance chômage trop élevée (6 280 euros nets par mois pour 900 personnes, 17 500 personnes parmi les mieux indemnisés – plus de 4 000 € par mois – touchant en moyenne 5 200 euros), appelle à une réforme du régime des intermittents du spectacle (1 milliard de déficit pour seulement 3 % des demandeurs d'emploi) et recommande un taux de cotisation majoré pour les employeurs ayant le plus recours aux contrats à durée limitée (CDD et intérim), une mesure esquissée dans l'accord décrit plus haut.

Le rétablissement des comptes de l'assurance chômage (déficit de 3,9 milliards d'euros en 2014, 4,4 prévus en 2015 pour une dette de 26 milliards) nécessite quoi qu'il en soit une renégociation des règles d'indemnisation par les partenaires sociaux.

5) Les politiques d'emploi

Depuis plus de quinze ans maintenant, le point saillant de la politique de l'emploi en France repose sur les allégements de charges, en particulier pour les bas salaires (de façon dégressive jusqu'à 1,6 SMIC), dans la mesure où la demande de travail y est très sensible, pour des publics par ailleurs jugés plus fragiles. Plus récemment, le CICE (***crédit d'impôt pour la compétitivité et l'emploi***) allège les charges sociales sur les rémunérations jusqu'à 2,5 fois le SMIC. Le CICE aurait diminué le coût du travail de 3,3 % depuis janvier 2013 selon l'Insee (v. Chapitre 17). En 2013, les allégements de cotisations ont bénéficié à 1,49 million d'employeurs et concerné 10,65 millions de salariés, pour un coût total de 20,64 milliards d'euros. Il s'agit de la plus importante niche fiscale pesant sur le budget de l'État. Les effets sur l'emploi, sans doute réels, demandent à être mieux étudiés, selon un rapport de la Cour des comptes de 2015.

En parallèle, la politique de l'emploi repose largement sur les emplois aidés. Deux mesures s'inscrivent dans cette logique depuis 2013 : les ***emplois d'avenir***, qui ciblent les moins de 25 ans peu ou pas qualifiés, éloignés du marché du travail, à qui l'on propose un CDI ou un CDD d'une durée de un à trois ans dans le secteur non marchand (collectivités territoriales, associations ou organismes à but non lucratif) avec une aide d'État pouvant aller jusqu'à 75 % du salaire ; le ***contrat de génération*** qui permet lui d'embaucher un jeune de moins de 26 ans en CDI à temps plein tout en maintenant un senior (de 57 ou 55 ans) en poste. Alors que l'objectif initial était la création de 500 000 contrats, seuls 40 000 contrats de génération ont été conclus en 2013 et 2014.

Au final, hors contrats de génération, on répertorie 555 000 nouveaux contrats aidés en 2015, 127 000 contrats d'avenir et 428 000 contrats d'accompagnement vers l'emploi – CUI-CAE, principalement dans le secteur non marchand (collectivités et associations). En particulier, 100 000 contrats supplémentaires sont prévus en 2015 et suivant pour un coût supplémentaire de 700 millions en 2016. Selon une étude publiée en 2014 par le ministère du

Travail, seul un bénéficiaire sur trois de contrats aidés dans le secteur non marchand (et deux sur trois dans le marchand) avait trouvé un emploi durable six mois après leur sortie du dispositif.

Au-delà, des mesures spécifiques concernent certaines populations de chômeurs. Ainsi, la lutte contre le chômage de longue durée (4 demandeurs sur 10) passe par un accompagnement renforcé : mise en place d'un diagnostic approfondi dès le début de la prise en charge des demandeurs d'emploi par Pôle emploi, mise en place d'un droit à une formation qualifiante gratuite pour les demandeurs d'emploi, mobilisable grâce au ***Compte personnel de formation*** (CPF), instauration de deux contrats de professionnalisation « nouvelle carrière » et « nouvelle chance » ou encore dispositif de réservation de places en crèche d'entreprise pour les parents isolés pour accompagner les employeurs.

6) Les dispositifs d'incitation à la reprise d'un travail : du RSA à la prime d'activité

Le ***RSA activité*** est le levier financier d'incitation à l'activité des personnes peu qualifiées. De fait, le RSA se décompose en un RSA socle, pour lutter contre la pauvreté (v. Chapitre 3), et d'un RSA activité. Le RSA activité est calculé selon la formule suivante, sous réserve d'un revenu inférieur à 1,04 SMIC :

RSA = Montant forfaitaire + 62 % des revenus d'activité du foyer

– Ressources du foyer + Forfait d'aide au logement

Par exemple, une personne seule avec un enfant dont les revenus mensuels sont de 1 000 € et qui perçoit 123 € d'allocation logement bénéfice d'un RSA mensuel de 376 €.

L'idée du RSA est aussi de ne pas faire dépendre certains droits annexes (exonération de taxe d'habitation, aide au logement, accès à la couverture médicale universelle – CMU) du statut du bénéficiaire (comme avec le RMI), mais de ses revenus : l'incitation au retour à l'emploi en est améliorée. Le dispositif prévoit enfin un accompagnement vers l'emploi ou un suivi social des bénéficiaires par Pôle emploi.

Le RSA activité devait à l'origine bénéficier à 1,4 million de personnes, soit 9 % des ménages. Or, le nombre de ses bénéficiaires s'établissait à moins de 580 000 fin 2014 (taux de recours stagnant à 32 %). Parmi les causes évoquées de l'échec relatif du RSA activité, on trouve un manque d'informations sur le dispositif, une réticence de la part de la population potentiellement bénéficiaire à demander une allocation ressentie comme stigmatisante ou encore la complexité des démarches pour une allocation jugée insuffisante. Il y a aussi encore et toujours à combattre les effets de seuil et autres situations de perte de revenu lors de la reprise d'activité, par exemple de ce qui relève de la fin d'avantages parfois locaux liés au statut du chômeur par exemple, qui s'effacent en cas de retour à l'emploi (gratuité des transports publics par exemple).

Pour cela, le Gouvernement envisage la fusion au 1er janvier 2016 du RSA activité et de la prime pour l'emploi (un dispositif redondant), sous la forme d'une ***prime d'activité***. Cette prime concernerait 4,1 millions de ménages (soit 5,6 millions d'actifs), et prendrait effet dès le premier euro de salaire touché. L'effet sera maximal pour ceux gagnant entre 0,8 et 1,2 SMIC. Et, nouveauté, 150 000 jeunes en formation initiale seront concernés (jusqu'alors exclus du RSA) pourront en bénéficier (étudiants salariés et aux apprentis touchant au moins 0,78 SMIC -900 euros nets par mois), loin des 1,2 million de jeunes actifs de 18 à 25 ans toutefois.

À NOTER • Les politiques d'emploi portent leur effort sur les moins qualifiés : réduction du coût du travail aux alentours du SMIC par allégement de charges, incitation à la reprise d'activité avec le RSA aujourd'hui et la prime d'activité demain, contrats spécifiques souvent aidés. Ces mesures apparaissent tout à la fois indispensables et inutiles, ne parvenant pas à juguler un chômage de masse.

C – Chômage, démographie et compétences

Deux éléments d'explication sont souvent mobilisés pour expliquer en tendance le niveau structurellement élevé de chômage français, l'augmentation continue de la population active d'une part, l'inadéquation entre les compétences des jeunes et des salariés et les besoins des entreprises d'autre part.

1) Le chômage et évolution de la population active sur une longue période

De façon structurelle, l'un des éléments d'influence du chômage est évidemment l'évolution de la population active, i.e. le nombre de personnes présentes sur le marché du travail. Elle a beaucoup augmenté ces dernières années, de sorte que les 80 000 créations annuelles nettes d'emplois en moyenne depuis quarante ans n'ont pas suffi à absorber les flux nouveaux sur le marché du travail.

Comment la population active va-t-elle évoluer dans les prochaines années ? Alors que l'INSEE la voyait en baisse à partir de 2007, puis de 2010, ses dernières estimations (2011) montrent au contraire que la France va gagner 110 000 actifs par an d'ici à 2025, puis 45 000 à partir de 2035. Cette projection s'appuie sur la hausse récente du taux d'activité des seniors, liée aux réformes sur les retraites, sur l'arrêt de l'allongement des études des jeunes, et sur la permanence d'un niveau de fécondité toujours étonnement élevé, dans un contexte d'immigration nette stable de l'ordre de 100 000 personnes par an. Le graphique suivant montre la perspective d'évolution de la population active, et les différents scenarii selon l'évolution de ces trois grandeurs (taux d'activité, fécondité, immigration).

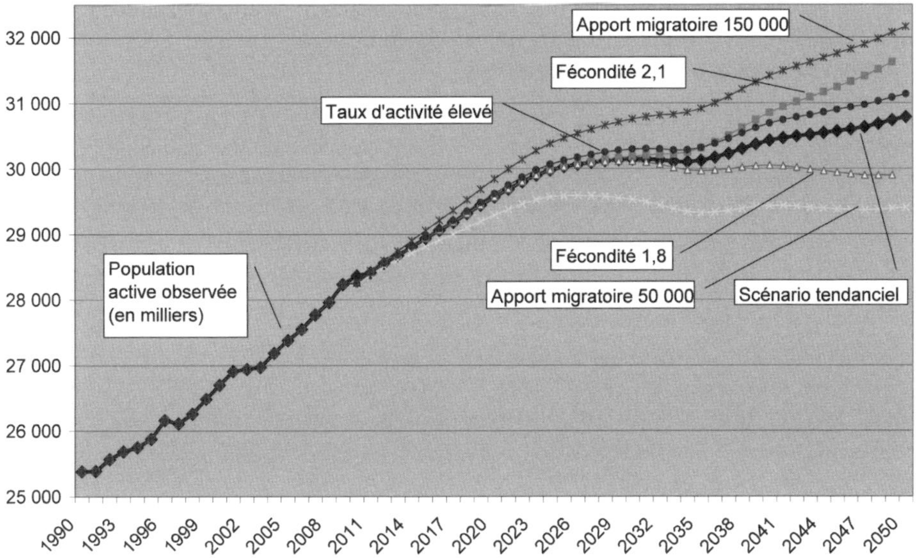

Selon le scénario central, ce sont donc 1,6 millions d'actifs supplémentaires qu'il faut attendre sur le marché du travail d'ici 2025, 2,8 millions d'ici 2060. En conséquence, il faudra créer 110 000 emplois nouveaux par an, dans les prochaines années, pour ne serait-ce que stabiliser le chômage en nombre. Il faut aussi rappeler qu'une augmentation de population active est toujours source de rehaussement de la croissance potentielle (v. Chapitre 15). À la France de profiter de cette manne pour créer de l'activité, et des emplois !

2) Chômage et inadéquation compétences-besoins

Alors que le chômage poursuit sa progression, la question de savoir si la France manque de travailleurs est parfois posée. Au-delà du chiffre obus de 1,7 million d'emplois vacants en 2015 (*Natixis, Flash n° 355, mai 2015*), basé sur des extrapolations largement erronées, on estime entre 200 000 et 400 000 le nombre de postes à pourvoir, en raison de compétences insuffisances, d'un manque de savoirs techniques ou de connaissances des métiers, voire de savoir être ce que connaissent bien les entreprises d'insertion par l'économique.

Plus globalement, sur les 2,3 millions de postes pourvus en 2013, un tiers a été jugé difficile à pourvoir. Parmi les 30 premiers métiers où le recrutement est le plus difficile, on retrouve plus particulièrement 4 secteurs professionnels : le commerce (attachés commerciaux, les employés de supermarchés et caissiers, les cadres commerciaux, les ingénieurs et cadres technico-commerciaux), les transports et la logistique (conducteurs routiers, ouvriers de l'emballage, manutentionnaires, livreurs), l'hôtellerie, restauration et alimentation (restauration et employés de l'hôtellerie, serveurs des cafés et restaurants, cuisiniers) et les services aux particuliers et aux collectivités (les agents de sécurité et de surveillance, les aides à domicile et aides ménagères). Les conditions de travail et de rémunérations sont aussi largement en cause, au-delà de la question des compétences.

À NOTER • Le chômage français croît dangereusement. Il est aujourd'hui à 10 % de la population active. Alors que 5 millions de personnes se trouvent dans le halo du chômage, il faudra créer 110 000 emplois chaque année d'ici quinze ans pour absorber les nouveaux entrants ; mais l'augmentation attendue de la population active est surtout une source de dynamisme de l'économie qu'il faut savoir saisir. Il existe par ailleurs un problème de compétence des jeunes et des salariés en lien avec les nouveaux besoins liés à la révolution numérique.

Le marché des capitaux

Chapitre 8

1 Le financement de l'économie

A – Économie d'endettement et économie de marché

Les banques sont au cœur du financement de l'économie : elles prêtent les dépôts qui leur sont confiés. Un tel système économique porte le nom d'***économie d'endettement***. Les entreprises, notamment les PME, sont très dépendantes des banques pour leur financement : on parle de ***finance indirecte ou intermédiée.***

Cependant, le transfert d'épargne entre ceux qui disposent de fonds prêtables et ceux qui souhaitent en disposer peut s'effectuer grâce au marché des capitaux. Ce système porte le nom d'***économie de marché.*** Dans une économie de marché, les emprunteurs émettent des ***titres*** qui sont souscrits par les agents disposant d'une épargne. Dans cette ***finance directe***, prêteurs et emprunteurs échangent de la monnaie contre des actifs à court ou à long à terme.

B – De l'économie d'endettement à l'économie de marché

Depuis une vingtaine d'années, on assiste à une mutation du financement de l'économie, l'économie de marché prenant le pas sur l'économie d'endettement. Le trait le plus apparent de cette évolution est le développement d'un large marché des capitaux, encouragé par les pouvoirs publics, et soutenu par le foisonnement des innovations financières.

Les valeurs mobilières sont des titres émis à long terme par les entreprises ou l'État pour financer leurs investissements. Les principales valeurs mobilières sont les actions et les obligations :

- ***une action*** est un titre de propriété sur une partie du capital de l'entreprise. L'actionnaire reçoit une fraction des bénéfices de l'entreprise, le ***dividende***. Seules les entreprises les plus grandes sont habilitées à émettre des actions ;
- ***une obligation*** est un titre de créance à long terme émis par une entreprise ou l'État pour une période fixée à l'avance. Une obligation représente une dette et donne donc lieu au versement d'un intérêt annuel, le ***coupon***.

L'explosion du financement direct des agents date de la décennie quatre-vingt, il ne s'est pas démenti depuis. Ainsi, aujourd'hui :

- les émissions d'actions et d'obligations représentent en moyenne plus de la moitié des ressources externes des entreprises industrielles et commerciales ;
- les administrations couvrent plus des trois quarts de leur déficit par émissions d'obligations.

2 Le marché des capitaux : marché monétaire et marché financier

A – Le marché des capitaux

Le ***marché des capitaux*** est le lieu de rencontre entre les offres et les demandes de capitaux, c'est-à-dire d'argent. Plus précisément, c'est sur le marché des capitaux que l'on peut emprunter et prêter directement de l'argent. Quand l'échange se fait à court ou moyen terme (de un jour à sept ans), le marché concerné est le ***marché monétaire***. Quand l'échange se fait à long terme (au-delà de sept ans), le marché concerné est le ***marché financier***.

B – Le marché monétaire

Le marché monétaire comprend le marché interbancaire et le marché des titres de créances négociables.

1) Le marché interbancaire

Le marché interbancaire est réservé aux banques qui s'échangent les avoirs (la monnaie) qu'elles ont sur un compte à la Banque centrale. Pour quelle raison les banques auraient-elles besoin de s'emprunter de l'argent les unes aux autres ? Reprenons l'exemple du Chapitre 4 : deux banques créent de la monnaie sans en référer à la Banque centrale, parce qu'elles accordent des crédits dans la même proportion que leur part de marché en termes de dépôts. Supposons maintenant que la banque A, qui a une part de marché de 80 %, autorise 1 000 € de crédits, alors que la banque B qui détient 20 % du marché, n'autorise que 200 € de crédits.

Après que les clients des deux banques aient utilisé leurs crédits en faisant des dépenses par chèque, A détiendra pour 160 € de chèques de B (80 % de 200 €) alors que B détiendra pour 200 € de chèques de A (20 % de 1 000 €). Après compensation, A devra toujours 40 € à B, qu'elle lui empruntera sur le marché interbancaire. Comme cela lui coûte de l'argent, elle sera incitée à limiter le volume des crédits qu'elle consent. La création de monnaie des banques est donc limitée par leur part de marché.

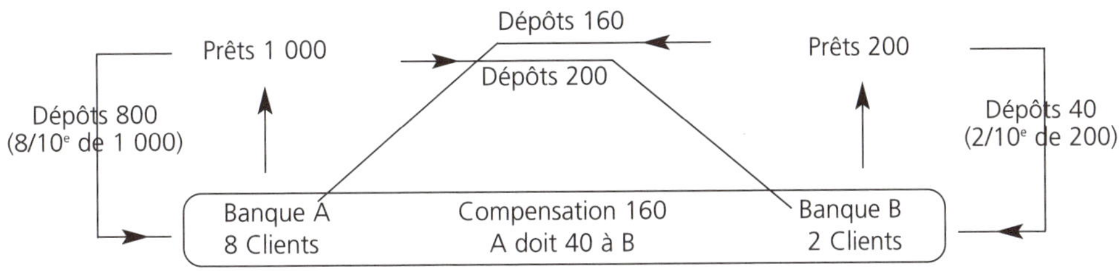

Concrètement, les offres et les demandes de prêts sont centralisées et confrontées sur le marché interbancaire. L'essentiel des échanges porte sur des prêts d'argent au jour le jour ou pour des durées assez courtes. L'équilibre entre l'offre et la demande sur ce marché détermine ***le loyer de l'argent*** pour les banques. Les conditions du marché monétaire déterminent ainsi le ***taux de base bancaire***, taux d'intérêt à partir duquel les banques vont fixer les taux des différents crédits qu'elles consentent.

2) Le marché des titres de créances négociables

Le marché des titres de créances négociables (TCN) est le compartiment du marché monétaire ouvert à tous les agents. Cependant, les prêts et emprunts portent sur un montant minimum de 150 000 €. Parmi les titres de créances négociables, on distingue :

- les ***billets de trésorerie***, qui sont émis par les sociétés non financières par actions et par les entreprises publiques pour une durée de dix jours à un an. Les entreprises émettent par exemple des billets de trésorerie quand il existe un décalage entre les périodes de recettes (Salomon vend des skis en hiver) et de dépenses (les skis sont fabriqués toute l'année) ;
- les ***certificats de dépôts*** qui sont émis par les banques autorisées à recevoir des dépôts à moins de deux ans ;
- les ***bons du Trésor*** qui sont émis par le Trésor Public, la banque de l'État.

C – Le marché financier

Le marché financier est le marché des fonds prêtables à long terme (sept à quinze ans et plus). On peut y distinguer le marché primaire et le marché secondaire :

- le ***marché primaire*** porte sur la mise en vente de titres nouvellement émis. C'est le cas lorsqu'une entreprise augmente son capital pour financer son développement ;
- le ***marché secondaire***, ou la Bourse, est un marché de l'occasion où l'on peut négocier les titres déjà émis. La Bourse est très importante pour l'économie : elle permet d'obtenir facilement de l'argent en échange des titres déjà acquis (elle facilite la liquidité des titres) ; elle autorise les changements dans la structure financière des entreprises cotées.

3 La Bourse, organisation et évolution

A – Bourses et indices

La Bourse est le lieu où s'échangent les actions et les obligations déjà émises. Dans les années 1990, le développement du marché boursier s'est traduit par l'apparition de nouvelles formes d'actions et d'obligations (les dernières obligations d'État sont indexées sur l'inflation). Mais on a surtout vu apparaître des SICAV (Sociétés d'Investissement à CApital Variable) qui font partie des OPCVM (Organismes de Placement Collectif en Valeurs Mobilières). Il s'agit de portefeuilles collectifs de valeurs mobilières gérés par les spécialistes des banques et constitués par les fonds des épargnants. Les SICAV sont en général spécialisées (SICAV actions françaises, SICAV actions des pays émergents...). Il existe aussi des SICAV dites monétaires car leur portefeuille est composé de valeurs (Bons du Trésor, Billets de trésorerie) échangées sur le marché monétaire.

De fait, les bourses ne sont rien d'autre que des entreprises privées qui assurent un service de cotation pour le compte de leurs clients. Les mouvements de fusion/restructuration s'y succèdent à un rythme effréné : embryon de bourse européenne avec la création d'Euronext au début des années 2000 (Paris, Amsterdam, Lisbonne et Bruxelles notamment), rachat d'Euronext par la Bourse américaine New York SE (Nyse) en 2006, rachat de Nyse-Euronext par l'opérateur boursier américain ICE début 2013, perspective pour l'instant empêchée par l'Autorité de la concurrence européenne d'une fusion NYSE-Euronext et Deutch Börse.

Capitalisation boursière par place (milliards de $)

Cinq premières places boursières fin 2015	Valeur	Variation/2014, monnaie locale
1 - NYSE Euronext (US)	19 222	13 %
2 - NASDAQ OMX (US)	6 830	13,9 %
3 - Tokyo Stock Exchange	4 377	17,3 %
4 - Shanghai SE	3 932	67,4 %
5 - NYSE Euronext (Europe)	3 320	15,2 %
Total	63 532	

Source : Fédération internationale des bourses de valeurs – *http://www.fibv.com*.

La capitalisation boursière d'une entreprise correspond au nombre d'actions cotées en bourse multiplié par le cours de l'action. Début 2015, la capitalisation boursière mondiale est de l'ordre de 63 500 milliards de dollars, au-delà de son niveau de 2007 (60 000), avec une part de marché de 30 % pour Wall Street (New York Stock Exchange). Viennent ensuite le

NASDAQ, bourse des valeurs de nouvelles technologiques aux États-Unis, le Tokyo Stock Exchange, le Shanghai stock exchange et Euronext. En termes de variation, ce sont les bourses américaines (dans le sillage de la valorisation des sociétés de l'internet par exemple) et asiatiques (il n'est qu'à voir la croissance de la bourse chinoise, même si elle chute de 30 % à l'été 2015 !) qui tirent le marché. De fait, la croissance des bourses se situe bien chez les émergents, en lien avec l'économie. Une autre menace pèse sur les grandes places boursières : l'émergence de ***bourses alternatives***, moins réglementées. Ainsi, l'ensemble Bats Europe Chi-X, constitué début 2012 avec la fusion des deux plates-formes (Bats Europe d'une part, Chi-X de l'autre) de négociations alternatives (les dark pools), devient un opérateur incontournable avec plus de 23 % de parts de marché en Europe par exemple. Autrement dit, la deuxième bourse d'Europe !

Les principaux indices boursiers sont en France le CAC40 (40 plus grandes entreprises en termes de capitalisation), le SBF 120 (40 + 80 plus fortes capitalisations) le SBF 250 ou le CAC Mid & Small pour les entreprises de taille intermédiaire. Ailleurs, on trouve évidemment le Dow Jones (New York, 30 valeurs industrielles parmi les plus importantes), le SP 500 (Standard and Poors, valeurs les plus importantes des 3 marchés de New York : NYSE, Nasdaq et AMEX), le NIKKEI 225 (Japon), le FOOTSIE 100 (Londres) ou encore le DAX 30 (Allemagne). L'Euro Stoxx 50 regroupe, lui, les 50 valeurs parmi les plus significatives cotées sur différentes places boursières de la zone euro.

Évidemment, la bourse et ses indices renvoient aux grandes entreprises multinationales avec des valorisations considérables (la capitalisation boursière d'Apple est de l'ordre de 700 milliards de dollars en 2015, autant que Google et Microsoft réunies). Pour comparaison la première capitalisation du CAC 40 est Total pour un peu plus de 100 milliards d'euros. Mais au-delà, la bourse s'ouvre aux entreprises intermédiaires, qui accentuent leurs financements par désintermédiation. Les PME et EIT françaises ont ainsi levé 3 milliards d'euros de capitaux en 2014, deux fois plus qu'en 2013, principalement sur le compartiment B d'Euronext. L'indice EnterNext pour sa part résume la valeur de 40 pépites technologiques (27 françaises), travaillant plus particulièrement dans les sciences de la vie, les TMT (technologie, média, télécom), ou encore l'éco-industrie.

B – Les facteurs d'influence du cours des actions

Le cours des actions résulte d'une part au niveau micro-économique des bénéfices des entreprises et perspectives du secteur, et, d'autre part au niveau macro-économique principalement du taux d'intérêt. La relation entre le taux d'intérêt et le cours des actions passe par les obligations.

1) Cours des obligations et taux d'intérêt

Prenons l'exemple d'une entreprise qui a émis dans la journée d'hier une obligation simple d'une valeur de 100 € à 1 an au taux de 10 %. L'acquéreur a donc versé 100 € hier et recevra l'an prochain 110 € (10 € d'intérêts plus le remboursement de l'obligation). Supposons qu'aujourd'hui le taux d'intérêt s'élève à 15 %. Une obligation de même valeur émise pour la même durée au taux du marché rapportera 115 € dans un an. De toute évidence, il est plus intéressant de détenir la seconde obligation plutôt que la première.

Les détenteurs de la première obligation, déjà émise et donc cotée en Bourse, vont alors chercher à s'en défaire. Ceci va faire baisser son prix jusqu'à ce qu'il n'y ait aucun avantage à détenir l'une ou l'autre des obligations. Le nouveau prix de la première obligation à la Bourse se fixera dans cet exemple à un peu moins de 96 € (95,65 € exactement). En effet, il est indifférent d'acheter une obligation nouvelle à 100 € qui me rapportera 115 € dans un an ou une obligation ancienne à 96 € qui me rapportera 110 € dans un peu moins d'un an.

Le corollaire de la baisse du cours de l'obligation ancienne est l'augmentation de son taux de rendement : ma rémunération ne change pas (10 €) pour une mise de fonds moindre (96 €). Une augmentation de taux d'intérêt a donc pour effet de faire baisser le cours des obligations anciennes et d'augmenter leur taux de rendement.

2) Cours des actions et taux d'intérêt

Le taux de rendement des actions dépend lui aussi de leur prix et de leur rémunération, le dividende. À supposer que les variations de taux d'intérêt soient sans conséquences sur les bénéfices des entreprises (ce qui est vrai à court terme), l'augmentation de taux d'intérêt laisse inchangé le taux de rendement des actions. Toutes choses égales par ailleurs, il devient alors plus avantageux pour les agents de détenir des obligations (leur taux de rendement a augmenté) plutôt que des actions. Il faut donc vendre les actions et acheter les obligations. Ceci a pour conséquence de faire baisser le cours des actions. Il existe donc aussi une relation inverse entre le taux d'intérêt et le cours des actions.

3) L'influence des autres grandeurs économiques

La Bourse est aussi influencée par d'autres grandeurs économiques, comme le taux d'inflation, le taux de croissance ou le taux de chômage. Mais ces influences passent toutes par le taux d'intérêt. Ainsi, si les boursiers anticipent une reprise de l'inflation, ils pensent que la Banque centrale va augmenter son taux d'intérêt (v. chapitre 11). Ils anticipent donc une baisse du cours des actions et ils vendent. De même, si la croissance est forte, ou, ce qui va normalement de pair, si le chômage diminue, les marchés anticipent une reprise de l'inflation, et on revient au raisonnement précédent. C'est ainsi que l'on peut entendre à la télévision qu'une baisse importante du chômage est à l'origine d'une chute de la Bourse !

4) Cours des titres et anticipations

Ceci illustre aussi l'importance des anticipations sur les marchés financiers. Il faut toujours anticiper l'évolution des grandeurs qui ont une influence sur le cours des titres. Ainsi, dans notre exemple, si la Banque centrale relève effectivement ses taux d'intérêt, cela sera sans effet sur la Bourse, puisque les agents l'ont déjà parfaitement anticipé et que le cours des titres a déjà baissé. Si vous réagissez le jour même, vous êtes perdant.

À NOTER • Le taux d'intérêt est la grandeur économique qui a le plus d'importance pour les analystes financiers. Chaque fois que les boursiers pensent que le taux d'intérêt va baisser, cela veut dire que le cours des actions doit augmenter. C'est donc le moment d'acheter et la Bourse augmente (raisonnement inverse pour une hausse du taux d'intérêt).

C – La rentabilité des actions : évolution à long terme du CAC 40

Le CAC 40 a été créé en décembre 1987 avec une valeur de 1 000 points. Son évolution traduit celle de la valeur moyenne des actions à la Bourse de Paris. Depuis 1987, année où la Bourse a subi une correction importante (on parle de mini-krach), le CAC 40 a connu deux points hauts, suivi de deux points bas annonçant une reprise. Il se dirige aujourd'hui vers un troisième point haut.

Dans un premier temps, après une croissance continue (de 1 000 à 2 000 points), le CAC 40 s'enflamme en raison de la bulle créée autour des valeurs dites de nouvelles technologies (voir l'évolution de l'indice ITCAC) : il atteint presque les 7 000 points en septembre 2000, l'éclatement de la bulle le renvoyant sous les 2 400 points en mars 2003. De la même façon, il s'emballe à nouveau pour atteindre les 6 200 points en juin 2007, dans le contexte d'une croissance mondiale exceptionnelle et alors que les entreprises du CAC réalisent 80 % de leur chiffre d'affaires à l'étranger, pour chuter de nouveau à 2 600 points en avril 2009 après la première vague de crise. Il est à 5 000 points mi-2015.

Au-delà de ces vicissitudes, toutes les études montrent qu'à long terme, les actions offrent une rentabilité supérieure à toutes les autres classes d'actifs. Deux facteurs expliquent la ***rentabilité d'une action*** : l'augmentation de sa rémunération (le dividende), qui détermine son rendement, et l'augmentation de son cours en bourse, qui dépend à son tour de deux éléments, le niveau des résultats de l'entreprise (qui détermine sa valorisation) et le multiple de valorisation (le ratio de la valorisation aux résultats, appelé *price to earning ratio* – PER). Dans cet esprit, l'indice CAC 40 est depuis peu complété par le CAC 40 NR (pour net return), qui mesure l'évolution du CAC une fois intégrés les versements de dividendes par les entreprises (nets des impôts). C'est la véritable mesure de la valorisation de l'investissement boursier. L'évolution du CAC 40 NR traduit cette rentabilité forte des actions sur une longue période.

Par exemple, de 1971 jusqu'à la fin de 2008, le rendement total en moyenne annuelle du S&P 500 a été de 8,94 %. Les dividendes (4,61 %) et la croissance des bénéfices (3,78 %) expliquent l'essentiel de ce chiffre, les hausses de multiples ne contribuant que peu à la rentabilité (+0.55 %). Sur une autre période 2008-2013 (avant les fortes valorisations récentes donc), et pour les seules actions françaises, l'Autorité des marchés financiers estime le rendement réel moyen des actions à 5,81 %, loin devant d'autres types de placements, le livret A (1,38 %), l'or (3,61 %) ou l'immobilier (3,76 %). Exceptionnellement, sur cette période, le rendement des obligations d'État à 10 ans surpasse celui des actions, à 5,98 %.

Il reste que le placement en actions est risqué : sur 25 ans, la dispersion de performance est de l'ordre de 23,5 %, contre 7 % pour les obligations.

De fait, le caractère risqué des actions vaut surtout pour les courtes périodes. Pour les placements à long terme (quinze ans et plus), le risque devient même inférieur à celui des obligations et des placements monétaires en termes réels ! Ceci s'explique par la tendance qu'ont les rentabilités réelles des actions à retourner sur leur moyenne à long terme. À l'inverse, les soubresauts de l'inflation peuvent changer durablement la rentabilité des obligations à la rémunération fixe.

Bref, les actions sont moins risquées que d'autres classes d'actifs... et plus rentables ! La seule explication à cette anomalie est la myopie des investisseurs qui continuent à demander une meilleure rémunération pour un risque de court terme qui s'annule à long terme. L'expérience montre qu'il est donc judicieux pour un investisseur qui a du temps devant lui d'investir largement dans les actions afin de profiter de cette « prime » anormalement élevée.

À NOTER • Le CAC 40 mesure l'évolution de la valeur boursière des 40 premières entreprises françaises en termes de capitalisation. Base 1 000 fin 1987, il avait atteint presque 7 000 points en 2000, au plus fort de la bulle spéculative sur les valeurs Internet. Il est aujourd'hui à 5 000 points environ, après de nombreux soubresauts, soit une rentabilité réelle de long terme de 5 % en incluant le rendement des dividendes.

D – Les Français et la Bourse

En dépit d'une rentabilité sans égal, après une phase d'engouement dans les années 1980 et 1990, l'investissement en actions a perdu de son attrait auprès des épargnants depuis une dizaine d'années.

Dans un premier temps, alors que l'on estimait le nombre d'actionnaires individuels à moins d'un million jusqu'à la fin des années 1970, la création d'incitations fiscales (le CEA puis le PEA) et les vagues de privatisations des années 1990 ont attiré un nombre croissant d'épargnants vers la Bourse. On comptait jusqu'à 7 millions d'actionnaires individuels en France en 2002.

Cet âge d'or de l'actionnariat « populaire » n'a pas résisté aux crises financières et économiques de 2000 et 2007. Ces revers ont miné le moral des épargnants qui ont tourné le dos aux actions. On estime qu'il reste moins de 4 millions d'actionnaires individuels en France en 2012, et le poids des actions dans l'épargne des Français diminue : les titres en direct ne représentent plus que 2 % de leurs économies en 2010, contre 4 % en 1995, tandis que les fonds d'investissement ne pèsent plus que 7 %, contre 15 % quinze ans plus tôt. Il reste toutefois que les évolutions récentes de la bourse produisent un effet d'appel sur les particuliers : la part des investisseurs individuels dans les volumes échangés repart à la hausse tout comme le nombre d'ordres passés, le nombre d'adhérents de la fédération des actionnaires individuels et clubs d'investissement a augmenté de 20 % en 2014, le taux de souscription des particuliers excède les possibilités offertes pour des start-ups en devenir (14 fois plus de titres demandés qu'offerts pour la biotech Pharma, 12 pour l'éditeur de jeux vidéo Focus).

4 Le non-coté

Toutes les entreprises n'ont pas vocation à être cotées en Bourse, sur le premier ou même le second marché. Dès lors, comment se financent ces entreprises, souvent des ***start-ups***, de ***jeunes entreprises innovantes (JEI)*** dotées d'un potentiel de croissance important ? Elles font d'abord appel aux ***business angels*** pour lever leurs premiers fonds, ces riches particuliers qui sont prêts à perdre souvent pour gagner beaucoup sur une pépite. Elles sollicitent ensuite les fonds de capital-investissement dont les différents compartiments vont de pair avec les différentes phases du cycle de vie de l'entreprise

On cite souvent comme business angels ces web-entrepreneurs ayant réussi, et parfois revendus leur société, comme Xavier Niel (Free), Marc Simoncini (Meetic), Pierre-Antoine Granjeon (Vente.privée), ou encore Pierre Kosciusko-Morizet (Price Minister). Ainsi, le fondateur de Free a récemment créé une école de programmation informatique (l'école 42), et il va ouvrir dans la halle Freyssinet à Paris un incubateur de 1 000 start-ups, et investit chaque année dans une cinquantaine d'entreprises via son fonds Kima Ventures. Il a aussi injecté 35 millions depuis 2009, à titre personnel, dans 230 opérations. Mais selon le classement établi par le site Fundme.fr, qui met en relation start-up et investisseurs, des dizaines d'autres personnalités se sont depuis élevées au rang de parrains dans cet univers foisonnant. Au total, ce sont 4 442 investisseurs individuels qui ont financé 305 start-ups en 2014 à hauteur de près de 40 millions d'euros.

Concomitamment, de plus en plus de business angels se tournent vers les plates-formes de ***financement participatif*** pour dénicher des projets de qualité. Dans la même logique, on assiste à une montée en puissance des montants levés en equity (prise de participation) : en 2014, l'ensemble des plates-formes de ***crowdfunding*** a levé 25 M€, le double de 2013, soit presque la moitié des fonds investis par les business angels. Et ce chiffre a doublé en un an alors que l'investissement des business angels stagne.

Une fois la start-up lancée, il faut accompagner son développement par des financements spécifiques. C'est l'objet du ***capital-investissement***. On retrouve d'abord le ***capital-amorçage*** (destiné à financer les dépenses préalables à la création : recherche-développement, étude de marché, etc.). Le capital-risque prend ensuite le relais, suivi du ***capital-développement*** quand les entreprises ont besoin d'accélérer leur croissance interne ou externe. Les fonds de ***capital-transmission*** ou *buy out* (BO) interviennent davantage vers l'aval du cycle : ils procèdent au rachat de sociétés auxquelles ils apportent un peu de fonds propres et beaucoup de dettes, d'où l'expression « *leveraged buy out* » (LBO).

Le secteur du capital-investissement est apparu particulièrement dynamique en 2014, les fonds ayant ainsi investi dans 1 648 entreprises, en augmentation de 6 % par rapport à 2013. En valeur, les fonds d'investissement ont misé 8,7 milliards d'euros dans le capital des entreprises françaises en 2014, en progression de 35 % par rapport à 2013. Sur ces opérations, 696 ont constitué de nouveaux investissements dans des entreprises n'ayant jamais accueilli d'investisseurs en capital auparavant. En structure, ces fonds concernent principalement la transmission (65 % du total), avant le développement (15 %) et le risque (14 %).

Ainsi, les montants investis en capital-risque (le cœur du financement des start-ups) se sont élevés à 897 millions d'euros en 2014 sur 372 opérations. La France démontre ainsi qu'elle était une terre fertile pour l'innovation, particulièrement dans les domaines du numérique et des sciences de la vie, qui ont attiré respectivement 54 % et 17 % des investissements en 2014. Parmi les investisseurs les plus actifs, on retrouve sans surprise BPI (Banque Publique d'Investissement), présente sur 18 opérations.

Une opération emblématique a été celle de la levée de fonds par Blablacar pour 100 millions de dollars en 2014, soit 73 millions d'euros, afin d'accélérer son expansion à l'international. La start-up, créée en 2008, a séduit le fonds d'investissement Index Ventures, spécialisé dans les nouvelles technologies (il détient des parts dans Flipboard ou Criteo par exemple) alors que ses précédents investisseurs, Accel Partners, ISAI et Lead Edge Capital ont également participé au tour de table.

Il reste que la cotation au NASDAQ devient quasiment un standard pour des start-ups suffisamment solides, offrant crédibilité, visibilité exceptionnelle et accès direct au marché américain. Effectivement, le véritable enjeu pour le financement des entreprises françaises du numérique se situe au niveau de la Bourse, les marchés boursiers français et même européens s'avérant inadaptés par exemple au secteur du digital lorsqu'il faut lever plus de 100 millions d'euros.

À NOTER • La Bourse permet de financer les entreprises en fonds propres pour leur permettre d'investir. Mais la cotation est difficilement accessible aux PME voire aux ETI, les procédures étant complexes, les soubresauts de valorisation pénalisants. Il existe donc des possibilités de financement hors Bourse, qui ne passent pas par le crédit bancaire. C'est le non-coté, avec les fonds de business angels et de capital-investissement, dont le capital-risque, surtout pour les entreprises de croissance et de nouvelles technologies. Il y a lieu ici d'élargir le marché pour qu'il devienne à tout le moins européen.

PARTIE 2

La conjoncture économique

La représentation de l'économie nationale

Chapitre 9

1 Le circuit économique

Les opérations économiques peuvent être ventilées en trois catégories : ***opérations sur biens et services***, ***opérations de répartition*** et ***opérations financières***.

A – Les opérations

Les opérations sur biens et services sont la ***production*** (P), la ***consommation finale*** (C_f) ou ***intermédiaire*** (C_i), l'***investissement*** (I), les ***exportations*** (X) et les ***importations*** (M).

Ces opérations sont reliées entre elles par une relation d'équilibre. Ainsi, au cours d'une période donnée (un an) et dans un espace donné (l'économie nationale), il est nécessaire que tous les biens et services offerts trouvent un emploi. C'est l'***équation ressources-emplois*** du marché des biens et services, qui traduit l'égalité entre l'offre et la demande. Elle s'écrit :

$P + M = C_f + C_i + I + X.$

Tous les biens et services offerts sont soit produits dans le pays (P), soit produits à l'étranger et vendus dans le pays (M). Les biens et services sont demandés soit pour être consommés dans le pays (C), soit pour être investis dans le pays (I), soit pour être consommés ou investis à l'étranger (X). La consommation peut correspondre :

– à une utilisation finale (C_f), les biens et services servant à la satisfaction directe des besoins des ménages ;

– à une utilisation intermédiaire (C_i), les biens et services étant détruits dans le processus de production des entreprises. La consommation intermédiaire est un élément de la demande qui s'incorpore dans la production des entreprises donc dans l'offre.

Le schéma suivant résume l'égalité entre l'offre et la demande sur le marché des biens et services. Il fait aussi apparaître l'articulation entre ce marché et celui des facteurs à l'origine de la production, travail et capital. On note le rôle particulièrement important de l'investissement dans l'économie puisqu'il est à la fois élément de demande (les achats de machines par des entreprises représentent un débouché pour d'autres entreprises) et un élément d'offre (les entreprises qui ont acheté ces machines produiront davantage demain).

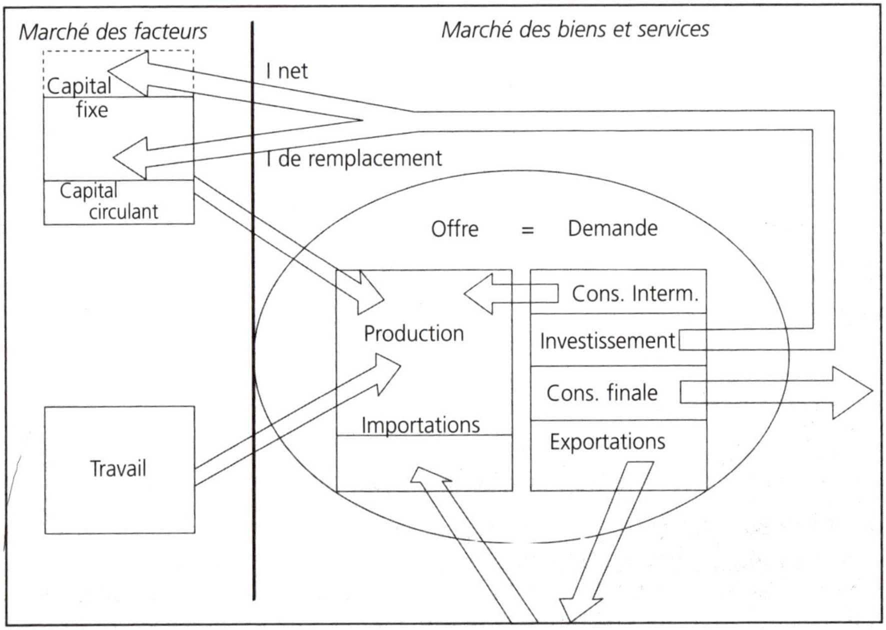

Les opérations de répartition sont toutes les ***opérations de distribution ou de redistribution*** du revenu entre les agents économiques. Elles concernent deux catégories de revenus, ceux directement issus de la participation à la production (salaires pour les ménages, profits pour les entreprises, taxe professionnelle pour l'État...) et ceux issus d'un mécanisme redistributif (prestations sociales pour les ménages, dividendes résultant des participations financières pour les entreprises, cotisations sociales pour l'État...).

Les ***opérations financières*** sont toutes celles qui modifient les créances et les dettes des différents agents économiques.

B – Le circuit économique

Le circuit économique est une représentation schématique de l'activité économique. Dans cette représentation, la production est à l'origine de toute l'activité économique : elle est à la fois la principale source des biens et services disponibles dans l'économie (l'autre source est l'importation), mais également la source unique des revenus (salaires, profits).

1) Le circuit en économie fermée et en présence des seuls ménages et entreprises

Dans ce schéma où seuls sont représentés les flux monétaires, les entreprises produisent des biens de consommation finale pour les ménages et des biens de consommation intermédiaire et d'équipement pour elles-mêmes. Elles rémunèrent les facteurs de production en versant des salaires, des intérêts et des dividendes. Elles financent leurs investissements avec l'épargne des ménages. L'existence de cette épargne traduit le fait que les ménages gagnent plus d'argent qu'ils n'en dépensent. Ils sont en situation de ***capacité de financement***. À l'inverse, les entreprises ne gagnent pas assez d'argent pour financer leurs investissements. Elles sont en situation de ***besoin de financement***. Les opérations financières permettent ainsi à la capacité de financement des uns de combler le besoin de financement des autres.

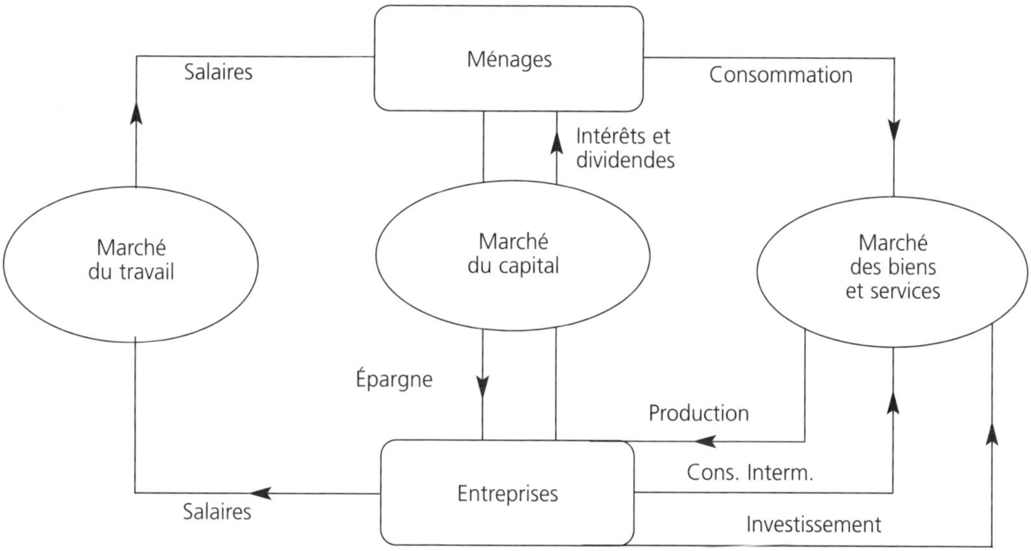

Cette situation se retrouve dans le compte des agents : les revenus des ménages sont plus importants que leur consommation, de sorte qu'ils épargnent. Cette épargne vient financer les investissements des entreprises.

2) Le circuit en économie ouverte et en présence de tous les agents

Le schéma suivant complète le précédent en incorporant les administrations, les banques et le reste du monde. Il apparaît que :

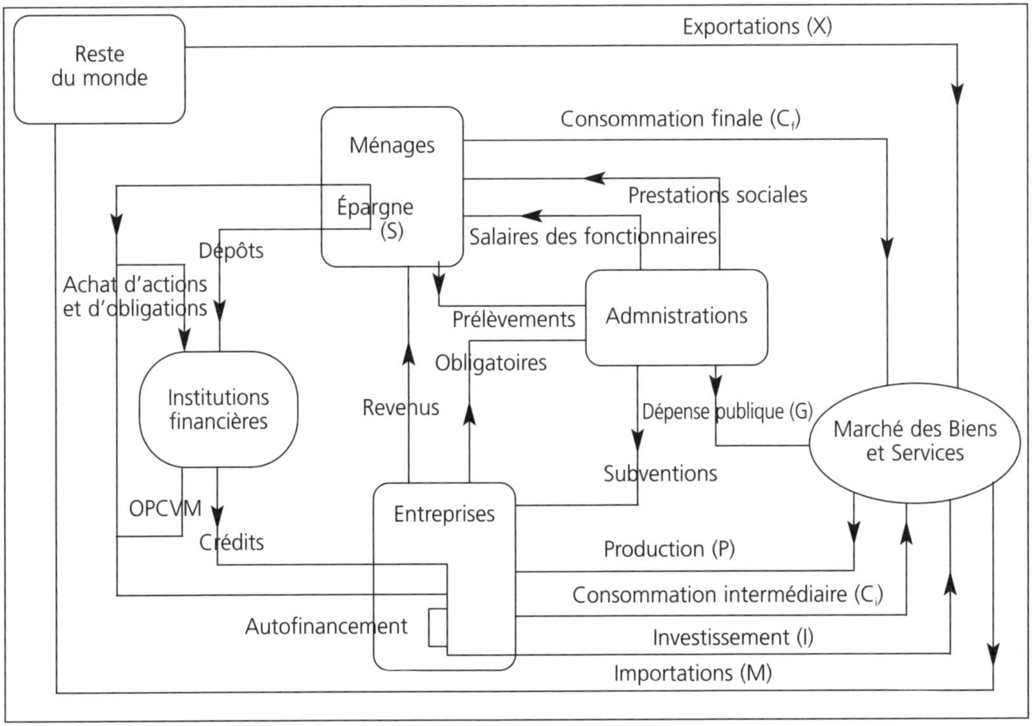

Les flèches indiquent la direction des flux monétaires. Les flux réels sont de sens inverse.

- sur le marché des biens et services, en économie ouverte, l'offre comprend maintenant les importations et la demande, les exportations et la dépense publique ;
- les revenus des agents sont modifiés par les opérations de répartition souvent orchestrées par les administrations ;
- les entreprises peuvent réserver une partie de leurs bénéfices au financement de leur développement : on dit qu'elles s'autofinancent. On retrouve alors les trois grandes sources de financement des investissements des entreprises : l'émission d'emprunts, l'émission de titres et l'autofinancement ;
- enfin, les banques servent d'intermédiaire entre les agents à capacité et les agents à besoin de financement, ici les ménages et les entreprises.

De la même façon que précédemment, les comptes des agents font apparaître l'excédent de revenu après impôts des ménages sur leur consommation. Ici en revanche, les investissements des entreprises sont en partie autofinancés, du fait de l'excédent des recettes de l'entreprise (production et subventions) sur les dépenses courantes (consommations intermédiaires, rémunération des facteurs et de l'État).

À NOTER • Le circuit économique s'organise autour de l'équation d'équilibre des opérations sur biens et services. Il fait apparaître les interactions entre les agents économiques.

2 La comptabilité nationale et la mesure de l'activité

La comptabilité nationale est « la présentation dans un cadre comptable rigoureux de l'ensemble des informations chiffrées relatives à l'activité économique. Elle décrit les phénomènes fondamentaux de la production, de la distribution, de la répartition et de l'accumulation des richesses ».

La comptabilité nationale est établie sur le modèle du circuit économique. Elle examine les relations entre les agents économiques, appelés ici ***secteurs institutionnels***, pour déterminer des résultats appelés ***agrégats*** : les principaux sont le Produit Intérieur Brut (PIB), le Revenu National Disponible Brut (RNDB), l'Épargne Brute, etc. Les secteurs institutionnels nationaux sont au nombre de six : les SNF (Sociétés Non Financières, à savoir les entreprises), les ménages (ménages et entreprises individuelles), les SF (les Sociétés Financières, à savoir les banques et les compagnies d'assurance), les APU (Administrations PUbliques) et les ISBLsm (Institutions Sans But Lucratif au service des ménages), à savoir les associations (Loi 1901, les partis politiques, etc.). Le reste du monde est considéré comme un agent unique dénommé reste du monde.

La comptabilité nationale est une comptabilité de flux et non de stock. Elle permet par exemple de connaître la richesse créée en une année dans le pays mais pas le montant des richesses accumulées au fil des ans. L'INSEE publie donc aussi tous les ans les comptes de patrimoine qui présentent une estimation des éléments d'actif et de passif des agents économiques.

La comptabilité nationale produit chaque année deux tableaux particulièrement importants :

- le premier s'intitule le ***Tableau Économique d'Ensemble (TEE)***. Il offre une présentation simultanée des opérations des différents secteurs institutionnels. Les opérations sont regroupées dans des comptes. Il rassemble pour une année l'essentiel des résultats économiques et financiers de chaque agent et de l'économie toute entière ;
- le second tableau s'intitule le ***Tableau des Entrées-Sorties (TES)***. Il présente les résultats économiques des branches d'activité. Son intérêt majeur est de faire apparaître l'interdépendance des branches à travers les consommations intermédiaires. Il permet alors de mesurer l'effet d'entraînement sur l'économie d'une relance dans une branche donnée. Ainsi, le gouvernement peut savoir s'il est préférable pour la croissance de donner une prime à l'achat d'une voiture ou d'un ordinateur. Étant donné l'importance du secteur auto-

mobile en France et ses effets d'entraînement sur toute l'économie, c'est la première solution qui avait été retenue il y a quelques années.

A – Le produit intérieur brut (PIB) comme mesure de l'activité

Le Produit Intérieur Brut (PIB) mesure la production d'une année dans un pays. Au sens large, la production est la création de biens et de services afin de satisfaire des besoins. Cette définition implique que la production n'est pas seulement le fait des entreprises.

1) Production marchande et production non marchande

Certaines activités de service, telles que l'enseignement ou les services hospitaliers, sont incluses dans la production. Ces services, uniquement produits par les administrations, sont non marchands. La comptabilité nationale évalue les productions non marchandes à leurs coûts de production.

Exemple

Une heure d'enseignement contribue à augmenter le PIB de la France. C'est une production non marchande puisqu'elle est fournie gratuitement. De quel montant le PIB est-il augmenté ? Essentiellement du montant du salaire payé à l'enseignant auquel il faut ajouter les consommations pendant l'heure de cours (marqueur, énergie, papier, etc.) et l'amortissement des matériels (rétroprojecteur, salle de cours, etc.).

2) La valeur ajoutée, mesure de la production

La production d'un pays ne peut pas être calculée comme la somme des productions des agents, sous peine de compter plusieurs fois les mêmes flux. En effet, les consommations intermédiaires étant livrées par un agent à un autre agent, elles apparaissent deux fois : dans la production de celui qui vend et dans la production de celui qui achète. Comment éviter de comptabiliser deux fois les mêmes choses ? Il faut faire la somme des valeurs ajoutées.

Le PIB est donc égal, aux impôts indirects près (TVA et droits de douane), à la somme des valeurs ajoutées :

$$PIB = \sum VA + TVA + DD.$$

3) Le PIB évalué dans une optique de demande

Reprenons l'équation d'équilibre sur le marché des biens et services :

$$P + M = C_i + C_f + I + X.$$

Dans la comptabilité nationale, les éléments de droite de l'équation sont évalués aux prix du marché (à ce que payent les utilisateurs, c'est-à-dire taxes indirectes comprises), et ceux de gauche aux coûts des facteurs (à ce que reçoivent ceux qui en sont à l'origine, c'est-à-dire taxes indirectes exclues). Pour que l'égalité soit respectée, il faut ajouter les taxes indirectes à la production et aux importations : $P + M + TVA + DD = C_i + C_f + I + X$.

Le PIB apparaît dans l'équation en faisant passer les consommations intermédiaires dans le membre de gauche :

$(P - C_i) + TVA + DD + M = C_f + I + X$

ou $\sum VA + TVA + DD + M = C_f + I + X$,

soit : $PIB + M = C_f + I + X$.

Le premier membre constitue l'offre de biens et services dans l'économie. Le second membre constitue la demande adressée à l'économie. La demande est d'origine interne ou externe. La composante interne inclut la consommation finale et l'investissement, et la composante externe, les exportations. En comptabilité nationale, cette équation est toujours vérifiée quelle que soit la situation économique.

Parmi les éléments de demande interne, l'investissement recouvre à la fois l'investissement net, l'investissement de remplacement (qui constituent tous deux la Formation Brute de Capital Fixe) et la variation des stocks :

$$I = I_{net} + I_{remplacement} \pm \Delta S = FBCF \pm \Delta S.$$

Selon quelle logique les variations de stocks figurent-elles dans l'investissement ?

- l'idée est ici que la constitution de stocks, en amont quand il s'agit des matières premières, ou en aval quand il s'agit des produits finis, revient toujours à immobiliser de l'argent aujourd'hui pour en gagner plus demain. En cela, il s'agit bien d'un comportement d'investissement ;
- le fait de faire apparaître les variations de stocks dans la demande présente un autre avantage, très important. En effet, que se passe-t-il si les entreprises n'arrivent pas à vendre l'intégralité de leur production ? Les invendus apparaissent quand même dans la demande, en augmentation des stocks. Mais dans ce cas, l'offre désirée n'est pas égale à la demande désirée. Ceci montre bien que l'équation d'équilibre sur le marché des biens et services traduit un équilibre comptable et pas nécessairement économique.

Par la suite, C sera la consommation finale, I l'investissement au sens strict (la Formation Brute de Capital Fixe), ΔS la variation des stocks et X et M les exportations et les importations. Dans une optique de demande, le PIB s'écrit :

$PIB = C + I \pm \Delta S + (X - M)$.

Il est donc constitué de la consommation finale des agents économiques intérieurs, de leurs investissements, de la variation des stocks et du solde de la balance des biens et services.

Enfin, dans l'équation précédente, on ne distingue pas les opérations économiques selon l'agent qui en est à l'origine. Il peut être cependant intéressant de faire intervenir les administrations, puisque celles-ci interviennent aussi sur le marché des biens et services. On peut ainsi distinguer la consommation finale ou l'investissement selon qu'ils sont le fait des agents privés (ménages ou entreprises) ou des administrations. Notons G, la dépense publique en biens et services. C et I deviennent la consommation et l'investissement privés.

On peut alors écrire l'équation d'équilibre sur le marché des biens et services en présence de l'État :

$$PIB = C + I \pm \Delta S + G + (X - M).$$

Cette équation fait maintenant apparaître les dépenses en biens et services des administrations comme un débouché possible pour les entreprises. Une étape supplémentaire consiste à dire que l'État peut se substituer aux agents privés en situation d'insuffisance des débouchés. On est donc bien dans le cadre d'une représentation keynésienne de l'économie.

4) La croissance économique mesurée par les augmentations de PIB

La croissance se mesure par les augmentations de PIB. Le PIB s'écrivant comme la somme de la consommation, de l'investissement et du solde de la balance des biens et services, on a ici les sources de la croissance à court terme. Ainsi, quand on entend les commentateurs économiques dire que la croissance est tirée par la demande interne, cela signifie que la croissance trouve son origine dans les augmentations de la consommation et/ou de l'investissement. De même, quand la croissance est tirée par la demande externe, cela signifie que le solde de la balance des opérations sur biens et services avec l'étranger s'améliore.

Par ailleurs, une situation de croissance résulte d'une augmentation de PIB en volume et non en valeur : si vous achetez aujourd'hui un livre qui vaut 20 € et que vous achetez demain le même livre au prix de 21 €, votre consommation a augmenté de 1 € en valeur. Votre satisfaction à consommer aura-t-elle pour autant augmenté ? Bien sûr que non puisque vous consommez toujours autant. C'est pour cela que la croissance doit être calculée à partir du PIB en volume (ou à prix constants), c'est-à-dire corrigé des augmentations de prix.

5) Les autres agrégats de production

Le PIB est donc l'ensemble des biens et services produits dans le pays, c'est-à-dire par les agents économiques situés à l'intérieur du pays. Ces agents dits « résidents » peuvent être de nationalité française ou étrangère.

Mais au lieu de s'intéresser à la production des unités résidentes, on peut aussi s'intéresser à la production réalisée ou aux revenus perçus par les ressortissants d'un pays. On obtient alors le Produit National Brut (PNB) ou le Revenu National Brut (RNB). Le PNB est obtenu en ajoutant au PIB la production des nationaux à l'étranger net de la production des étrangers en France. On obtient le RNB en ajoutant au PIB les recettes nettes en provenance de l'étranger au titre des salaires et revenus de la propriété.

Exemple

Dans quel agrégat faut-il inclure la production des usines Renault au Brésil ? Elle sera comprise dans le PIB brésilien, et dans le PNB français. De même, les revenus des travailleurs expatriés de Renault ou les bénéfices transférés par Renault Brésil en France se retrouveront dans le RNB français.

La différence entre le PIB et le PNB voire le RNB est faible pour un pays comme la France (les investissements français à l'étranger sont de même ordre de grandeur que les investissements étrangers en France). Elle ne l'est pas pour les pays en développement, ces pays accueillant beaucoup d'entreprises étrangères et ayant peu d'entreprises implantées à l'étranger.

Enfin, la différence entre un agrégat brut et un agrégat net tient à la prise en compte ou non de la dépréciation du capital, i.e. l'amortissement.

Au final, le schéma suivant fait le lien entre le PIB, agrégat central mais lointain, et le revenu disponible perçu par chaque ménage, très concret.

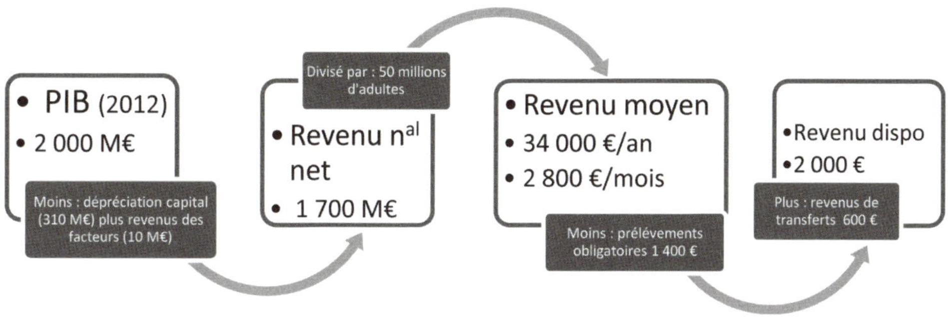

Source: C. Landais, T. Piketty & E. Saez, Pour une révolution fiscale, 2011.

À NOTER • Dans une optique d'offre, le PIB est la somme des valeurs ajoutées plus les impôts indirects ; dans une optique de demande, il est la somme de la consommation, des investissements, des variations de stocks, et du solde de la balance des biens et services. Une dernière optique le décrit comme la somme des revenus primaires distribués dans l'économie.

B – Les problèmes de mesure de l'activité

Le PIB mesure donc la création de richesse dans un pays en un an. La richesse créée sera bien sûr d'autant plus forte que le pays est grand. C'est pour cela que le niveau de développement est mesuré par le ***PIB par habitant***, qui traduit la richesse créée et donc les revenus reçus en moyenne par les habitants d'un pays. Deux questions se posent cependant : le PIB mesure-t-il bien la richesse créée par un pays ? Le PIB par habitant mesure-t-il bien le niveau de développement d'un pays ?

1) Le PIB comme mesure de la richesse créée dans un pays

La mesure de la production par la comptabilité nationale exclut les activités illégales et les activités domestiques :

- le premier point pose un problème lorsque l'on veut comparer la richesse créée dans différents pays : ainsi, en 2010, l'OCDE estime la part de l'économie non officielle dans le produit intérieur brut des pays de l'OCDE à 14 %. Les pays baltes et les pays d'Europe méditerranéenne connaîtraient les ratios les plus élevés : l'économie souterraine représenterait 25% du PIB en Grèce et autour de 40 % en Lettonie et en Estonie, contre 11 % en France par exemple ;
- le deuxième point revient à minorer considérablement le volume d'activité. On estime ainsi que l'auto-production domestique représente 30 à 45 % du PIB : faites une pâtisserie vous-même et vous n'augmentez pas la production du pays, allez l'acheter chez un pâtissier et vous contribuez à l'augmenter ! En conséquence, le PIB d'un pays sera très différent selon que l'activité féminine y est forte ou faible. Ici encore, on sous-estime la richesse créée en Italie, puisque le taux d'activité féminine est traditionnellement plus faible dans les pays latins.

2) Le PIB par habitant converti en une monnaie commune : la parité de pouvoir d'achat

Pour comparer le niveau de développement des pays, il convient de convertir le PIB par habitant des pays en une monnaie commune. Or, les comparaisons internationales de PIB par habitant posent un problème de forme lié à la conversion des données dans la même monnaie. Supposons que le PIB par habitant soit de 30 000 dollars aux États-Unis et de 20 000 euros en Europe. Au taux de change courant (par exemple 1 dollar = 1 euro), un américain est une fois et demie plus riche qu'un européen (qui touche en moyenne 20 000 dollars). Mais supposons aussi qu'avec 20 000 euros en Europe, on puisse acheter ce qu'un américain achète avec 30 000 dollars aux États-Unis (le coût de la vie serait plus élevé aux États-Unis de 50 %). Dès lors, peut-on dire que le niveau de vie des Américains est de 50 % supérieur à celui des Européens ? Bien sûr que non, le niveau est de toute évidence le même. Pour cela, les niveaux de vie sont comparés en utilisant le taux de change qui procure le même pouvoir d'achat (1,5 dollar pour 1 euro dans notre exemple). Ce taux de change a pour nom le ***taux de parité de pouvoir d'achat (PPA)***.

L'OCDE propose depuis peu une comparaison non plus du PIB, mais du revenu national brut par habitant en PPA. Selon les derniers chiffres, chaque Français dispose ainsi d'un revenu de 36 000 $, identique ou presque à celui d'un anglais (36 000), proche de celui d'un Allemand (40 000), loin devant celui d'un Portugais (24 200), d'un Estonien (21 000) ou d'un Chilien (16 000), mais largement inférieur à celui d'un Norvégien (63 000) ou d'un Américain (50 000).

Quels enseignements tirer de ces données ? D'une part, il existe bien un écart de niveau de vie entre la moyenne des pays de l'OCDE et les États-Unis. Chaque Américain a par exemple un revenu moyen supérieur de l'ordre du tiers à celui d'un Français en termes de sa capacité à acheter ! Il reste que ce chiffre est une moyenne qui tord la réalité : en termes de médiane, l'écart serait de l'ordre de 10 % seulement. Au-delà, on ne peut pas sur la base de ces seuls chiffres dire que la France décroche, ou s'appauvrit, par rapport à la moyenne des pays développés. Nous sommes avec la photographie d'aujourd'hui, au même niveau que les autres : un Français a le même niveau de vie, au sens de ce qu'il peut acheter, qu'un Britannique, qu'un Canadien, ou qu'un Allemand. Cela limite l'intérêt d'un débat sur le déclin français. Mais cela ne doit pas empêcher de s'interroger sur les tendances récentes défavorables à l'économie française (v. Chapitre 15).

3) Les critiques du PIB comme mesure du niveau de développement d'un pays

Une première critique vis-à-vis du PIB tient à ce qu'il s'agit d'un compte de flux et non de stock. En bref, il mesure la richesse créée, non le stock de richesse. Une illustration frappante de cela peut être donnée avec la catastrophe qu'à connu le Japon au printemps 2011. Selon les premières estimations, les dégâts seraient de l'ordre de 200 milliards de dollars, soit 4 % du PIB. Est-ce à dire que le PIB baisse de 4 % ? Évidemment non, puisque le PIB mesure le flux de production nouvelle en une année, et non la valeur des maisons, des routes ou des usines détruites. En revanche, il prendra en compte leur reconstruction. Il sera certes affecté par les pertes de production et la paralysie partielle de l'activité dans les zones sinistrées, mais seulement de façon temporaire. Au final, la logique veut que le Japon dispose d'une base de croissance pour les années à venir, puisqu'il faudra reconstruire les zones détruites !

Une autre critique, de nature presque philosophique, renvoie à la notion de bonheur, et à sa corrélation avec le PIB : le développement dépend-il seulement de la richesse créée en moyenne dans le pays ? Le bonheur se mesure-t-il aux seuls revenus gagnés ? On peut en douter.

En particulier, il n'existe sans doute pas une préférence exclusive pour le revenu monétaire, ce qui est le postulat des comparaisons internationales de niveaux de vie proposés à partir du PIB par habitant. Une étude du milieu des années 2000 montrait par exemple l'existence d'une corrélation entre le PIB par habitant et le bien-être jusqu'à 15 000 $, après, la relation n'est plus établie. Le CEPII a ainsi calculé un indicateur de niveau de vie intégrant différents aspects du bien-être individuel et social :

- ***le temps de travail*** : il s'agit de tenir compte de l'arbitrage collectif entre temps de loisir et temps de travail : un revenu assorti de moins (plus) de temps libre sera corrigé à la baisse (à la hausse);
- ***la précarité liée au chômage*** : au-delà du manque à gagner monétaire, le chômage crée un risque d'instabilité des revenus qui touche l'ensemble de la population;
- ***l'espérance de vie en bonne santé*** : la santé est souvent citée comme la première source de bien-être, et bénéficier d'une meilleure santé peut être considéré comme équivalant à disposer d'un revenu plus élevé;

– ***les inégalités*** : un revenu moyen n'a pas la même valeur pour le bien-être social selon la façon dont il est réparti. Si l'on a une aversion pour les inégalités, on préfèrera un revenu national moindre mais plus également réparti ;

– ***la « soutenabilité »*** : les ressources naturelles constituent un élément de richesse. L'exploitation courante de ces ressources apparaît dans le PIB, mais le coût que représente l'épuisement du stock de ressources non renouvelables est ignoré.

Dans ce classement, la France gagne des places, principalement au titre d'une préférence pour le temps de loisir et la soutenabilité, tandis que les États-Unis reculent. Le niveau de vie des deux pays devient alors quasiment identique.

D'autres indicateurs alternatifs existent, le principal étant sans doute l'indicateur de bien-être économique qui pondère d'un même poids les flux de consommation, le stock de richesse au sens large, l'insécurité économique et les inégalités. Au-delà, au printemps 2011, l'OCDE publie un indicateur de bien-être spécifique à chacun, selon sa pondération, à partir de onze critères : logement, revenu, travail, communauté, éducation, environnement, gouvernance, santé, bien-être subjectif, sécurité et conciliation travail-vie privée. Dans un grand nombre de domaines, l'Australie et le Canada se trouvent bien placés. Enfin, la commission Stiglitz recommande d'utiliser une batterie d'indicateurs, plutôt qu'un indicateur unique, pour qualifier la situation économique et son évolution. L'INSEE travaille en ce sens depuis quelques mois maintenant.

Le schéma suivant reprend l'articulation entre les différents indicateurs possibles, au fur et à mesure que l'on s'éloigne du champ de l'économie, pour aller vers la notion – philosophique – de bonheur, qu'il est évidemment difficile de quantifier.

Indicateur de bonheur				
Caractère optimiste	**Indicateur de conditions de vie**			
Santé solide	Environnement	**Indicateur de bien-être économique**		
Famille	Santé	Loisirs	**Revenu national brut**	
Amis	Éducation	Richesse	Consommation	Dépréciation
Communautés	Inégalités	Chômage	Investissement	Revenus nets de l'étranger
Satisfaction au travail	Pauvreté	Insécurité éco.	Exportations	
		Activités non marchandes		

À NOTER • Le PIB est un indicateur au mode de calcul cohérent et homogène entre les pays. La comparaison des PIB par habitant en parité de pouvoir d'achat exprimée en une monnaie commune donne donc une indication sur le niveau de développement des pays. Mais il ne peut se suffire à lui-même, parce que le PIB ne mesure pas les stocks, et parce que le PIB ne mesure pas le bien-être économique, et encore moins le bonheur.

Les principaux faits économiques de l'année 2014

CHAPITRE 10

1 L'articulation des comptes d'opérations dans le TEE

Dans le TEE, les opérations (sur biens et services, de répartition ou financières) entre secteurs institutionnels (les agents économiques pour la comptabilité nationale) sont inscrites dans des comptes. Ces comptes permettent de comparer le comportement des secteurs et d'évaluer leur poids dans l'économie. Les comptes et leurs enchaînements sont les suivants :

Compte d'un agent particulier et/ou compte de la Nation			
	Emplois	Ressources	Logique des comptes
Compte de production	– Cons. interm. = V A B	Production	Les agents consomment des biens intermédiaires pour produire. Leur véritable production est constituée de la production moins les consommations intermédiaires incorporées (la valeur ajoutée). Le solde du compte présente la richesse créée par l'agent, la Valeur Ajoutée Brute (VAB).
Compte d'exploitation	– Rémunération des salariés – Impôts liés à la production **= E B E ou R M**	V A B + Subventions	Avec la Valeur Ajoutée Brute, l'agent rémunère ceux qui en sont directement à l'origine : les salariés, qui ont apporté leur travail, et l'État, qui a mis à disposition des moyens (les routes...). Il reste ensuite une somme au producteur, l'Excédent Brut d'Exploitation (EBE) ou Revenu Mixte (RM) pour l'entrepreneur individuel.
Compte d'affectation des revenus primaires	– Intérêts versés – divid. versés = S B R P	E B E / RM + Rémunérat. des salariés + Intérêts + Dividendes reçus	Ce compte fait apparaître les gains et versements primaires de chaque agent, c'est-à-dire les revenus liés à la mise à disposition d'un facteur de production : travail ou capital. Après ces affectations de revenus primaires, il reste à l'agent le Solde Brut des Revenus Primaires (SBRP).

Compte d'un agent particulier et/ou compte de la nation			
	Emplois	**Ressources**	**Logique des comptes**
Compte de distribution secondaire du revenu / Compte de distribution du revenu en nature	– Impôts courants – Cotisations sociales **= R D B non ajusté** **= R D B ajusté**	S B R P + Prestations sociales + Transferts sociaux en nature	Ce solde est ensuite augmenté des prestations sociales et transferts sociaux en nature, c'est-à-dire les remboursement des soins de santé par la sécurité sociale et la fourniture de services gratuits (enseignement, hospitalisation…) et diminué des impôts et cotisations qui les financent. Après cette redistribution, il reste une somme définitive à l'agent, son Revenu Disponible Brut (RDB).
Compte d'utilisation du revenu	– Cons. finale **= E B**	R D B	Ce compte décrit la répartition du revenu disponible brut entre la consommation finale et l'Épargne Brute (EB), qui est le solde du compte.
Compte des acquisitions d'actifs non financiers	– FBCF – ± Δ de stocks	E B	Cette Épargne Brute sera principalement utilisée à l'investissement (ou Formation Brute de Capital Fixe). S'il reste quelque chose, l'agent dispose d'une capacité de financement. Sinon, il a un besoin de financement.
	Cap. (+) ou Besoin (–) de financement		
Compte financier	Emprunt à court terme. Émissions d'actions et d'obligations.	Placement à court terme. Achats d'actions et d'obligations.	Ce compte retrace toutes les opérations financières, y compris celles qui permettent de combler le besoin de financement ou de placer la capacité de financement.

À partir du TEE de l'année 2014 (base 2000), on examine successivement le budget économique de la France, la répartition de la valeur ajoutée, les principaux comptes des entreprises, des ménages et des administrations, et les situations de capacité et besoin de financement des agents économiques français et de la France en général.

2 Budget économique de la France en 2014

Le tableau suivant décrit le budget économique de la France, c'est-à-dire l'équation d'équilibre entre l'offre et la demande sur le marché des biens et services pour l'année 2014.
Le PIB français est pour cette même année de 2 132 milliards d'euros, dont 1 910 pour la valeur ajoutée. Il représente 77 % de l'offre de biens et services à l'économie. Par rapport à 2013, il augmente légèrement de 0,2 % en volume : c'est le chiffre de la croissance de l'économie française pour 2014.
Les importations représentent 23 % de l'offre de biens et services. Les exportations sont moins importantes, à 21 % de la demande (l'offre et la demande sont par définition égales). Autrement dit, la France a enregistré en 2014 un déficit sur ses opérations extérieures de biens et services. Ce déficit équivaut *grosso modo* à celui de la balance des transactions courantes (v. Chapitre 17). On note également que les exportations, qui sont issues de la production nationale représentent plus de 30 % de la valeur ajoutée (611 rapporté à 1 910) : cela traduit l'internationalisation de l'économie française. En 2014, les exportations françaises de

biens et services ont augmenté de 2,4 % et les importations de 3,8 %. Ce faisant, les échanges extérieurs ont contribué négativement à la croissance économique pour 0,5 point. La hausse des importations s'explique par un rattrapage après plusieurs années de la baisse de la demande intérieure.

Ressources[1]	Valeur[2]	Variation[3]	Emplois[1]		Valeur[2]	Variation[3]
			Consommation (64)		1675	0,9 (0,8)
PIB (77)	2 132	0,2		MÉNAGES	1512	0,9 (0,7)
VA	1910			APU	182	0,8 (0,1)
Impôts	222		FBCF (15)		462	- 1,2 (- 0,3)
				SNF et EI	258	2,0 (0,2)
Importations (23)	651	3,8 (- 1,2)		MÉNAGES	105	- 5,3 (- 0,3)
				APU	78	- 6,9 (- 0,3)
			Δ stocks		10	- 0,2 (- 0,2)
			Exportation (21)		611	2,4 (0,7)
Total	2873		Total		2783	

1. Entre parenthèses, contribution au total de l'offre ou de la demande (en %). La consommation des ménages est leur consommation effective, y compris les dépenses de consommation des ménages payées par les administrations (remboursements médicaux...).

2. En milliards d'euros.

3. 2014 par rapport à 2013, en volume et en %. Entre parenthèses, la contribution à la croissance (la somme des contributions donne le taux de croissance).

Source : INSEE, www.insee.fr

La consommation est de loin l'élément le plus important de la demande de biens et services puisqu'elle en représente presque les deux tiers (64 %). Elle est principalement le fait des ménages, de façon directe ou indirecte (quand les ménages consomment et les administrations payent). En 2014, la consommation s'accroît légèrement, dans une même proportion pour les ménages et les administrations, de 0,9 %. Mais il s'agit d'une reprise fragile de la consommation, notamment pour les ménages, la croissance de leur consommation non imputable aux administrations (ce qui sort effectivement de leur porte-monnaie) n'est que de 0,6 %.

Les investissements ne représentent que 15 % de la demande environ. Leur poids dans l'économie est en fait plus important puisqu'ils représentent aussi un élément d'offre, permettant la production future. Ils ont baissé de 1,2 % en 2014, contribuant négativement à la croissance pour 0,3 point. Cette diminution a été le fait des ménages surtout, avec une baisse des dépenses de logement de 5,3 %.

Enfin, le léger déstockage contribue positivement à la croissance pour 0,2 %, et compense pour partie la contribution négative du commerce extérieur.

3 Répartition de la valeur ajoutée

Par secteurs (1 661 Mds €)[1]		Par destination (1 538 Mds €)	
Entreprises	1 301 (79)	Rémunérations des salariés du privé	793 (52)
dont SF	1 073	Rénumération des salariés du public	278 (18)
dont EI	133	Revenus mixtes	86 (7)
dont DF	94	Excédents bruts d'exploitation (SNF/SF/Men)	381 (23)
Administrations	360 (21)		

1. Ces données n'intègrent pas la valeur ajoutée des ménages liée à la location immobilière qui est à l'origine d'un EBE (154 milliards) pour ces mêmes ménages. Entre parenthèses, le pourcentage dans le total.

La création de richesse de l'économie découle de la production qui se mesure par la valeur ajoutée. Elle est le fait des entreprises à 79 % et des administrations à 21 %. Elle est répartie entre rémunération des salariés (70 %) et rémunération des entreprises (22 %), la distinction entre les deux étant impossible dans le cas des artisans et travailleurs indépendants (8 %).

4 Comptes des entreprises (SNF)

Emplois	(Mds €)	Ressources	(Mds €)
Valeur ajoutée brute	1 073		
EBE	315	Rémunération des salariés Impôts à la production	793
Revenu propriété nets versés Épargne	63 185	*EBE*	315
FBCF	247	*Épargne* **Besoin de financement**	185 **50**

Le tableau n'est pas exhaustif de sorte que les soldes ne sont pas égaux aux différences.

Les entreprises créent donc de la valeur ajoutée qui rémunère les agents qui en sont directement à l'origine : les salariés, l'État, pour la mise à disposition d'infrastructures nécessaires à la production (routes...) et l'entreprise elle-même (EBE).

Sur ces sommes, les entreprises rémunèrent les apporteurs de capitaux (banques, actionnaires, sociétaires…). En 2014, après ces opérations, il est resté aux entreprises une épargne pour 185 milliards d'euros. Cette épargne s'est avérée insuffisante pour financer la totalité des investissements, de 247 milliards. Au final, les entreprises ont donc enregistré un besoin de financement de 50 milliards.

5 La formation et l'utilisation du revenu des ménages

Emplois	(Mds €)	Ressources	(Mds €)
Impôts (revenu, patrimoine)	210	Salaires reçus	715
		Excédent Brut d'exploitation[1]	177
		Revenus mixtes	86
		Intérêts et dividendes nets reçus	110
		Prestations sociales reçues	468
Revenu Disponible Brut	*1 342*		
Consommation finale	1 139	Revenu Disponible Brut	*1 342*
Épargne brute	*203*		
Consommation finale effective[2]	1 516	Revenu Disponible Brut Ajusté[2]	1 720
Épargne brute	*203*		
FBCF	115	*Épargne brute*	*203*
Capacité de financement	**81**		

1. Revenus tirés de la location de logements.
2. Tenant compte des remboursements de prestations de Sécurité sociale, d'assurance sociale... Le tableau n'est pas exhaustif de sorte que les soldes ne sont pas égaux aux différences.

Les revenus des ménages sont assez diversifiés : revenus du travail, des placements immobiliers et financiers, de la redistribution. Après paiement des impôts et cotisations sociales à la charge des salariés, ils ont disposé en 2014 d'un revenu disponible brut de 1 342 milliards d'euros (ou de 1 720 milliards si l'on y inclut la consommation qu'ils n'ont pas eu à payer). Après consommation justement, il leur reste une épargne de 203 milliards d'euros qui leur suffit à financer leurs acquisitions immobilières (les investissements). Au final, ils disposent d'une capacité de financement de 81 milliards.

6 Capacité ou besoin de financement des agents et de la nation

Secteurs à capacité de financement	(Mds €)	Secteurs à besoin de financement	(Mds €)
MÉNAGES	81	SNF	50
SF	5	APU	84
ISBL			
FRANCE - Besoin de financement			49

La nation française est l'agrégation de ses membres, principalement les ménages, les entreprises et les administrations. Les premiers sont en capacité de financement, les secondes et troisièmes en besoin de financement. Comme le besoin de financement des uns excède la capacité des autres, il manque de l'argent, qui correspond au besoin de financement de la nation française, pour plus de 50 milliards d'euros.

Ce besoin de financement observé pour 2014 est persistant depuis plusieurs années maintenant, après les excédents du tournant des années 2000, quand le solde extérieur de la France était positif. En conséquence, fin 2014, la France est débitrice nette du reste du monde, pour 400 milliards environ. Autrement dit, le solde entre ce que l'étranger doit à la France et ce qu'il nous doit est négatif à hauteur de 20 % environ de nos revenus (le PIB). La situation financière de la France est donc négative sans être catastrophique (v. Chapitre 12 sur la dette et Chapitre 17 sur le solde extérieur).

À NOTER • La croissance a été modeste en France en 2014. Elle a été tirée vers le haut par la consommation, ce qui explique également la contribution négative du commerce extérieur qui se détériore par l'accélération des importations. L'investissement pèse encore négativement, en attendant une reprise du logement. Les ménages ont dégagé une capacité de financement qui n'a pas suffi à compenser les besoins de financement des autres acteurs de l'économie. En conséquence, la France a connu une situation de besoin de financement, pour presque 50 Mds €. Ce besoin de financement creuse la dette de la France, estimée à 400 Mds €, un peu plus de 20 % des revenus annuels donc.

La politique monétaire et la lutte contre l'inflation

CHAPITRE 11

La politique monétaire vise deux objectifs, la lutte contre l'inflation, plus exactement le ciblage d'une inflation stable et modeste, et la régulation de l'activité, plus souvent la stimulation de la croissance pour atteindre son niveau potentiel.

1 L'inflation

L'inflation est l'augmentation du niveau général des prix dans l'économie. Les prix peuvent être mesurés au niveau de la production des entreprises ou au niveau de la consommation des ménages. Les deux ne sont pas identiques : les entreprises produisent certes des biens pour la consommation nationale mais aussi des biens de production destinés aux autres entreprises et des biens destinés aux marchés étrangers.

L'indice des prix à la production a aussi pour nom le ***déflateur du PIB***. La mesure du déflateur du PIB a un intérêt principal : déduire des variations de la valeur de la production (les augmentations du PIB en valeur) celle des volumes produits, ce qui permet de mesurer la croissance de l'économie (*cf.* Chapitre 10). Plus généralement, corriger une grandeur de l'effet des variations de prix consiste à passer du nominal au réel, ou des euros courants aux euros constants. De la même façon, on distingue l'économie monétaire (qui étudie la monnaie et les prix) de l'économie réelle (qui étudie les volumes produits et consommés).

Mais c'est surtout ***l'indice des prix à la consommation*** (IPC) qui est utilisé pour mesurer les tensions inflationnistes dans un pays. L'actuel IPC, décomposé en 265 postes et 1 000 variétés de produits (qui constituent ce que l'on appelle le panier de la ménagère), couvre environ 90 % de la consommation des ménages. Chacun des 265 postes est pondéré en fonction de la part des dépenses correspondant à ce poste dans la dépense totale de la consommation des ménages. La pondération est révisée chaque année.

Parmi les produits figurant dans le panier de la ménagère, certains connaissent des variations de prix importantes sur courte période (produits agricoles et énergétiques notamment). Pour connaître le véritable niveau des tensions inflationnistes, il est utile de calculer l'inflation sans prendre en compte les prix de ces produits (qui entrent dans l'indice à hauteur de 38,5 %). Un tel indice d'inflation, appelé indice d'« *inflation sous-jacente* », est naturellement plus stable que l'indice global.

L'indice calculé par l'INSEE est par ailleurs harmonisé pour pouvoir être comparé à celui des autres pays : c'est *l'indice des prix à la consommation harmonisé* (IPCH).

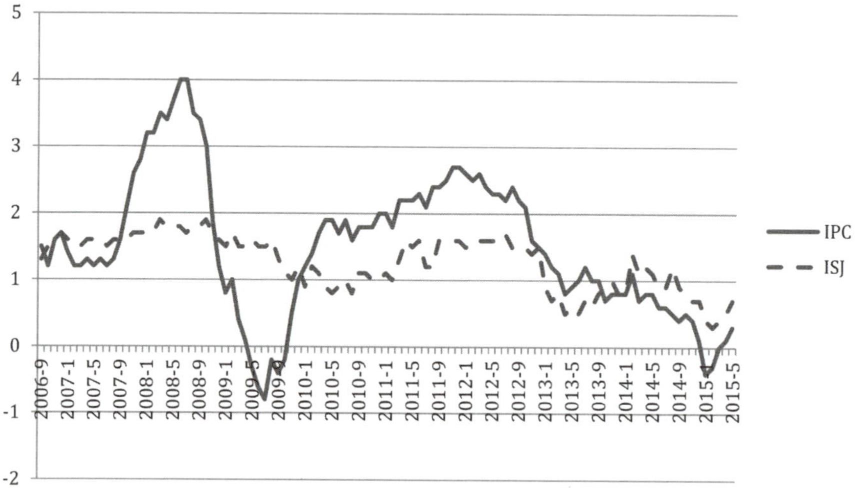

Source : INSEE (base de données, séries et statistiques).

A – Les situations inflationnistes

Toute hausse des prix n'implique pas que la situation économique soit inflationniste. Celle-ci se caractérise soit par des augmentations fortes et généralisées de prix, soit par des pics d'augmentation de prix. En cela, caractériser l'inflation nécessite de s'intéresser au rythme d'augmentation des prix et à la variation de ce rythme. La situation d'un pays sera aussi plus ou moins inflationniste selon la situation à l'étranger : on s'intéresse alors au ***différentiel d'inflation***, c'est-à-dire à l'écart de taux d'inflation entre le pays et l'étranger.

Chaque niveau d'inflation caractérise une situation économique différente :

– ***un taux d'inflation compris entre 0 et 5 %*** traduit une ***faible inflation***... sauf si l'inflation a tendance à croître ce qui traduit une situation d'***inflation rampante***. La France est aujourd'hui en situation de faible inflation : les taux y sont proches de 2 % (v. graphique). On note aussi que l'actuelle période de stabilité des prix est exceptionnelle par sa durée ;

– ***un taux d'inflation au-delà de 5 %*** signifie que le pays est en situation d'***inflation soutenue***. Au-delà de 50 %, on parle d'une situation d'***hyperinflation***. Ainsi, après le premier choc pétrolier et jusqu'en 1983, la France a connu une situation d'inflation soutenue et fluctuante ;

– à l'inverse, ***toute réduction durable de l'inflation*** traduit une situation de ***désinflation***. La France a connu la désinflation à partir de 1983 (on a parlé de ***désinflation compétitive***) ;

– enfin, ***une période de désinflation*** (à des niveaux d'inflation faibles) ***conjuguée à une période de récession économique***, caractérise une ***situation déflationniste***. La situation de ***déflation***, synonyme de récession, est souvent auto-entretenue : si les prix baissent beaucoup, pourquoi acheter aujourd'hui ce que l'on peut avoir moins cher demain ?

Ceci est d'autant plus vrai que la baisse des prix valorise davantage la rémunération de l'épargne (les taux d'intérêt réels, c'est-à-dire diminués de l'inflation, augmentent). Les dépenses sont donc remises à demain, ce qui implique des baisses de salaires et des réductions d'effectifs dans les entreprises, accentuant encore le comportement attentiste des ménages.

Pour éviter d'entrer dans la spirale de la déflation, un peu d'inflation est donc nécessaire à l'économie (certains parlent de 3 %, la BCE vise les 2 % dans la zone euro). Un peu d'inflation a aussi un autre avantage : dans une situation où les salaires sont rigides à la baisse, ceci permet de diminuer les salaires réels (salaires qui tiennent compte de l'inflation), donc de baisser le coût réel du travail pour les entreprises et de stimuler l'emploi.

À NOTER • Un peu d'inflation stimule la consommation et permet de réduire les salaires réels. Une forte inflation érode la valeur de la monnaie, ce qui décourage l'épargne et l'investissement, et pénalise les exportations. La déflation est, elle, largement auto-entretenue, les baisses de prix générant les reports de consommation qu'elles induisent.

B – Les conséquences négatives de l'inflation

A contrario, pourquoi les autorités monétaires font-elles de la lutte contre l'inflation leur objectif principal ? Principalement parce que l'inflation réduit le pouvoir d'achat de la monnaie dans l'économie. Ceci a trois conséquences négatives :

– en premier lieu, l'inflation fait qu'il est difficile de savoir ce que vaudra l'argent demain. Ceci perturbe le calcul économique des agents qui retardent leurs projets ;

– ensuite, en situation d'inflation, les gens cherchent à épargner sous la forme de biens plutôt que sous une forme monétaire ou financière puisque la monnaie perd de sa valeur. Il y a donc moins d'épargne disponible pour ceux qui veulent emprunter, en particulier pour les entreprises qui financent leurs investissements par l'emprunt ;

– enfin, l'inflation renchérit les coûts de production des entreprises qui perdent de la compétitivité par rapport aux entreprises étrangères. La solution réside alors dans la dévaluation de la monnaie. Mais celle-ci, ou sa perspective, a pour effet de faire fuir les capitaux étrangers ce qui réduit encore davantage les possibilités de financement dans le pays.

C – Les causes de l'inflation

Une situation d'inflation est toujours due à un choc qui affecte positivement la demande ou négativement l'offre et qui se propage dans l'économie par des politiques et des anticipations accommodantes.

1) Les chocs à l'origine de l'inflation

Il peut y avoir momentanément excès de demande dans l'économie du fait par exemple d'un accroissement des revenus (en cas de très bonne saison touristique ou de découverte d'un gisement de gaz qui augmentent les revenus de l'État). Cet accroissement des dépenses sera plus ou moins inflationniste selon que les entreprises peuvent y répondre ou non sans accroissement de prix, i.e. selon le ***taux d'utilisation des capacités productives*** des entreprises (c'est-à-dire le degré d'utilisation des facteurs de production – travail et capital – dans l'entreprise).

Les chocs de prix peuvent également venir de l'offre :

– la première cause d'un choc d'offre est l'augmentation des coûts de l'entreprise, par exemple parce que les coûts d'approvisionnement s'élèvent brutalement (hausse du prix des matières premières), que la fiscalité qui pèse sur les entreprises s'accroît ou encore que le coût du crédit s'élève ;

– la deuxième cause est un accroissement du pouvoir économique des producteurs face aux distributeurs (par exemple à la suite de fusions) ce qui leur permet d'augmenter leur prix de vente.

2) Les facteurs explicatifs de la persistance de l'inflation

Le choc donne une impulsion à l'inflation. Il n'est cependant pas suffisant pour expliquer la persistance de l'inflation. Il existe deux canaux de propagation de l'inflation :

– le premier est une ***politique monétaire accommodante*** de la Banque centrale. Si la Banque centrale n'augmente pas la masse monétaire ou le volume des crédits, un choc inflationniste ne peut pas se transformer en inflation soutenue ;

– le second est l'existence ***d'anticipations d'inflation*** chez les agents économiques. Si les travailleurs et les fournisseurs des entreprises anticipent une inflation forte et croissante, ils tenteront de se protéger en exigeant des augmentations de salaires (supérieures aux gains de productivité) et de prix dans les contrats. Une inflation peut ainsi se nourrir d'elle-même si les anticipations d'inflation sont élevées.

D – L'évolution récente de l'inflation en France

Le monde a connu une phase longue de maîtrise de l'inflation, pendant près de 25 ans. Ceci tenait largement au contexte de la mondialisation :

- d'abord, le ralliement progressif de tous les pays du monde à l'économie de marché a provoqué une surproduction mondiale qui a tiré les prix à la baisse ;
- ensuite, la globalisation financière obligeait les autorités monétaires à agir efficacement contre l'inflation, faute de quoi les capitaux allaient ailleurs ; il en a résulté une vague d'indépendance des banques centrales, pour asseoir la crédibilité de cette action ;
- enfin, les nouvelles technologies, la révolution de l'internet en particulier, ont permis des réductions considérables de coûts (en particulier de communication) et ont amélioré l'efficacité productive des entreprises, d'où une maîtrise de l'augmentation des coûts de production.

Mais cette période de stabilité monétaire a pris fin avec la crise, et le contexte nouveau de la mondialisation (v. Chapitre 17).

D'abord, la crise a fait craindre la survenance du pire des scénarii, la déflation généralisée. De fait, les prix ont hésité à plonger en 2009, pour finalement maintenir un rythme d'augmentation proche des 1 %, dans le sillage des injections massives d'argent des États et Banques centrales quinze mois durant (de fin 2008 à début 2010). L'histoire jugera ici que les dirigeants économiques ont su éviter au monde une plongée dans les sables mouvants de la déflation.

Après un rebond provisoire, les pressions déflationnistes réapparaissent en 2014, principalement dans le sillage de l'effondrement du prix du brent, en raison d'une surproduction mondiale non régulée par l'OPEP de la production. Mi-2015, ces pressions s'atténuent, le pétrole ayant atteint un point bas, les prix des services restant assez dynamiques, ceux des produits industriels et agricoles connaissant une légère tendance haussière. La politique d'injection monétaire participe de ce mouvement, même si le lien entre création monétaire et inflation s'est largement détendu (voir infra). Au final, la reprise des tensions inflationnistes, même modeste, ne fait pas de doute.

Il reste aussi que les pressions sur la demande de matières premières ont vocation à s'accroître dans les années à venir, en lien avec les évolutions démographiques, sans que l'on sache si l'offre pourra suivre (voir le cas du pétrole immergé et de schiste par exemple). De fait, le monde pourrait connaître une période de coexistence de baisses de prix sur des produits manufacturés, le travail restant abondant, et de hausses de prix de matières premières, les ressources étant limitées. Une ***indé[flation]*** en quelque sorte, inflation et déflation conjuguées !

À NOTER • La longue période de maîtrise de l'inflation s'explique par certains aspects des premières phases de la mondialisation : surproduction mondiale, concurrence pour attirer les capitaux, nouvelles technologies. Aujourd'hui, les mouvements de prix sont plus erratiques, notamment sur les marchés de produits primaires et d'énergie. Le consommateur, selon sa position, peut à la fois subir de l'inflation ici, et de la déflation là.

2 La politique monétaire

La politique monétaire consiste à faire varier *la quantité de monnaie en circulation dans l'économie* pour lutter contre l'inflation et réguler l'activité. Elle est définie par la Banque centrale et mise en œuvre par l'intermédiaire d'une *variation des taux d'intérêt à court terme*. Voyons d'abord comment la Banque centrale régule la quantité de monnaie créée par les banques commerciales.

A – Comment la Banque centrale contraint-elle la création monétaire ?

L'action de la politique monétaire s'appuie sur le fait que les banques commerciales doivent faire appel à la Banque centrale quand elles font des crédits.

Dans l'exemple des chapitres 4 et 8, deux banques A et B faisaient des crédits qui revenaient entièrement dans les comptes sous forme de dépôts. Supposons maintenant que les clients des banques souhaitent conserver 10 % des sommes dont ils disposent à la suite des crédits sous la forme de billets de banque – si vous avez 400 € en permanence sur votre compte, il n'est pas illogique que vous ayez en permanence 40 € d'argent liquide (de billets) dans votre poche. Dans notre exemple, les deux banques réalisaient pour 1 200 € de crédit (1 000 € pour A et 200 € pour B). Les clients de A conservent donc maintenant 100 € des sommes créditées sous forme de billets, les clients de B en conservent 20.

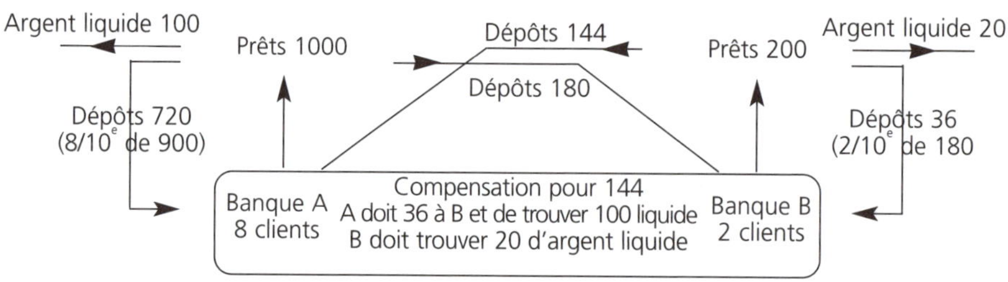

La banque A doit donc trouver 100 € d'argent liquide, en plus des 36 € qu'elle doit à B : sur les 900 € de crédits de A qui reviennent en dépôts (1 000 – 100), 180 € vont dans les comptes de B (20 % de 900), alors que sur les 180 € de crédits de B qui reviennent en dépôts (200 – 20), 144 vont dans les comptes de A (80 % de 180). Ces 36 € résultent du fait que la Banque A a accordé plus de crédits que ne lui permettait sa part de marché (v. Chapitre 8). Par ailleurs, B doit trouver 20 € d'argent liquide (ils peuvent être pris sur ce que A lui doit).

Voici pourquoi une banque doit nécessairement se refinancer auprès de la Banque centrale nationale quand elle accorde un crédit. C'est en jouant sur les conditions de ce refinancement que la Banque centrale nationale va mettre en œuvre la politique monétaire : la hausse des taux d'intérêt décourage la demande de crédit, ce qui permet aux banques d'ajuster leur bilan, c'est-à-dire de réduire leurs besoins en monnaie centrale (pièces et billets, et avoirs détenus par les banques commerciales sur les comptes de la Banque centrale nationale).

B – Définition de la politique monétaire dans le contexte européen

Une règle générale de politique monétaire consiste à fixer le taux d'intérêt à court terme en fonction :

– de l'écart de l'inflation par rapport à son niveau d'objectif ;

– de l'écart de l'activité réalisée par rapport à l'activité tendancielle.

Si l'activité ou l'inflation dépassent leurs niveaux d'objectif, la politique monétaire devient restrictive et les taux courts s'élèvent. Dans la zone euro, la BCE se fixe depuis presque dix ans une cible d'inflation de 2 % et non, comme à ses débuts, un plafond d'inflation à 2 %, ceci pour éviter que des pays ou produits ne soient en situation d'inflation négative. C'est ce que l'on appelle la politique d'*inflation targeting* (ciblage d'inflation) des banques centrales.

1) La politique monétaire européenne dans les textes

Le Traité de Maastricht dispose que *l'objectif principal de la politique monétaire est de maintenir la stabilité des prix et que sans préjudice de cet objectif, le SEBC apporte son soutien aux politiques économiques générales dans la Communauté européenne*. Les textes établissent donc une hiérarchie dans les objectifs, au bénéfice de la stabilité des prix et au détriment du soutien à la croissance.

2) La politique monétaire européenne dans la pratique

À sa création, la BCE a été vue, en particulier en France, comme une excroissance de la Bundesbank (la Banque centrale allemande), laquelle érigeait la stabilité des prix en priorité absolue. D'un autre côté, les caractéristiques de la zone euro (taille, diversité des économies) se rapprochent plus de celles de l'économie américaine que de celle de la seule Allemagne. Or, la Réserve fédérale américaine (la FED, la Banque centrale américaine) donne un poids plus important à l'objectif de stabilité du taux de croissance. Ceci s'explique par le fait que l'économie américaine connaît des cycles d'une ampleur inconnue en Europe et que ces amplitudes ont des effets réels dommageables sur l'économie.

Au final, l'expérience des années passées montre que la BCE a adopté une règle intermédiaire entre celle pratiquée précédemment par la Bundesbank et celle pratiquée par la FED. En particulier, la BCE semble observer une règle selon laquelle les objectifs de prix et de croissance ont un poids identique. Cela correspond à ce que l'on appelle la *règle de Taylor* pour la politique monétaire.

Il reste que la politique monétaire européenne fait face à deux problèmes spécifiques : des modes de financement différents selon les pays (plutôt à taux fixe en France, à taux variable en Espagne par exemple), une hétérogénéité conjoncturelle accentuée.

Ceci montre qu'il faut utiliser d'autres instruments que la politique monétaire pour réguler les différences de cycle conjoncturel entre les pays européens (c'est dans ce cadre que s'inscrit le besoin de fédéralisme avancé comme réponse à la crise). La politique monétaire européenne doit donc surtout être stable : faire varier le taux d'intérêt le moins possible et de façon la plus transparente possible pour que les agents puissent la comprendre et s'y adapter.

À NOTER • La politique monétaire vise, par l'intermédiaire des variations de taux d'intérêt, à contrôler l'inflation et à soutenir la croissance (ou à la stabiliser). Dans le Traité de Maastricht, le premier objectif est prioritaire. En pratique, la BCE accorde une importance égale aux deux objectifs.

C – Modalités et techniques d'application de la politique monétaire

La politique monétaire européenne passe – en temps normal – par le seul canal du taux d'intérêt : la BCE fait ainsi varier le taux d'intérêt de façon à dissuader les banques, en fonction des anticipations d'inflation qu'elle réalise. Les prévisions d'inflation résultent de l'observation d'une large gamme d'indicateurs économiques et financiers (l'agrégat monétaire M3, le taux de change effectif, les anticipations d'inflation des agents économiques, les écarts par rapport à la croissance potentielle, les tensions sur les marchés de matières premières...) susceptibles d'influencer le niveau des prix.

1) Le taux d'intérêt au cœur de la politique monétaire

Le taux d'intérêt est le prix qui permet de comparer la valeur de la monnaie dans le temps (un euro aujourd'hui et un euro dans le futur). Il existe autant de taux d'intérêt que d'échéances (dates de remboursement dans le futur). C'est pour cela que le taux d'intérêt est le prix sur tous les marchés des capitaux : sur le marché monétaire, le prix est le *taux d'intérêt à court terme*, sur le marché financier, le prix est le *taux d'intérêt à long terme*.

Pour conduire sa politique, la BCE définit un taux directeur qui a pour nom le ***taux Refi*** (comme refinancement). Ce taux est ainsi qualifié de directeur parce que les banques se calent sur lui pour établir les taux à court terme (puis à long terme) de leurs propres crédits.

Ce taux influence en effet les taux que pratiquent les banques entre elles sur le marché interbancaire : les ***taux EONIA*** (au jour le jour) ou ***EURIBOR*** (de une semaine à douze mois), puis les taux des crédits à la consommation ou de trésorerie pratiqués par les banques en direction des particuliers, des entreprises ou de l'État (Bons du Trésor). Ce taux influence également, de façon plus diffuse, le taux des obligations assimilables au trésor (OAT, de 7 à 30 ans), et donc les taux de crédits immobiliers (particuliers) et d'équipement (entreprises).

Au final, la séquence de l'influence des taux directeurs sur l'économie est la suivante :

– le taux directeur de la BCE influence d'abord directement les taux d'intérêt à court terme des pays ;

– les mouvements sur les taux à court terme se diffusent sur les taux à long terme dans une mesure qui dépend de la stabilité des anticipations d'inflation et de la confiance en l'avenir des agents économiques. Les taux à long terme sont directement influencés par l'offre d'épargne des ménages et la demande de capitaux des entreprises et de l'État ;

– les taux d'intérêt à court et long terme conditionnent le montant des crédits à l'économie, les prix des actifs et en particulier des actifs financiers à la Bourse (v. Chapitre 8), le niveau des intérêts à payer sur la dette de l'État (la charge de la dette) et le montant des entrées et sorties de capitaux entre le pays et le reste du monde ;

– ces éléments affectent à leur tour directement la demande intérieure (dépenses des administrations, consommation des ménages, investissement des ménages et des entreprises) et la demande extérieure (exportations) ainsi que le niveau des prix à l'importation.

Ces éléments exercent une *influence de même sens* sur la croissance et l'inflation. La politique monétaire doit donc constamment rechercher l'équilibre entre la réalisation de l'objectif de stabilité des prix et celui de croissance (ou de stabilité de la croissance). Autrement dit, une bonne politique monétaire consiste à stabiliser les prix sans nuire à la croissance.

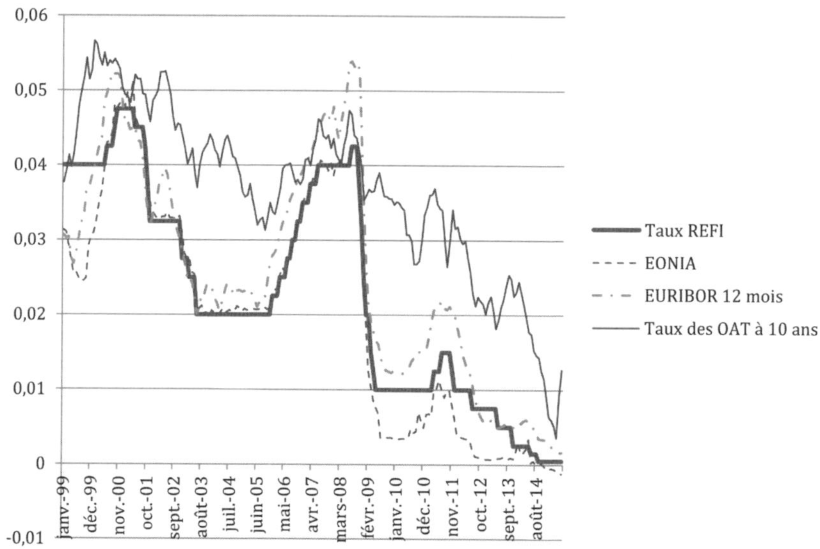

Source : Banque de France (économie et statistiques, change et taux).

2) Au-delà, les techniques d'intervention de la BCE

L'instrument principal de la politique monétaire est l'utilisation d'opérations d'*open market* au sens large. Ceci signifie que chaque Banque centrale accorde aux banques domestiques des prêts (pour quelques jours) et prises de pension (pour 24 heures) sur appel d'offres en échange de titres qu'elles détiennent. Concrètement, la Banque centrale demande les quantités de monnaie que les banques souhaitent emprunter et le taux qu'elles proposent, en prenant pour socle le taux Refi. Après centralisation des réponses, la banque sert les banques qui ont proposé le taux le plus fort, pour un volume donné. Le taux auquel les banques sont servies a pour nom le ***taux repo***.

Ces prêts et prises de pension peuvent être complétés par les opérations d'*open market* au sens strict qui consistent pour la Banque centrale à acheter et à vendre des titres acceptés en garantie (appelés « collateral ») sur le marché monétaire (souvent des titres de créances négociables). Chaque fois que la Banque centrale pratique ce type d'intervention, elle exerce un effet sur la liquidité bancaire : un achat de titres se traduit par un versement de monnaie centrale qui va alimenter le compte d'une banque sur ses livres.

Enfin, et pour assurer la liquidité quotidienne, la BCE prévoit aussi de recourir à deux facilités permanentes destinées à encadrer les taux du marché monétaire (la première est une opération de prêt permettant aux banques d'obtenir des liquidités à 24 h à des taux supérieurs à ceux du marché, constituant ainsi un *plafond* pour le taux au jour le jour, la seconde est une facilité de dépôt dont le taux de rémunération constituera un *plancher*) et à un système de *réserves obligatoires* fixées sur une base mensuelle à 2 % des dépôts.

À NOTER • La Banque centrale européenne s'est fixée une cible d'inflation à 2 %. Pour cela, elle fixe le taux de soumission minimal (le taux Refi) pour le refinancement des banques commerciales. Elle ajuste l'offre de monnaie à ce taux cible sur le marché interbancaire dans le cadre de ses opérations d'*open market*.

D – Le contexte nouveau des politiques monétaires

1) Les politiques monétaires non conventionnelles

Durant la première phase de la crise, les politiques de baisses massives des taux d'intérêt pour arriver à un niveau proche de zéro se sont montrées insuffisantes pour relancer le crédit et, en conséquence, l'économie. Ce phénomène est connu sous le nom de la « trappe à liquidités » de Keynes : en situation de taux très faibles, les acteurs économiques ont tendance à anticiper une remontée des taux qui risque de dégrader leur portefeuille de titres (v. Chapitre 8), ils préfèrent détenir de la monnaie et ne pas dépenser. Par ailleurs, la contrainte de positivité (il n'existe pas de taux nominal négatif) interdisait toute nouvelle baisse de taux.

Pour cela, les banques centrales ont été amenées à proposer des politiques dites non conventionnelles. Elles se déclinent de deux façons, l'assouplissement quantitatif d'une part, l'assouplissement des conditions de crédit d'autre part.

L'assouplissement quantitatif (***quantitative easing*** en anglais) vise à augmenter la quantité de monnaie en circulation dans l'économie. Mais pour palier le risque de la trappe à liquidité, l'offre de monnaie est canalisée vers un seul acteur : l'État. On est sûr qu'il la dépensera par le biais du déficit budgétaire. On parle ici de ***monétarisation*** de la dette publique. Cette politique se traduit donc essentiellement par l'acquisition massive de titres publics par la banque centrale. La monétisation peut être directe ou indirecte. La monétisation directe est une situation où la Banque centrale achète et met sur son bilan des quantités importantes de dette publique. La monétisation indirecte est, elle, une situation où les banques commerciales achètent et mettent dans leur bilan des quantités importantes de dette publique. Il s'agit bien d'une monétisation, puisque les banques peuvent ensuite utiliser ces portefeuilles de dette publique pour se refinancer à la Banque centrale, *via* les politiques d'*open market*.

L'assouplissement des conditions de crédit (***credit easing***) caractérise une situation où la banque centrale se porte acheteuse de titres représentant des crédits à l'économie : billets de trésorerie, obligations privées, bons hypothécaires. Ce type de politique est utile si les banques rationnent le crédit aux emprunteurs, ou si certains émetteurs n'ont plus accès aux marchés financiers dans des conditions normales.

Les politiques non conventionnelles ne sont pas systématiquement source de création monétaire, si les achats de titres ou les crédits aux banques sont stérilisés. Dans ce cas, la Banque centrale retire du marché monétaire l'équivalent de ce qu'elle injecte par ailleurs.

2) Les politiques non conventionnelles dans les faits

Après avoir baissé son taux Refi jusqu'au quasi-plancher de 0,05 %, la BCE a largement mobilisé les instruments non conventionnels pour faire face à l'urgence de la crise. Un levier a été le SMP (*Securities Market Program*), qui a consisté dès le printemps 2010 a acheté sur le marché secondaire (marché d'occasion) des dettes des pays périphériques, les PIIGS (Portugal, Irlande, Italie, Grèce et Espagne). Ce programme de plus de 200 milliards visait à soutenir les marchés obligataires de ces pays pour atténuer les *spreads* (écarts) de taux d'intérêt qu'ils avaient à payer.

Plus tard, fin 2011, la BCE lance sa première opération de refinancement à long terme (LTRO, pour *Long Term Refinancing Operation*), bientôt suivie d'une seconde, au printemps 2012, soit au total 1 000 Mds d'euros de prêts aux banques de l'euro zone, au taux avantageux de 1 % pour une durée de 3 ans. À l'automne 2012, la BCE annonce le lancement du programme OMT (Outright Monetary Transactions) d'achats d'obligations souveraines, sans limites prédéterminées, sur le marché secondaire, à condition que les pays aient préalablement sollicité les moyens du FESF (Fonds européen de stabilité financière) et du MES (Mécanisme européen de stabilité), intervenant eux sur le marché primaire. Ce programme prend la suite du SMP, tout en étant ciblé sur les seuls titres d'État à moins de trois ans d'échéance, ce qui en limite la portée. Dans ce cadre, la BCE dit renoncer à son statut de créancier privilégié sur les titres obligataires acquis, ce qui vise à rassurer les créanciers des pays à risque. Les rachats d'obligations étaient stérilisés (voir plus haut) ce qui annule le risque de création monétaire.

L'idée générale est d'éviter une rupture de confiance des banques entre elles alors qu'elles doivent faire face à de nombreux remboursement de prêts, de leur permettre – ou de les inciter – à acheter des obligations d'États périphériques (pour faire baisser les taux d'intérêts prohibitifs qu'ils payent) et enfin d'accroître les financements à l'économie (entreprises et ménages). Les LTRO prolongent finalement l'outil classique de la politique monétaire que sont les opérations de refinancement (MRO, pour *Main Refinancing Operation*), à ceci près que la durée des prêts est allongée et que les titres acceptés en collatéral (en garantie) sont plus nombreux.

Au titre de son objectif principal, cette initiative est un succès. Elle permet surtout d'éviter un ***credit crunch*** de l'économie, une contraction des prêts aux entreprises en raison de l'impossibilité des banques de se refinancer. En effet, on est certain que les banques pourront honorer leur engagement avec le LTRO, la confiance est donc restaurée, ce qui évite une contraction du crédit interbancaire indispensable aux crédits à l'économie.

Au final, si cette opération a permis d'asseoir le système bancaire et financier européen en période de troubles, elle n'a pas atteint l'objectif de faire baisser les taux sur les emprunts de pays périphériques : les ***carry trade*** sur la dette périphérique (i.e. emprunter à taux bas – 1 % – à la BCE pour prêter à taux plus élevés – de 5 à 7 % – aux pays en difficulté) sont restés marginaux dans un contexte de défiance généralisée.

Début 2015, principalement pour répondre aux tensions déflationnistes, la BCE annonce enfin un programme d'achats d'actifs de 60 milliards d'euros par mois, jusqu'en septembre 2016, soit 1 100 milliards au total, avec un achat maximum du tiers de l'emprunt d'un émetteur. Cela représente 7 % du PIB européen, à comparer aux 6 % du QE3 aux États-Unis, au 17 % au Japon. L'essentiel de ces achats en direct (sans passer par les banques, contrairement aux dispositions précédentes) concerne des dettes souveraines, largement en proportion de la répartition du capital de la BCE. La France représentant 20 %, cela fait par exemple 9 milliards d'achats mensuels, 168 milliards d'ici 2016, ce qui couvre partiellement les émissions de l'État français par exemple (cela fait plus que couvrir les émissions de l'Allemagne par exemple, ce qui explique les taux nuls des OAT à dix ans de ce pays, et la perspective de taux durablement bas en Europe).

Cette politique est presque unanimement saluée en France. Effectivement, elle permet une baisse des taux des obligations d'État, mais aussi des conditions de financement des agents privés, elle rééquilibre les portefeuilles d'actifs des agents en faveur des actions (les indices d'actions ont gagné 20 % depuis le début 2015) ce qui permet de mieux financer l'économie, elle participe de la dépréciation de l'euro, elle induit une remontée même modeste des anticipations d'inflation. À ce sujet, la BCE attend de ce programme qu'il fasse remonter l'inflation de 0,4 point en 2015, de 0,3 point en 2016. Mais les écueils sont tout aussi importants, même s'ils sont plus diffus, moins évidents. Les taux d'intérêt réels peuvent devenir négatifs, ce qui pénalise l'épargne et pose problème dans une société vieillissante, les incitations à la réduction des déficits s'amenuisent avec l'amélioration des conditions de financement, il n'y a plus de prime liée à la détention d'actifs risqués (tous les taux sont nuls ou proches de zéro), ce qui pose problème en cas de réapparition du risque (il y aurait vente massive de ces titres), les banques jouent moins leur rôle de transformation de l'épargne courte vers les crédits longs, puisque les taux longs rejoignent les taux courts. Tout ceci induit une sorte d'irréversibilité de la politique monétaire menée, une hausse des taux mettant en difficulté les acteurs qui ont acquis des titres risqués ou longs mal rémunérés (v. aussi Chapitre 20).

3) La politique monétaire européenne est-elle accommodante ?

Tout ceci conduit à se demander si la politique monétaire de la BCE n'est pas excessivement accommodante, si elle n'inonde pas les marchés avec de l'argent facile et peu cher.

En période « normale », une politique monétaire restrictive (ou accommodante) aura tendance à placer le taux d'intérêt au-delà (en deçà) de ce qui est nécessaire. Ce caractère de la politique monétaire doit être examiné au regard de l'évolution de l'inflation, de la croissance potentielle et de l'*output gap*, et du taux de change. Taylor, un économiste américain, a essayé d'imaginer ce que serait une règle de politique monétaire optimale prenant en compte d'autres éléments que le taux d'inflation. La règle de Taylor se construit en deux temps :

- à court terme, la politique monétaire doit faire en sorte que le taux d'inflation et le taux de croissance de l'économie soient proches de leurs taux cibles ;
- au-delà, à long terme, un principe simple de la règle de Taylor veut que la politique monétaire s'adapte à la croissance longue de l'économie. Pour cela, le taux d'intérêt réel, c'est-à-dire corrigé de l'inflation, véritable mesure de l'évolution du pouvoir d'achat de la monnaie, doit se rapprocher du taux de la croissance potentielle de l'économie. Autrement dit, le taux d'intérêt nominal, qui doit être le plus neutre possible, doit être égal à la croissance potentielle plus l'inflation anticipée.

Finalement, trois éléments composent le taux d'intérêt optimal selon la règle de Taylor : un élément de long terme et deux éléments de court terme, affectés chacun d'un coefficient de pondération identique. Le taux optimal se définit donc ainsi :

Taux optimal = taux de croissance potentielle + taux d'inflation anticipée + 0,5 * (écart à la croissance potentielle) + 0,5 * (écart à la cible d'inflation)

Il reste que l'application de cette règle atténue le sentiment d'une politique très accommodante : la croissance potentielle comme l'inflation anticipée est faible ou très faible, les écarts à la cible importants. Selon certaines estimations, le taux optimal serait même négatif (de -2 à 0 %), de sorte que la politique serait idoine.

4) La BCE face aux bulles spéculatives

Depuis le début des années 1980, la plupart des Banques centrales sont devenues indépendantes et sont passées à l'*inflation targeting*. La pratique de la politique monétaire est donc devenue assez simple : les Banques centrales choisissent les taux d'intérêts directeurs en fonction de leurs anticipations (et des indicateurs avancées) de l'inflation future.

Mais il existe dorénavant, sans doute plus qu'avant, un nouveau risque économique directement lié à la quantité de monnaie en circulation : l'apparition de bulles sur le prix des actifs. Les bulles ne sont pas nouvelles. C'est ainsi qu'on a déjà vu sur la période récente :

- la bulle sur les actions de nouvelles technologies à la fin des années 1990 ;
- la bulle sur l'immobilier de 2002 à 2007 aux États-Unis, au Royaume-Uni ou encore en Espagne à l'origine de la crise ;
- la bulle sur les prix des matières premières et sur les actions des pays émergents au début 2008, due à la conviction à cette époque que la crise des *subprimes* ne s'étendrait pas aux pays émergents.

Les bulles se multiplient donc, aussi en lien avec la création monétaire, et les effets de leur dégonflement ou de leur éclatement sont de plus en plus douloureux. Ceci participe de l'irréversibilité de la politique monétaire, un resserrement provoquent un éclatement de la bulle aux effets dévastateurs.

On sait donc aujourd'hui qu'il est possible qu'il y ait de longues périodes d'inflation faible durant lesquelles les prix des actifs et les encours de crédit augmentent très rapidement. L'éclatement des bulles, économiquement et socialement très douloureux, représente en particulier un risque majeur pour les économies. Il est donc clair que les Banques centrales ne peuvent plus aujourd'hui se focaliser sur la seule inflation des prix des biens de consommation, elles doivent aussi surveiller l'évolution du prix des actifs, des titres aux matières premières en passant par l'immobilier. Autrement dit, elles doivent viser la stabilité financière au-delà de la stabilité monétaire, et admettre que la seconde n'est plus aujourd'hui synonyme de la première. Si on leur assigne également des objectifs de stabilité macroéconomique (par exemple du taux de change) et de régulation de l'activité, on comprend que le taux d'intérêt ne peut plus être l'instrument unique de pilotage de l'activité. À une pluralité des objectifs doit correspondre une diversité des instruments. Un nouveau champ de réflexion pour la politique monétaire et les Banques centrales !

À NOTER • Sur la période récente, les Banques centrales ont adopté des politiques monétaires non conventionnelles, notamment l'assouplissement quantitatif et la monétisation des dettes publiques, pour soutenir l'économie dans un contexte de taux directeurs proches ou égaux à zéro. Elles font aussi face à de nouveaux risques liés à la création monétaire, au-delà du risque d'inflation, par exemple l'apparition de bulles spéculatives destabilisantes pour les économies.

La politique budgétaire et fiscale

CHAPITRE 12

1 Généralités

Le budget de l'État fixe les dépenses publiques et les taux d'imposition. Dans ce cadre, la politique budgétaire consiste à jouer sur le niveau des dépenses de l'État, alors que la politique fiscale consiste à jouer sur le niveau des prélèvements obligatoires (recettes de l'État mais aussi des collectivités locales et de la sécurité sociale). La politique budgétaire et fiscale a pour principal objectif de ***réguler l'activité économique.***

A – Le caractère mécanique de la régulation

La fonction de régulation a d'abord un caractère très mécanique : quand la croissance économique est faible, les besoins (et donc les dépenses) sont plus nombreux, et les recettes rentrent moins bien. Le budget est donc logiquement en déficit. À l'inverse, quand la croissance s'accélère, les dépenses baissent et les recettes augmentent. Le budget devient excédentaire. Ainsi, le budget atténue l'impact des fluctuations sur l'économie. Pour cela, on dit qu'il joue le rôle de ***stabilisateur automatique.***

B – Les politiques volontaristes

La politique budgétaire et fiscale peut aussi être plus volontariste : le budget est alors un instrument d'absorption des à-coups conjoncturels et de recherche d'une croissance soutenue. Une politique budgétaire volontariste consiste par exemple à augmenter les dépenses publiques, financées par l'emprunt, au cours des années de faible croissance, et à réduire les dépenses, lorsque l'économie va mieux, pour rembourser les emprunts. On dit que la politique budgétaire est ***contracyclique*** : expansionniste quand la conjoncture est basse et restrictive quand la conjoncture est haute.

L'expérience de ces dix dernières années en France nous enseigne que si la première partie du programme (des déficits quand l'économie s'essouffle) a été respectée à la lettre, la seconde partie (des excédents quand l'économie repart) n'a pas été tenue. Pour cela, les pays européens ont jugé qu'il fallait rendre la discipline budgétaire obligatoire. Ils ont donc adopté, dans le cadre du passage à l'euro, un ***pacte dit de stabilité et de croissance*** (souvent bafoué, v. Chapitre sur la crise de la dette) qui fixe la limite du déficit des administrations publiques à 3 % du PIB sous peine de sanctions.

2 Comment la politique budgétaire influence-t-elle l'activité ?

A – Les effets directs

La dépense publique est d'abord une composante directe de la demande globale de l'économie. Quand la région programme la construction d'un lycée, c'est un débouché supplémentaire pour les entrepreneurs retenus. Une baisse d'impôts modifie, elle aussi, la demande : un ménage qui paiera moins d'impôts sur le revenu ou moins de TVA consommera une partie de ce revenu disponible supplémentaire.

B – Les effets indirects : le multiplicateur de la dépense publique

La demande de l'État ne constitue cependant qu'une partie de la demande totale de l'économie : environ 20 %. On voit alors mal comment la politique budgétaire va pouvoir remplir son objectif contracyclique. L'explication tient dans ce que l'on appelle l'***effet multiplicateur***.

Reprenons l'exemple de la construction du lycée. Les entreprises chargées de sa construction vont employer davantage de personnel. Ces personnels supplémentaires vont être rémunérés. Les salaires supplémentaires distribués vont être pour partie dépensés dans l'économie. De la même façon, le bénéfice de l'entreprise chargée de la construction va sans doute augmenter puisqu'il a fallu engager davantage de capitaux dans l'entreprise. Ce bénéfice sera ensuite distribué entre les apporteurs de capitaux, qui en consommeront aussi une partie. Toutes ces consommations supplémentaires (en fréquentation de cinémas par exemple) vont nécessiter une production supplémentaire de la part des entreprises à qui elles sont destinées (il faudra plus de personnels dans le cinéma parce que la fréquentation augmente et plus d'acteurs pour faire de nouveaux films). Cette production supplémentaire sera à son tour à l'origine de revenus supplémentaires et ainsi de suite. Au final, si l'État a décidé de dépenser 100 € pour cette construction, la dépense dans l'économie augmentera d'un montant supérieur à 100, le multiplicateur étant le rapport entre les deux. En injectant peu dans l'économie, l'État en attend beaucoup.

C – Les critiques de l'effet multiplicateur

À lire cet exemple, on a le sentiment que la politique budgétaire peut être très efficace. En fait, les partisans de l'effet multiplicateur (les économistes du courant interventionniste) admettent que cette efficacité peut être limitée. Les adversaires de l'effet multiplicateur (les économistes du courant libéral) en critiquent les conséquences ou en réfutent les effets.

1) Les limites de l'effet multiplicateur

L'efficacité de la politique budgétaire sera limitée parce qu'il existe des fuites dans le mécanisme du multiplicateur :

– les employés de l'entreprise de construction du lycée ne consommeront qu'une partie de leurs salaires supplémentaires, l'autre partie étant épargnée ;
– cette consommation supplémentaire ne concernera que partiellement des produits français (de nombreux films qu'iront voir les consommateurs seront réalisés aux États-Unis) ;
– ceux à qui ont été distribués une partie des bénéfices ont déjà peut-être des revenus importants et ne souhaitent pas augmenter leur consommation (on sait que les revenus du capital sont moins consommés que les revenus du travail).

2) La critique des conséquences de l'effet multiplicateur

La critique des conséquences de l'effet multiplicateur repose sur ce que l'on appelle l'***effet d'éviction*** : c'est vrai que la politique budgétaire permet d'augmenter la consommation des ménages, mais elle a aussi pour effet d'augmenter le taux d'intérêt de l'économie pour deux raisons :

– la production augmentant, la demande de monnaie (par le crédit) augmente aussi puisqu'il y a plus de choses à acheter, et la Banque centrale réagit en augmentant ses taux directeurs à court terme ;
– l'État (ou la région) doit financer ses dépenses supplémentaires en empruntant sur le marché financier (en émettant des obligations), ce qui fait croître la rémunération qu'il doit proposer. Le taux d'intérêt à long terme augmente donc pour tous à la suite d'une relance budgétaire.

En conséquence, l'investissement des entreprises et des ménages diminue. Or ces éléments sont aussi une composante de la dépense totale des agents. Il y a donc éviction de la dépense privée par la dépense publique (la dépense publique chasse la dépense privée). Pour peu que l'on pense que la seconde est préférable à la première, on comprend que certains critiquent l'intérêt d'une politique de relance budgétaire.

3) La négation de l'effet multiplicateur

Le raisonnement qui nie toute efficacité à la politique budgétaire s'appuie sur ce que l'on appelle l'***équivalence ricardienne*** (du nom de l'économiste Ricardo) : les consommateurs sont aussi des contribuables et quand la région programme la construction d'un lycée, ils se demandent qui va payer. Ils savent que la Région ou l'État, c'est tout le monde, donc eux, et que la dette supplémentaire devra être remboursée en augmentant les impôts dans le futur. En conséquence, pourquoi consommer plus aujourd'hui puisqu'ils devront consommer moins demain (ils seront plus taxés), ce qu'ils ne souhaitent pas. L'augmentation de revenu qui résulte de la relance budgétaire va donc être entièrement épargnée pour payer les suppléments d'impôts à venir. La fuite dans le mécanisme multiplicateur est alors totale : il n'y a pas diffusion de l'augmentation de consommation dans l'économie.

À NOTER • Une politique budgétaire expansionniste vise à augmenter le niveau de la demande dans l'économie, soit directement (l'État augmente ses dépenses), soit indirectement par le jeu de l'effet multiplicateur. Les effets d'une telle politique font l'objet d'une controverse entre économistes interventionnistes et économistes libéraux.

D – La question nouvelle de la quantification du multiplicateur

La question du multiplicateur est revenue à l'ordre du jour suite à l'opération transparence du FMI qui a admis à l'automne 2012 s'être trompé sur la valeur du multiplicateur fiscal de la zone euro, l'estimant plutôt entre 0,9 et 1,7 et non 0,5 comme initialement annoncé.

Cela a pour conséquence d'accentuer l'effet récessif attendu des plans de rigueur de la zone euro mais aussi de rendre impossible l'amélioration des finances publiques : un multiplicateur fiscal de 1,7 signifierait en effet qu'une diminution de 100 des dépenses publiques entraîne un recul de 170 du PIB et donc de 85 des recettes fiscales (en retenant pour simplifier un taux de prélèvements obligatoires de 50 %). Dans la première mouture du multiplicateur, la réduction du déficit était de 75 pour une baisse de dépense de 100 !

Deux éléments expliquent cette révision d'ampleur inédite. D'une part, la première estimation portait sur des données relativement récentes, dans une période plutôt calme donc, alors que la crise est d'ampleur historique. D'autre part, le FMI a mieux pris en compte le fait que les plans de rigueur interviennent simultanément dans nombre de pays de la zone euro et même au-delà (début 2013, on recense plus de 40 plans de rigueur en zone euro depuis 2010…).

Mieux, la mobilisation – en sens inverse – des deux arguments de critique ou de négation de l'effet multiplicateur s'avère caduque. L'effet d'éviction ne peut fonctionner puisque les taux sont proches de zéro et font face à la contrainte de non-négativité. Les effets de la neutralité ricardienne, eux, sont annulés par le processus de désendettement des ménages, qui s'opère en lieu et place d'un supplément de consommation quand les perspectives de revenus (liée aux baisses d'impôts) s'améliorent.

Au final, si l'on veut que se poursuive l'ajustement des finances publiques de la zone euro sans que cela ne se traduise par une purge contre-productive, il faut donc faire baisser ce multiplicateur exceptionnellement élevé. Les voies sont en creux des arguments développés plus haut qui expliquent cette valeur : il convient d'abord de faire en sorte que la baisse des dépenses ne soient pas généralisées en Europe, mieux même que certains pays dépensent davantage ; il convient ensuite de baisser le taux d'intérêt réel – à long terme – pour faire jouer l'effet d'éviction, par exemple en autorisant provisoirement un supplément d'inflation ; il faut enfin relancer l'envie d'endettement dans les pays du sud pour ceux qui le souhaitent et le peuvent, par un assainissement des bilans des banques qui ne seraient ainsi plus réticentes à prêter.

3 La politique budgétaire française dans les contextes européen et de la crise

A – Politique budgétaire française et respect du Pacte de stabilité et de croissance

La politique budgétaire française s'inscrivait précédemment dans le cadre du respect du ***Pacte de Stabilité et de Croissance*** (PSC) qui stipulait que le déficit public (au sens des administrations publiques) ne doit pas dépasser 3 % du PIB.

Ce Pacte, quoi que décrié, avait plutôt bien fonctionné avant la crise, puisque le solde budgétaire de la zone euro s'est amélioré pendant quatre années consécutives, de 2004 à 2007. Il était de - 0,6 % du PIB de la zone en 2007.

Mais la crise a fait voler en éclat ce cadre et sa cohérence. Deux mécanismes revisités ont donc été proposés au printemps 2011, un mécanisme de prévention des crises, et un mécanisme de gestion et de résolution des crises.

Ils s'inscrivent en 2012 dans le « ***six pack*** » qui prévoit des sanctions renforcées en cas de déficit excessif et ajoute un nouveau cadre de surveillance macroéconomique. Ainsi, la Commission européenne dispose désormais d'un pouvoir de contrôle et de sanction quasi-automatique *via* la règle de la majorité inversée (il faut dorénavant une majorité pour s'opposer aux sanctions, et non un vote pour les valider).

Le « ***two pack*** » voté lui par le Parlement européen vise par ailleurs à encadrer encore davantage le processus d'élaboration des budgets nationaux en prévoyant notamment la transmission des projets de loi de finances à la Commission européenne. Les contrôles sont également renforcés, pour éviter de revivre le syndrome grec d'embellissement des comptes.

Les finances publiques françaises au regard du Pacte de stabilité et de croissance

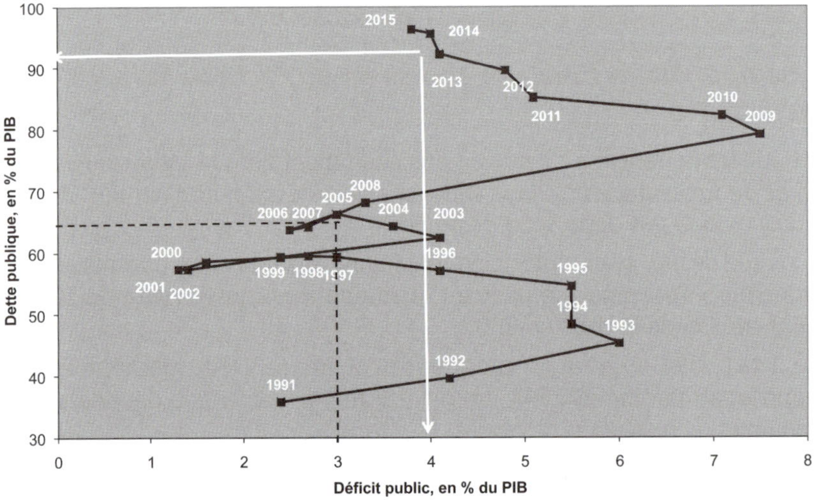

Un nouveau pas est franchi début 2013 avec l'entrée en vigueur du ***traité sur la stabilité, la coordination et la gouvernance*** (TSCG), plus connu sous le nom de ***Pacte budgétaire européen***, qui a fait l'objet en France d'un vote par le Parlement et d'une inscription dans une loi organique. Ce traité met en place la ***règle d'or*** : principe d'équilibre des budgets, limitation du déficit structurel à 0,5 % du PIB (ou selon le niveau de dette publique à 1 %), et mise en place d'un mécanisme de correction automatique, sous contrôle des instances européennes aux prérogatives renforcées. Le TSCG n'a pas vocation à s'appliquer à l'ensemble des pays de l'Union, contrairement au PSC, mais bien aux seuls pays de la zone euro.

B – L'engagement français de réduire les déficits

Le programme de stabilité 2013-2017, amendé une première fois en 2014 (programme 2015-2017), puis une seconde fois en 2015 (programme 2015-2018), fixe le cap de la réduction de déficit maintenant à l'horizon de trois ans. Il vise à respecter l'objectif d'un déficit sous le seuil de 3 % de PIB en 2017, progressivement ramené à 3,8 % en 2015 et 3,3 % en 2016 (celui de 2014 était à 4 %, 0,4 point de moins que prévu). Le taux des prélèvements obligatoires se réduirait à 44,2 % du PIB en 2017 (44,7 % aujourd'hui), la dette serait contenue sous les 100 % du PIB.

La maîtrise de la hausse des dépenses publiques est la cheville ouvrière de ce programme, dans le sillage de l'augmentation contenue de 0,9 % (hors crédits d'impôts) de 2014. Pour cela, le gouvernement se fixe un objectif de 50 milliards d'économies sur la période

2015-2017, 18 milliards pour l'État et ses opérateurs et agences, 11 milliards pour les collectivités locales, 21 milliards pour la Sécurité sociale. Pour l'État, ce sont la défense, les finances ou même l'écologie qui supporteront le poids de l'ajustement.

Ces engagements ont été rehaussés en 2015 à la demande de Bruxelles à hauteur de 4 milliards pour cette même année, dans une équation portant sur la réduction de la charge de la dette (1,2 milliard) ainsi qu'un nouvel effort de l'État et ses opérateurs (1,2 milliard) et de la sécurité sociale (1 milliard), dans un contexte de meilleures rentrées fiscales (600 millions). Un nouvel ajustement de 5 milliards est attendu en 2016, réparti entre les trois composantes publiques (État, collectivité, sécurité sociale). Il reste à voir la portée effective de ces engagements, quand les différents ministères estiment toucher le point critique, que les collectivités crient famine, et que la perspective d'un ONDAM à 1,75 % (au lieu de 2) appelle un ajustement toujours plus important sur les malades par exemple dans un contexte de tension dans les hôpitaux. *In fine*, il n'y a plus qu'à espérer, ou à provoquer, une accélération de la croissance, dont l'estimation est pour une fois jugée prudente par le Haut conseil des finances publiques (1 % pour 2015, 1,5 % pour 2016 et 2017).

Ce plan d'ensemble permettrait de réaliser un effort budgétaire structurel de 0,5 point de PIB par an, en deçà des niveaux recommandés par la Commission (0,8 point en 2016).

4 La politique fiscale en débat

La politique fiscale, plus généralement de prélèvements obligatoires est aujourd'hui remise en question sur trois plans : les incohérences de la taxation du patrimoine et du capital, la progressivité de la taxation des revenus, le financement de la protection sociale. La question d'une réforme fiscale de grande ampleur reste donc posée.

A – La taxation du patrimoine et du capital, l'évasion fiscale

Les inégalités de patrimoine sont nettement plus accentuées que les inégalités de revenus. La question d'une grande réforme de la fiscalité du patrimoine, donc de l'impôt de solidarité sur la fortune (ISF), est depuis longtemps posée, en proposant par exemple de passer d'une taxation du patrimoine à une taxation des revenus du patrimoine (c'est l'image du propriétaire d'un lopin de terre sur l'île de Rê qui doit payer l'ISF, et donc vendre, parce que les prix du foncier ont explosé !).

De fait, la fiscalité du capital pose question, moins par son niveau que par la capacité de celui-ci à échapper à l'impôt. En effet, le gouvernement actuel a opéré un rapprochement de la fiscalité du capital avec celle du travail de sorte qu'il n'existe plus aujourd'hui de « prime à la rente ». Mais au-delà, seulement 40 et 15 % des revenus du capital sont déclarés à la CSG et à l'IRPP, une grande partie n'y étant pas assujettie ! Au final, le taux effectif de taxation du capital est donc faible.

Au-delà des exemptions réglementaires, l'***évasion fiscale*** est l'autre volet de moindre taxation du capital (v. aussi Chapitre 16). Il s'agit de particuliers ou d'entreprises qui décident de placer de l'argent sur des comptes à l'étranger, sans prévenir les autorités françaises, afin de ne pas payer d'impôts sur ces sommes. Le manque à gagner pour 2013 se situait dans une fourchette de 60 à 80 milliards, l'essentiel étant le fait de multinationales qui utilisent des subterfuges comptables pour échapper à l'impôt. Le *Luxleak*, la révélation des montages fiscaux pour multinationales au Luxembourg par manipulations de prix de transferts (facturations internes aux entreprises), ce que l'on nomme le *tax-ruling*, ouvre cependant la voie à une rétrocession de montants « indûment » perçus par le Grand-duché, avec une rétroactivité possible de 4 à 10 ans. Le plan d'action pour réformer la fiscalité des entreprises de l'Union européenne de 2015 établit par ailleurs une nouvelle liste noire des paradis fiscaux (sans le Luxembourg, avec l'île de Guernesey par exemple, au grand dam des Britanniques), et ouvre la voie à une harmonisation de la base de calcul de l'impôt sur les sociétés en Europe, à défaut de jouer sur les taux qui restent prérogative nationale.

Pour les particuliers, pour lesquels on estime que 5,8 milliards d'euros auraient été déposés sur des comptes offshore par 6 000 contribuables français en 2013, la survenue du scandale HSBC, cette banque britannique qui aurait hébergé, ou incité à l'hébergement, des comptes dissimulés d'étrangers, marque une nouvelle ère. Les régularisations avec le Trésor s'accélèrent (pour des recettes supplémentaires de l'État français de 1,9 milliard en 2014, avec 40 000 régularisations, 2,7 milliards attendus pour 2015), l'échange automatique d'informations sur les comptes bancaires entre la Suisse et l'Union européenne devant intervenir à compter de 2018.

B – La taxation des revenus

Le débat sur la fiscalité des revenus a été relancé début 2011 par la parution d'un livre, *la révolution fiscale*, par Landais, Piketty et Saez. En particulier, ils ont établi de façon claire la régressivité de l'impôt pour les 500 000 personnes les plus riches : tous prélèvements confondus, les taux d'imposition baissent à partir d'un certain seuil, pour les 1 % les plus riches. La régressivité provient du fait que le supplément d'impôts sur le capital ne compense pas les moindres cotisations sociales et TVA versées, mais surtout que l'impôt sur le revenu devient paradoxalement régressif passé un certain seuil (du fait des niches, exemptions et règles dérogatoires pour les hauts salaires ou revenus du capital) !

En 2015, après l'abandon de la taxe de 75 % payée par les entreprises au bénéfice des salariés sur les revenus au-delà d'un million d'euros, le gouvernement instaure une taxe exceptionnelle de 3 ou 4 % de la fraction de revenu fiscal au-delà de 250 000 euros pour les personnes seules ou 500 000 euros pour les couples. Le taux marginal de l'impôt sur le revenu est lui toujours à 45 %.

C – Le financement de la protection sociale

Les pays font des choix différents dans le niveau de prise en charge collective des dépenses de protection sociale. Il faut ensuite trouver les financements avec le coût le plus faible en emplois et en production, et donc le bon mix entre la taxation des salaires (charges sociales), de la consommation (impôts indirects, TVA) ou de l'ensemble des revenus (du travail et du capital).

La France a choisi dès 1945 de financer sa protection sociale par cotisation sur les salaires. Une seule inflexion majeure mais partielle est intervenue depuis, le basculement d'une partie des cotisations sur la CSG, qui concerne tous les revenus (salaires mais aussi pensions et revenus du capital). La proposition de TVA sociale (ou TVA anti-délocalisation), votée par l'ancienne majorité, a été annulée au motif d'un risque sur le pouvoir d'achat des Français.

Mais la France reste au final l'un des pays qui taxe le plus les salaires (voir aussi chapitre suivant sur le coin fiscal et social). Or, les études montrent de façon répétée que des charges sociales élevées sur les salaires réduisent le taux d'emploi et font monter le chômage. Par ailleurs, la rémunération du travail tend de plus en plus à se réaliser hors salaires, ce qui réduit la base des prélèvements pour la Sécurité sociale. La question du financement de la protection sociale est donc elle aussi posée (v. Chapitre 5).

D – Pistes pour une réforme fiscale

Le grand soir fiscal espéré par certains suite à l'élection de François Hollande en 2012 n'a pas eu lieu. En particulier, la fusion CGS/IRPP, qui figure parmi les promesses de campagne, est pour l'instant remisée à des jours meilleurs. De fait, la France est l'un des seuls pays au monde à proposer deux impôts sur les revenus, le premier (l'impôt sur le revenu) progressif, perçu avec un an de décalage, faisant l'objet de nombreuses exemptions et réductions, le second (la contribution sociale généralisée) proportionnel (7,5 % pour tous les salaires), indolore parce que prélevé à la source. Le « prélèvement simplifié sur le revenu » est donc dans les limbes de la simplification fiscale française, même si le prélèvement à la source est annoncé pour 2017 (v. Chapitre 5).

Que pourrait être un système fiscal revisité et simplifié ? François Ecalle, début 2013, en trace les contours : « On pourrait imaginer un impôt de type TVA, avec peut-être même un taux unique, pour financer les services publics. Ensuite, un impôt sur le revenu progressif et sans aucune niche, pour financer la redistribution. Il serait accompagné de droits de successions assez forts, bien meilleurs que l'ISF pour assurer la redistribution des patrimoines. Les cotisations sociales financeraient toujours les risques sociaux (chômage, maladie, retraite) et pourraient être complétées par des taxes sur les consommations nuisibles pour la santé (alcool, cigarettes) ou pour l'environnement (pétrole). Les collectivités locales, elles, percevraient les impôts fonciers. En théorie, c'est tout simple. Mais ce serait très compliqué à mettre en œuvre ».

À NOTER • La fiscalité pose question à trois égards : la taxation du capital ou du patrimoine, la progressivité de l'impôt sur les revenus, le financement de la protection sociale. Une voie est le basculement des cotisations sur un nouvel ensemble CSG/IRPP.

5 La dette des administrations et de la France : vrais enjeux et fausses peurs

Fin 2014, la dette des administrations est de 2 038 milliards d'euros, dont 1 610 pour l'État, 188 pour les collectivités locales, et 216 pour les organismes de Sécurité sociale, pour partie *via* la CADES, Caisse d'amortissement de la dette sociale. Rapporté au PIB, donc à la création de revenus d'une année en France, la dette des administrations s'élève à plus de 96 %, 87 % si l'on enlève ce que d'autres doivent aux administrations (dette nette).

La dette des administrations, de l'État en particulier, est donc considérable, il faut en mesurer la portée, et les incidences. Mais elle doit être relativisée, dans une logique de comparaison internationale d'abord, parce que l'État n'est pas la France surtout.

A – La dette des administrations : ampleur et incidences

Le fait que l'État ait une dette est tout à fait normal. En effet, lorsque l'on construit une école, ou une route, cela signifie que l'économie française sera plus efficace demain : la formation des travailleurs ou les conditions de circulation en seront améliorées. Concrètement, cela signifie que des richesses supplémentaires seront créées demain, donc que l'État percevra plus de revenus. Pourquoi, dès lors, financer avec de l'argent d'aujourd'hui ce qui en rapportera davantage demain ? La dette est donc parfaitement justifiée (le même raisonnement s'applique aux entreprises). Le problème n'est donc pas tant l'existence de la dette de l'État que son niveau.

À cet égard, on comprend mieux la portée vertigineuse du montant de la dette à partir des chiffres « obus » d'une dette publique rapportée à la capacité contributive de chacun. Ainsi, si chaque français de plus de 20 ans devait contribuer en une seule fois au remboursement de la dette, il lui en couterait 50 000 €. Si l'on décidait de ne mobiliser que les actifs occupés (hors chômeurs donc), il faudrait débourser 80 000 €. Enfin, chaque famille (2,3 personnes en moyenne en France) en serait pour 74 000 € !

Au-delà de ce raccourci évidemment insuffisant (personne ne rembourse sa dette en une année, une partie de la dette est due à d'autres Français...), pourquoi est-il nécessaire de réduire la dette ? Nous passons ici sur le soi-disant effet de seuil à 90 % du PIB dont les économistes Reinhard et Rogoff avaient il y a peu fait grand cas, et qui s'est avéré reposer sur une erreur de calcul (v. Chapitre 1).

Principalement parce qu'elle coûte cher ! En France, le service de la dette (les intérêts payés sur la dette, pas le remboursement du capital) représente 44 milliards d'euros en 2014, soit plus de 12 % des dépenses. Et encore la France bénéficie-t-elle de taux d'intérêt exceptionnellement faibles, en dépit de la perte de son triple A, ce qui pourrait ne pas toujours être le cas...

B – Comment réduire la dette publique ?

S'il faut réduire la dette de l'État, en tout cas son ratio de dette au PIB, quelles sont les solutions possibles ? Le ratio de dette sur PIB à une période t est donné par la formule suivante.

$$\left(\frac{Dette}{PIB}\right)_t = \left(\frac{Dette}{PIB}\right)_{t-1} * [1 + (i_t - g_t)] + \left(\frac{SP}{PIB}\right)_t$$

Avec i, le taux d'intérêt, g, le taux de croissance nominal, SP, le ***solde budgétaire primaire***, qui se calcule comme le solde budgétaire hors charge d'intérêts.

Appliquons cette formule à la France. Pour 2013-2015, avec des hypothèses – optimistes – de croissance nominale à 3 %, de taux d'intérêt nominal à 1,5 %, d'inflation à 1,4 % et de dette sur PIB à 90 %, le solde primaire requis pour réduire le ratio d'endettement est de - 1,1 % du PIB. Au-delà, avec la charge d'intérêt, la France doit tendre vers un excédent public de l'ordre de 1,1 % du PIB (les intérêts représentent aujourd'hui 2,2 % du PIB). C'est l'objet de l'engagement de la France décrit plus haut.

Quelle sont les autres éléments de l'équation qui permettraient de réduire la dette relative, au-délà du solde primaire ? Il y a tout d'abord les taux d'intérêt. Mais ils sont auourd'hui historiquement bas, peu d'espoir de ce côté donc, des menaces mêmes s'ils venaient à augmenter (c'est même une contrainte pour la politique monétaire, celle de ne pas étrangler les États par des augmentations trop brutales de taux !). Il y a aussi, évidemment, le taux de croissance, mais il est aussi contraint à court terme (v. Chapitre 15). Il y a enfin l'inflation, qui permet de rembourser en monnaie de singe. C'est ce que l'on appelle la ***taxe de seigneuriage***. Créer de l'inflation serait donc une solution à la crise de l'endettement, au détriment des créanciers, mais, diront certains, au bénéfice de tous. Attention toutefois, l'inflation ne se décréte pas, une situation inflationnisme peut comporter des risques, et l'inflation importée (les prix des matières premières par exemple) n'est pas la solution, puisque c'est une inflation qui appauvrit. Enfin, les obligations d'État sont maintenant le plus souvent indexées sur l'inflation, de sorte que la charge d'intérêt augmente mécaniquement avec la hausse des prix.

Dernière option, qui n'apparaît pas dans la formule : le défaut, partiel ou total. Le défaut est au regard de l'histoire, non une incongruité, mais une sorte de norme. De nombreux États ont par le passé fait défaut. L'abbé Terray, contrôleur général des finances du royaume de France de 1768 à 1774, disait même que « *la banqueroute est nécessaire une fois tous les siècles, afin de mettre l'État au pair* ». Le problème du défaut est qu'il n'est pas sans risque, en tout cas il ne fonctionne qu'une fois, et par surprise ! Signalons qu'il serait un défaut singulier, mais peut-être indolore, celui qui consisterait pour les Banques centrales à renoncer aux remboursements qu'elles sont légitimement en droit de demander à la suite de leurs politiques de *quantitative easing*, achats directs ou indirects de titres publics. Mais nous sommes là très loin de l'orthodoxie monétaire.

C – Le niveau de la dette française est-il soutenable ?

D'abord, pour évaluer le niveau de l'endettement public, il faut aussi s'inscrire dans une logique de comparaison internationale. En Europe, le ratio de la dette au PIB dépasse les 100 % dans deux pays, la Grèce avec 176 %, et l'Italie avec 131 %. Pour les autres, comme l'Allemagne (75 %) ou le Royaume-Uni (87 %), on est certes en deça du niveau de la France, mais à des niveaux finalement proches. Ailleurs, les situations sont très différentes, le Japon étant le pays le plus endetté (en termes publics), avec une dette de 205 % du PIB, les États-Unis se situant à 110 % (citons toutefois le montant de la dette américaine : 18 000 milliards de dollars en avril 2015 !). Bref, à cet égard, la France ne fait pas différemment des autres.

On pourrait aussi inscrire la dette des administrations dans un bilan d'ensemble qui ferait aussi apparaître leurs actifs (ce qu'elles possèdent). On obtiendrait alors un solde positif : les administrations françaises recèlent d'un patrimoine net de l'ordre de 500 milliards environ fin 2010 par exemple. Mais on voit mal les communes vendre les écoles (en tant que bâtiments) pour faire face à leurs échéances financières…

Enfin, les chiffres bruts d'endettement sont largement trompeurs, puisqu'il convient de mesurer la dette de tous les acteurs de l'économie, pas seulement celle de l'État. Ainsi, la dette du secteur privé (ménages et entreprises) est de 130 % du PIB dans la zone euro, 150 % aux États-Unis, et 230 % au Royaume-Uni ! Par ailleurs, il faudrait aussi tenir compte des avoirs des uns et des autres, puisque l'on peut avoir à la fois une dette et des créances. Prenons les Japonais par exemple. L'État est très endetté effectivement, mais les ménages japonais disposent de créances considérables, alors même qu'ils sont eux-aussi endettés ! Bref, il faut *a minima* regarder l'endettement total d'un pays, et non son seul endettement public, surtout regarder l'endettement extérieur net des créances sur le reste du monde. Le schéma suivant résume cela pour la France.

Si la dette totale brute des administrations est bien de 2 000 milliards d'euros, la ***dette extérieure nette de la France*** n'apparaît qu'à 400 milliards, principalement parce que les ménages sont créditeurs du reste du monde. Cette somme ne représente que 20 % de nos revenus annuels, mais s'accroît chaque année, dans le sillage de nos déficits extérieurs. La France n'est donc pas en faillite, loin s'en faut, mais sa dette s'accroît dangeureusement.

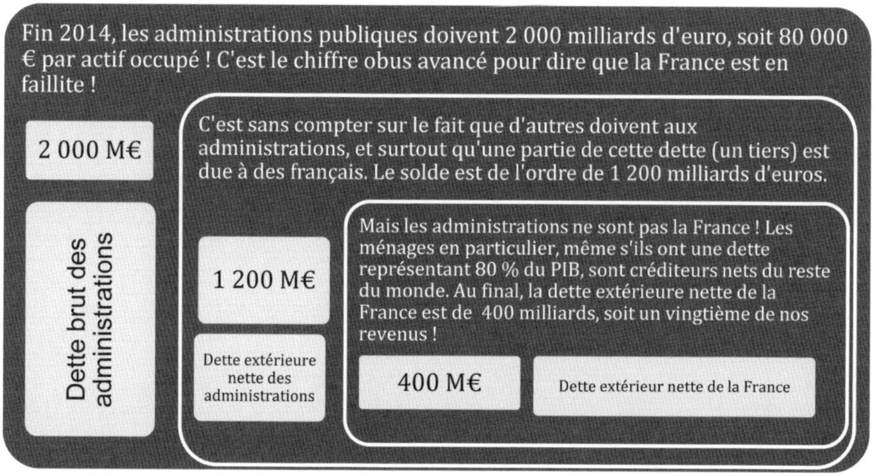

À NOTER • La dette de l'État est importante, ramenée à chacun, elle est considérable. Il faut la réduire, ne serait-ce que parce qu'elle coûte cher en intérêts. Hormis les efforts quotidiens, peu de marges : les taux d'intérêt sont déjà bas, la croissance est contrainte, l'inflation ne se décrète pas, le défaut est risqué. Au-delà, la dette de la France est maîtrisée, en termes nets, elle est peu importante. Mais elle se dégrade, c'est là le problème.

PARTIE 3
La politique structurelle

Le capitalisme financier et ses conséquences

Chapitre 13

1 Le capitalisme français inspiré du modèle anglo-saxon

Au sens strict, le capitalisme fait référence au mode de financement des entreprises, notamment les plus grandes. On peut globalement opposer deux variétés de capitalisme, selon que les entreprises financent ou non leur développement par le biais des marchés financiers.

A – Les types de capitalisme

Le « ***capitalisme financier*** » est un système où les fonds d'investissement de différents types (fonds de pension, assureurs, *hedge funds*, fonds de *private equity*...) détiennent une part importante du capital des entreprises et en déterminent la gestion en fonction de leurs intérêts. C'est en particulier le cas du capitalisme anglo-saxon qui possède les caractéristiques suivantes :

- financement davantage en actions que par la dette ;
- détention du capital des entreprises majoritairement par des investisseurs institutionnels ;
- gestion des entreprises dans l'intérêt des actionnaires (la *shareholder value*, valeur pour l'actionnaire) et non des autres partenaires de l'entreprise (salariés, clients, sous-traitants, État, prêteurs...).

Par opposition, dans un modèle de « ***capitalisme non financier*** », les entreprises peuvent être financées par la dette, par exemple dans une logique de partenariat à long terme avec les banques (le capitalisme rhénan), ou par des acteurs variés, actionnaires publics (le capitalisme d'État), familles à l'origine de la création de l'entreprise (le capitalisme familial) ou salariés et clients des entreprises (le système mutualiste ou coopératif).

B – La prééminence du modèle anglo-saxon

Depuis une décennie, le capitalisme financier s'est peu à peu imposé au monde, en raison de ses propres atouts, et du fait de dysfonctionnements des autres types de capitalisme.

Sur le premier point, le capitalisme financier permet une meilleure allocation de l'épargne vers les entreprises (ou les secteurs) les plus performantes, contribuant à la mise en œuvre d'une logique de « destruction créatrice ». Dans ces entreprises, les dirigeants ont une incitation forte à gérer efficacement et à innover pour profiter des rentes associées. Les marchés bénéficient d'une meilleure qualité de l'information sur les entreprises, par rapport à celle que peuvent obtenir les banques ou l'État par exemple.

Sur le second point, les autres modes de capitalisme ont fait montre par le passé de dysfonctionnements importants. Le capitalisme rhénan, par exemple, qui était en vigueur en Allemagne mais aussi sous une forme différente au Japon, s'est heurté aux excès d'endettement liés au maintien de lignes de crédits bancaires à des entreprises en difficulté, du fait d'un défaut d'analyse des risques. Le Japon a ainsi mis plus d'une décennie à apurer son système bancaire handicapé par les créances douteuses. Les banques se sont donc retrouvées dans l'incapacité de financer les entreprises saines, ce qui explique pour partie la crise économique des années 1990. Par ailleurs, la détention du capital par l'État ou par un actionnariat dispersé conduit souvent à une gestion inefficace des entreprises (difficultés de la prise de décision, investissements non rentables...) comme l'a montré l'exemple du Crédit Lyonnais en France par le passé.

C – Les failles du capitalisme financier

Le capitalisme financier s'est donc largement imposé au monde. Il présente cependant plusieurs défauts, en particulier celui d'une exigence de rentabilité (le ROE, *return on equity,* rendement par action) excessive du capital. La prime de risque implicite incluse dans les ROE par rapport aux taux d'intérêt à long terme sans risque est devenue considérable. Cette norme de rentabilité (on cite souvent le chiffre d'une croissance nécessaire des bénéfices distribués de 10 %) s'impose aux entreprises et aux investisseurs. Elle induit un transfert contre-intuitif des risques vers les salariés.

Le ***partage des risques entre capitalistes et salariés*** est normalement clair : le risque d'entreprise (le risque économique) est subi par les capitalistes (qui acceptent de le prendre puisqu'ils ont moins d'aversion pour le risque) et ils assurent les salariés contre ce risque. Les salariés perçoivent donc un revenu stable mais plus faible, puisqu'ils payent une prime d'assurance contre le risque d'entreprise, et les capitalistes reçoivent des profits variables avec les aléas économiques. Dorénavant, dans un contexte où la rentabilité est une nécessité première, le résultat devient l'objectif, et l'ajustement s'opère sur le haut du compte de résultat, les salaires donc, mais aussi sur les prix payés aux fournisseurs et les impôts dus à l'État.

Cela conduit logiquement à une déformation du partage de la valeur ajoutée créée, au détriment des salariés, des petites entreprises et des États, et au bénéfice des grandes entreprises et de leurs actionnaires. Cette exigence excessive de rentabilité du capital conduit par ailleurs à un excès de délocalisation vers les pays à coûts salariaux faibles, par rapport à ce qu'impliquerait la spécialisation internationale avec un rendement « normal » du capital.

D – Les profits des grandes entreprises et les dividendes versés

De fait, les grandes entreprises (celles du CAC40) réalisent des bénéfices importants, 64 milliards en 2014, en reprise après trois années d'une baisse globale de l'ordre de 10 milliards. Cette somme importante est toutefois à rapporter aux chiffres d'affaires, stables à 1 220 milliards. Les distributions de dividendes s'établissent pour leur part à 56 milliards, sous forme de dividendes ou de rachats d'action (ces dernières valorisent l'action). Le graphique suivant retrace l'évolution des dividendes versés et rachats d'actions depuis une dizaine d'années. On observe que le niveau de distribution aux actionnaires retrouve en 2014 ses niveaux d'avant crise, alors qu'elle prend de plus en plus fréquemment la forme d'un rachat d'actions, avec parfois des effets grossissants (L'Oréal a racheté pour 6 milliards de ses propres actions à son ancien actionnaire Nestlé). Au-delà, la comparaison des dividendes versés aux bénéfices est tout à fait saisissante : alors qu'au début des années 2000, le ratio des dividendes versés aux résultats était de l'ordre de 35 %, il est maintenant en tendance proche des deux tiers, 85 % en 2014 !

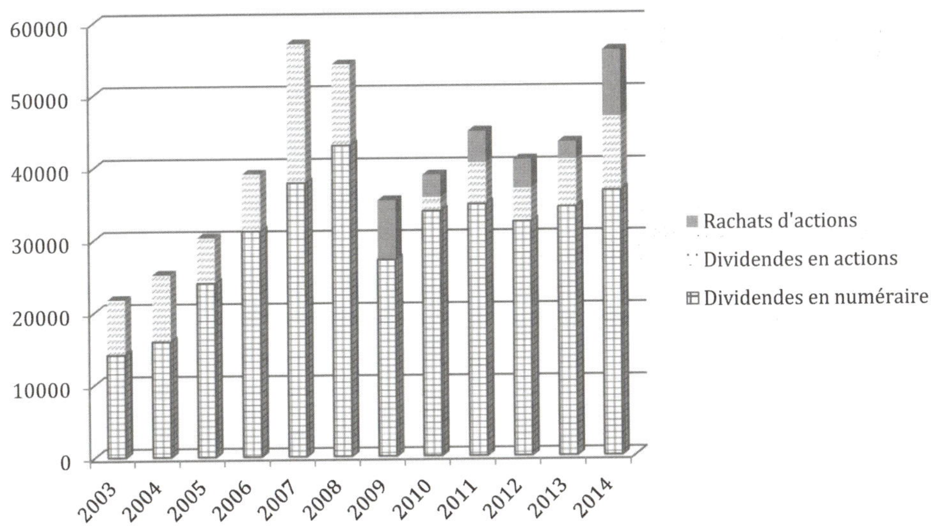

Il reste enfin que les profits des grandes entreprises ne sont pas les profits des entreprises en France. On observe même en France, et contrairement à l'Allemagne par exemple, une vraie dichotomie entre la situation financière des entreprises du CAC 40 et celle des autres entreprises. Ainsi, l'excédent brut d'exploitation des entreprises françaises a augmenté en valeur de 20 % entre 2004 et 2010, contre 45 % pour celui des entreprises du CAC 40. La faible profitabilité est à cet égard un des points de faiblesse de l'économie française (v. Chapitre 2).

E – La rémunération des dirigeants

Un autre aspect du capitalisme financier est la collusion qui s'est peu à peu instaurée entre les actionnaires et les principaux dirigeants des grandes entreprises.

Ceux-ci sont normalement à l'interface des salariés et propriétaires de l'entreprise. Ils sont en charge de l'équilibre entre l'exigence naturelle de rentabilité de l'actionnaire et le développement à long terme de l'entreprise, notamment les conditions, la rémunération et la protection du travail des salariés d'une part, les investissements productifs d'autre part.

Les patrons du CAC40 bénéficient naturellement de salaires importants. Leur total atteint 90 millions d'euros en 2014, soit une moyenne de 2,3 millions d'euros par dirigeant, en baisse légère depuis trois ans. Les patrons les mieux rémunérés sont Jean-Paul Agon, de L'Oréal, qui a encaissé presque 4 millions, suivi de Georges Plassat, de Carrefour, à 3,7 millions. Le patron du CAC 40 le moins bien payé est Henri Proglio (EDF), avec une rémunération d'un peu plus de 400 000euros, sur onze mois, puisque s'applique à lui le plafonnement à 450 000 € des salaires des entreprises publiques en vigueur depuis 2013.

Mais au-delà, les grands dirigeants bénéficient de dispositions qui dépassent largement les mécanismes usuels de participation et d'intéressement aux bénéfices, notamment les stock-options, les cadeaux de bienvenues, les menottes et parachutes dorés, les retraites chapeau ou encore les bonus variés.

Les ***stock-options*** sont des options d'achats d'actions de l'entreprise à des niveaux et conditions fixés à l'avance (exemple : on attribue 100 stock-options à 5 ans au prix de 50 €). Les détenteurs de ces options peuvent en cas d'augmentation du cours de l'action (de 50 à 200 € par exemple), au terme de la période convenue (ici 5 ans), exercer leur droit à l'achat (ils achètent au cours convenu à l'avance, 50 €) ce qui leur permet de dégager des plus-values importantes (ici 100 x 150 €). La fiscalité sur les plus-values est toutefois différente selon que le dirigeant revend immédiatement ses actions ou les conserve quelque temps avant la revente. Les *stock-options* s'adressent normalement à des dirigeants de start-up (entreprises naissantes de haute technologie). Pour cette raison, la loi Macron de 2015 allège les règles encadrant la distribution d'actions gratuites, pour donner un coup de pouce à ces entreprises naissantes et prometteuses au sein desquelles cette pratique est très répandue pour attirer et rémunérer des cadres inaccessibles par le seul versement de salaires. Dans les faits, elles concernent surtout les dirigeants des grandes entreprises : Patrick Drahi, Président d'Altice (SFR-Numéricâble) aurait gagné 17 millions en 2014, grâce aux 2,5 millions de stock-options octroyées par son Conseil d'administration.

Les ***cadeaux de bienvenues*** (« *golden hello* »), appelés encore ***poignée de main en or*** (« *golden handshake* ») consistent en une prime de bienvenue pour encourager un dirigeant à rejoindre une entreprise. Les ***menottes dorées*** sont, elles, une incitation à la fidélité : il s'agit d'une série de mesures (stock-options disponibles seulement après un certain temps passé dans l'entreprise, bonus dont les versements sont étalés dans le temps) destinées à inciter le dirigeant à rester dans son entreprise actuelle. Au titre de ces deux mécanismes, Olivier Brandicourt, le patron de Sanofi, a reçu en 2015 une indemnité forfaitaire brute de 2 millions d'euros, et recevra la même somme s'il est toujours en poste en janvier 2016, en « contrepartie des avantages auxquels il a renoncé en quittant son précédent employeur ».

Les ***parachutes dorés*** (« *golden parachutes* ») sont des primes de départ prenant la forme d'une clause contractuelle entre le dirigeant et l'entreprise qui l'emploie *via* le Conseil d'administration, et donc les actionnaires. Cette clause fixe les indemnités versées lors d'une éviction suite à un licenciement, une restructuration, une fusion avec une autre société ou même lors d'un départ programmé de l'intéressé. Elles peuvent dans ce dernier cas être additionnées à une ***retraite chapeau***, complément de la retraite légale dont le versement est étalé pendant toute la durée de la retraite du bénéficiaire. Évidemment, la pression médiatique, ou politique, permet de limiter les abus : en 2013, Philippe Varin, le président du directoire de PSA avait théâtralement renoncé à sa retraite chapeau envisagé de 21 millions d'euros, à un moment où l'usine d'Aulnay fermait et où 8 000 emplois étaient supprimés chez PSA. Las, en mai 2015, on apprenait que M. Varin toucherait finalement 299 000 euros par an, soit une « simple » réduction de 27 % par rapport au montant initialement prévu. La loi Macron de 2015 cherche à enrayer cette spirale : l'acquisition de droits à la retraite sera désormais conditionnée à la performance économique de l'entreprise, le rythme d'acquisition des droits sera limité à 3 % par an, contre 5 % dans le code inopérant de bonne conduite AFEP-Medef (une tentative d'autorégulation de 2013), les entreprises ont interdiction d'attribuer d'office des années d'ancienneté fictive à un patron venant d'arriver, comme c'était d'usage (outre les 4 millions d'euros cités précédemment, on estime à 9 millions la valeur des dix années de cotisations offertes par Sanofi à son nouveau PDG au titre des droits à la retraite...).

Enfin, versés en sus du salaire, les bonus sont destinés à récompenser les bonnes performances. Le PDG de Lafarge devrait ainsi toucher 2,5 millions de bonus pour son rôle dans la fusion avec le suisse Holcim en 2015, au-delà de son salaire (1,8 million) et de 722 860 euros au titre des stocks options. Cette fusion s'est d'ores et déjà traduite par une première vague de départ de salariés, 380 postes étant supprimés sur cette même année.

À NOTER • Le capitalisme anglo-saxon s'est peu à peu imposé au monde, en France en particulier. Il permet une meilleure gouvernance des entreprises, mais crée une distorsion dans la rémunération des facteurs de production, au bénéfice du capital, au détriment du travail et des partenaires de l'entreprise. Il y a par ailleurs collusion entre les actionnaires et les dirigeants, ces derniers bénéficiant d'une forte valorisation de l'entreprise *via* les stock-options et autres systèmes de rémunération non accessibles à l'ensemble des salariés.

F – Loin de l'entrepreneur de Schumpeter…

Ce système est non seulement choquant à certains égards, mais va à l'encontre de l'intérêt même des entreprises : alors que le marché des actions est censé, dans la théorie économique, financer les entreprises industrielles, ce sont ces dernières qui finance la Bourse ! Ainsi, aux États-Unis, la différence entre les actions émises sur le marché et les actions retirées du marché par suite de rachats d'actions et de fusions et acquisitions s'est élevée à 399 milliards de dollars par an sur la période 2005-2014 (source : « Comment le capitalisme scie la branche de l'innovation », Bernard Guilhon, *Le Monde*, 20 mai 2015).

Toujours aux États-Unis, les versements dont ont bénéficié, sous la forme de dividendes et rachats d'actions, les actionnaires de 454 entreprises du S&P 500, ont représenté 86 % du revenu net de ces entreprises sur la période 2004-2013. Sur cette même période, Amgen et Pfizer (deux sociétés pharmaceutiques) ont dépensé respectivement 108 % et 126 % de leur revenu net en rachat d'actions et dividendes.

Une conséquence de cela est la contraction du budget affecté à la Recherche et Développement : sur cette même période de dix ans, IBM a affecté 113 % de son revenu net à des rachats d'actions et à des versements de dividendes, pendant qu'elle abaissait son ratio des dépenses de R&D sur les ventes de 7,1 % à 5,6 %. De fait, les dépenses de R&D sont transférées au secteur public : l'Agence publique sur les nanotechnologies (National Nanotechnology Initiative) a consacré 18 milliards de dollars à la R&D entre 2001 et 2012, pendant qu'Intel dépensait 70,2 milliards de dollars en rachat d'actions, soit près de quatre fois le budget de cette agence !

2 Le capitalisme au révélateur du partage de la valeur ajoutée

A – Le partage de la valeur ajoutée en France

La stabilité de ces dernières années dans la répartition de la valeur ajoutée semble traduire un équilibre dans le rapport de force entre rémunération du travail (environ deux tiers de la valeur ajoutée, échelle de gauche du graphique) et rémunération du capital (un tiers), même si les évolutions récentes traduisent une légère hausse de la part revenant aux salaires. Cette stabilité est contradictoire avec l'analyse des effets de l'adoption du capitalisme financier, alors même que l'on observe une tendance à l'augmentation des taux de marge ces dernières années en Allemagne, Pays-Bas ou Royaume-Uni pour ne citer que des pays européens.

Comment expliquer cette contradiction ? Tout d'abord, la France n'échappe pas aux conséquences du capitalisme financier. Celles-ci se voient dans la double évolution représentée sur le graphique : une part croissante des dividendes versés et des hauts salaires d'une part, une part décroissante des salaires médians et de l'autofinancement d'autre part.

Mais au-delà, la ***répartition de la valeur ajoutée*** est clairement stable. Plusieurs facteurs participent de cet équilibre bien français. Tout d'abord, l'existence du SMIC, son niveau et ses augmentations successives ont contrarié le mouvement « naturel » d'augmentation des profits. Ensuite, la rigidité du marché du travail français protège les *insiders* (ceux en poste) et donc limite l'ajustement à la baisse des salaires. De même, les entreprises françaises n'ont pas la capacité d'imposer leur prix (leur *pricing powerest* faible), ce qui ampute les bénéfices. Enfin, le capitalisme français présente trois singularités remarquables : c'est l'un des rares capitalismes à avoir autant développé l'actionnariat salarié, à disposer, grâce aux sociétés mutualistes cotées, d'hybrides efficaces et à conserver pour de nombreuses entreprises cotées un contrôle familial opérant. Tout cela limite une déformation trop importante du partage de la valeur ajoutée au détriment des salariés.

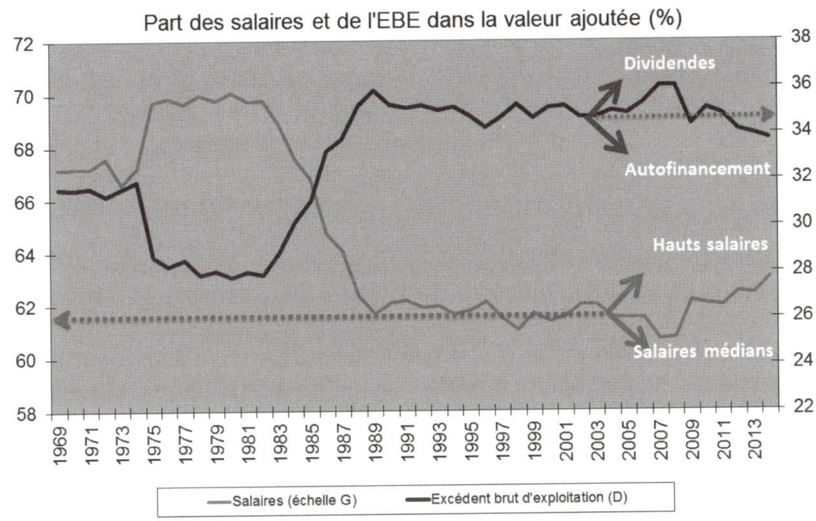

À NOTER • En France, les salaires réels ont crû autant voire davantage que la productivité ces dernières années (ce qui n'est pas le cas en Allemagne, aux États-Unis, au Japon). C'est en particulier lié aux mesures de soutien des bas salaires, *via* le SMIC, et à la nature encore spécifique du capitalisme français. Le problème français tient donc moins à une déformation globale du partage de la valeur ajoutée entre salariés et entreprises qu'à une déformation interne propre à chacun de ces deux agents.

B – Le partage des profits

La question de la répartition de l'excédent brut d'exploitation se pose donc au-delà de celle de la répartition de la valeur ajoutée. On parle parfois du partage des profits. Les profits sont un élément de l'EBE, avec la rémunération des prêteurs, et se décomposent entre l'épargne de l'entreprise, l'épargne salariale et les revenus distribués aux détenteurs de capital. Une étude de 2012 (*http://resultat-exploitations.blogs.liberation.fr*) réalisée sur un échantillon de 450 PME en 2010 montre qu'une fois neutralisé l'impôt sur les sociétés, la répartition du profit s'opère selon la règle suivante : 43 % restent dans l'entreprise, 42 % vont aux actionnaires, 15 % à l'épargne salariale (voir graphique suivant). En tendance, la part qui va aux dividendes augmente, celle qui reste dans l'entreprise diminue, ce que traduisent les chiffres de l'autofinancement, passé de 100 % de la valeur ajoutée en 2000 à 70 % aujourd'hui (Cf. Chapitre 2).

Le partage des profits

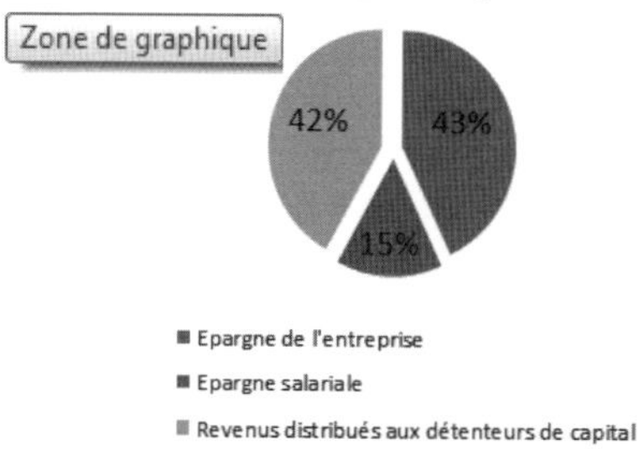

Part des salariés ayant accès à de l'épargne salariale

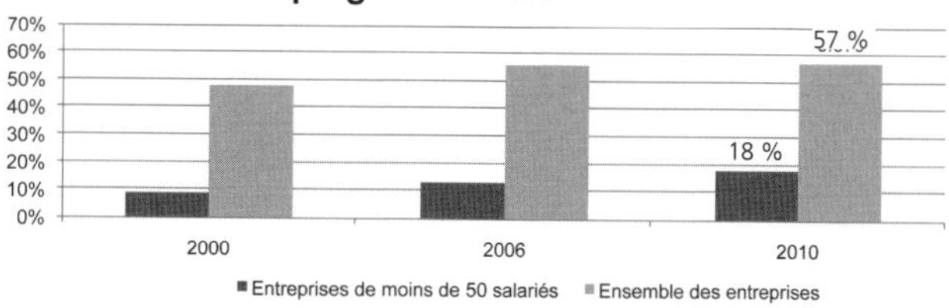

La part qui revient aux salariés via l'épargne salariale est, elle, de l'ordre de 15 %. L'épargne salariale renvoie aux dispositifs d'intéressement (liée à des objectifs prédéfinis, obligatoires dans les seuls établissements à partir de 50 salariés) ou de participation (dépendant des bénéfices), ou encore d'abondements de divers plans sur lesquels le salarié peut aussi faire des versements volontaires : Plan d'épargne entreprise (PEE), Plan d'épargne interentreprises (PEI) ou Plan d'épargne pour la retraite collectif (Perco). Pour inciter les entreprises qui sont en dessous du seuil de 50 salariés à inscrire leurs salariés dans les dispositifs d'épargne salariale, la loi Macron de 2015 propose que le premier accord de participation ou d'intéressement que ces entreprises concluraient soit assujetti à un forfait social à un taux minoré de 8 %, au lieu de 20 % aujourd'hui, le tout sur une durée de six ans. Fin 2014, l'épargne salariale atteint *in fine* 110 milliards d'euros d'encours (+5 % d'augmentation sur un an), avec des versements de l'ordre de 12 milliards pour cette année, et concerne 11 millions de porteurs, travaillant dans 290 000 entreprises.

Toutefois, même si les choses ont évolué, l'épargne salariale concerne moins les salariés des petites entreprises, et quand elle les concerne, c'est pour des sommes moins importantes. Pour cela, il est vain de penser que l'on peut rémunérer autrement que par les salaires les salariés, ce que l'on appelait à une époque les ***dividendes du travail***.

À NOTER • C'est dans les distorsions du partage des profits que se révèlent les stigmates du capitalisme financier : insuffisance de l'autofinancement des entreprises, faiblesse de l'épargne salariale qui ne peut être vu comme un substitut au salaire.

La croissance à long terme, le déclin et le rebond français

CHAPITRE 14

1 Cadre d'analyse

A – Les facteurs de croissance sur longue période

La croissance économique est l'augmentation de la production qui, entièrement distribuée sous forme de revenus, permettra d'*améliorer le niveau de vie* des habitants d'un pays. À court terme (de quelques mois à quelques années), la croissance économique peut être influencée par les politiques conjoncturelles de régulation (politiques monétaires, budgétaire et fiscale, salariale). Mais à long terme (au-delà de quelques années), la croissance apparaît peu dépendante de la politique conjoncturelle.

Les éléments qui influencent la croissance sur le long terme peuvent être donnés en décrivant la fonction de production d'une entreprise : Production = F (travail, capital). Cette équation signifie que la production d'une entreprise est obtenue en combinant du travail (les salariés) et du capital (les machines, les matières premières…) dans une proportion donnée par l'état de la technologie. Une entreprise peut donc augmenter sa production en embauchant davantage de salariés, en achetant davantage de machines ou de matières premières, ou en faisant appel à des technologies plus élaborées. Cette même fonction de production s'applique à l'échelle d'un pays. L'ampleur des augmentations de production (c'est-à-dire le niveau de la croissance économique) dépendra alors :

- ***du rythme d'augmentation de la population active*** et du volume de travail de chacun. Le premier est surtout fonction du dynamisme démographique mais aussi des taux d'activité, de la durée des études, de l'âge de cessation d'activité et des flux migratoires ; le second des dispositions et incitations relatives au temps de travail ;
- ***du rythme d'augmentation du stock de capital,*** qui dépend à son tour de la disponibilité de moyens de financement. Ceux-ci sont fonction de l'accumulation d'une épargne par les agents économiques du pays et de la mise à disposition par les étrangers de leur propre épargne ;

– ***du degré d'innovation de l'économie,*** qui a pour nom le progrès technique. Ce dernier permet une amélioration de l'efficacité générale de l'économie, mesurée par la productivité globale des facteurs (efficacité combinée du travail et du capital).

Ainsi, il y aurait trois sources de croissance économique sur longue période : la croissance démographique, l'accumulation de l'épargne, et le progrès technique. Des études montrent que ce dernier élément explique à lui seul plus de 50 % de la croissance économique des pays développés à long terme. C'est par ces trois mêmes facteurs que l'extraordinaire croissance des pays du Sud-Est asiatique ces trente dernières années a été expliquée : explosion démographique, forte propension à épargner des ménages, arrivée massifs de capitaux extérieurs et capacité à valoriser les innovations industrielles des autres pays.

À NOTER • Trois éléments conditionnent la croissance sur longue période : la quantité de travail, principalement le nombre de personnes présentes sur le marché du travail et la durée du travail, la quantité de capital, qui dépend de l'épargne nationale et de la mise à disposition par les étrangers de leur propre épargne, et le degré d'innovation de l'économie, mesuré par la productivité globale des facteurs de production.

B – La croissance potentielle

À long terme, la croissance dépend donc du rythme d'augmentation du volume de travail, du rythme d'augmentation du stock de capital et du degré d'innovation de l'économie. Ces éléments déterminent la production potentielle, celle qui résulte d'une utilisation optimale des facteurs de production. À court terme, la croissance observée ne peut être durablement supérieure à la croissance potentielle, sauf à générer des tensions « insupportables » sur l'appareil de production, et donc à entraîner une accélération de l'inflation. La politique conjoncturelle vise à réaliser cette production potentielle. L'importance de l'écart entre la production réalisée et la production potentielle (écart de PIB, ou ***output gap***) donne donc des indications sur l'efficacité des politiques conjoncturelles. La production observée peut être ponctuellement supérieure à la production potentielle, ce qui traduit une situation de surchauffe économique (v. schéma *infra*, point 3).

Le plus souvent, par simplification et pour la quantifier, on considère la croissance potentielle comme la somme de deux tendances : celle de la population en âge de travailler, augmentée de l'évolution des taux d'activité et de la durée du travail et celle des gains de productivité horaire du travail. Ces derniers dépendent de la ***productivité globale des facteurs*** (l'efficacité économique) et de l'intensité des techniques de production (la substitution travail/capital donc l'intensité en capital).

C – Les cycles de l'économie, le cycle de Kondratiev

À partir de l'observation des fluctuations économiques, on a formulé l'hypothèse du caractère cyclique de l'activité : l'activité passe, à intervalles réguliers, par une phase de haute conjoncture (la ***reprise***, qui caractérise le retour de la croissance puis l'***expansion***, qui caractérise l'accélération de la croissance), puis par un point de retournement, ou ***crise***, et enfin par une phase de basse conjoncture (la ***récession*** qui caractérise le ralentissement de la croissance puis la ***dépression***, qui caractérise la baisse de l'activité ou croissance négative). Le cycle permettrait donc de comprendre les fluctuations de l'activité économique.

Il existe en fait plusieurs cycles de durées différentes. Chaque cycle porte le nom de l'économiste qui l'a identifié, ainsi que celui du facteur auquel il est généralement associé :

- cycle de Kitchin : cycle des stocks (3 à 5 ans) ;
- cycle de Juglar : cycle de l'investissement (7 à 10 ans) ;
- cycle de Kuznets : cycle de la construction (15 à 25 ans) ;
- cycle de Kondratiev : cycle de l'innovation (45 à 60 ans).

Ces différents cycles se superposent les uns aux autres. Chacun relève d'une logique spécifique. Ainsi, le ***cycle de Juglar*** s'explique par les phénomènes de sur-réaction de l'investissement. Une allégorie simple proposée par Aftalion (1913) permet de donner une première explication à ce type de cycle. Aftalion compare le fonctionnement de l'économie à celui d'un poêle à charbon ; la pièce est froide, on l'alimente, mais du temps s'écoule avant qu'elle ne se réchauffe. Dans l'intervalle, on rajoute du charbon au point que la température finit par être excessive. On cesse ensuite de l'alimenter, mais trop longtemps, et la température devient trop basse : on oscille toujours entre l'excès et l'insuffisance de chaleur. Il en est de même pour l'investissement qui est l'élément de la demande qui fluctue le plus.

Le cycle de Kondratiev, cycle long, s'explique lui par le renouvellement du capital et surtout par l'apparition de grappes d'innovations (Schumpeter). L'analyse des grappes d'innovations par Schumpeter montre que le progrès technique progresse de façon discontinue, des innovations majeures entraînant dans leur sillage toute une série d'autres innovations.

Selon l'analyse de Schumpeter, les phases ascendantes du cycle de Kondratiev s'expliqueraient par la diffusion des innovations dans la société. Ce fut le cas lors des deux premières révolutions industrielles. C'est le cas depuis quinze ans, avec les technologies de l'information et de la communication.

1) La relation entre innovation, croissance et emplois dans le cycle de Kondratiev

La relation entre innovation, croissance et emplois est résumée dans le schéma ci-dessous.

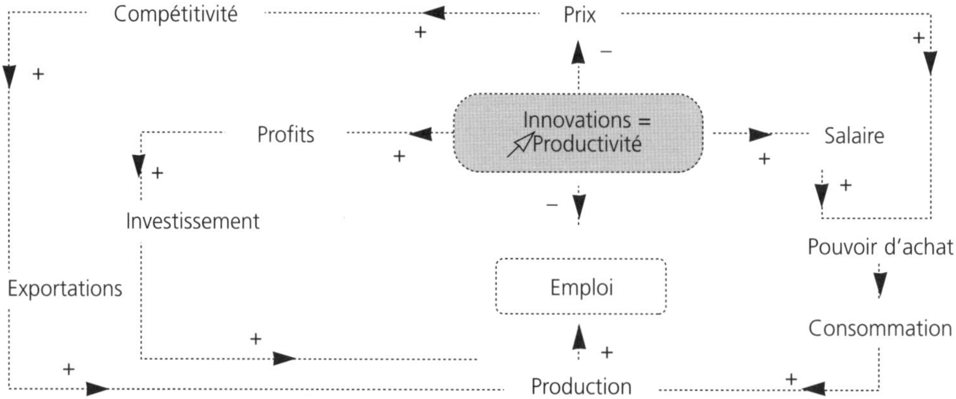

L'hypothèse de départ est que les innovations permettent de réaliser des gains de productivité.

Ces gains de productivité détruisent mécaniquement des emplois. Cependant, ces gains de productivité sont aussi distribués au consommateur sous forme de baisses de prix, au salarié sous forme d'augmentations de salaires et à l'actionnaire sous forme d'augmentations des dividendes. Ceci permet des hausses de demande, donc une croissance supplémentaire. Cette croissance supplémentaire est à son tour créatrice d'emplois, pour deux raisons. D'abord parce qu'il faut des hommes pour construire les machines. Ensuite parce que les ressources libérées par les innovations vont pouvoir être dépensées ailleurs dans l'économie, ce qui veut dire plus d'emplois dans les secteurs concernés. Les innovations sont donc à la fois ***destructrices et créatrices*** d'emplois, les premières précédant les secondes.

2) Les révolutions industrielles

La première révolution (fin XVIIIe siècle) s'appuya sur la diffusion des machines à vapeur, celles-ci permettant l'exploitation minière (le charbon comme source d'énergie), la fabrication des textiles et la mécanisation d'une production manufacturière jusque-là artisanale. Simultanément, les moyens de transport des matières premières et des marchandises s'améliorèrent formidablement avec le navire et la locomotive à vapeur.

La seconde révolution (fin XIXe siècle) s'appuya, elle, sur la maîtrise de l'électricité et le développement des moteurs. Grâce à l'électricité, de plus vastes distances pouvaient être franchies. Le télégraphe et le téléphone, la batterie électrique, le cinéma et plus tard la radio en furent des extensions. Les moteurs quant à eux se sont diffusés dans tous les biens de consommation courante : réfrigérateurs, automobiles, jouets, etc.

Dans les deux cas, la diffusion des innovations a amélioré l'efficacité globale de l'économie et stimulé la croissance économique.

3) La période contemporaine

La croissance de l'après-guerre a été expliquée par le développement de la société de consommation : la standardisation des produits permettait des gains de productivité qui étaient distribués aux salariés sous la forme d'augmentations de salaires et de réductions de prix. En retour, la demande était soutenue, en particulier pour les biens de consommation durable (automobiles, machines à laver, téléviseurs…) pour lesquels existait un besoin de premier équipement. La crise des années 1970 fut alors marquée par une saturation de la demande de biens de consommation, le taux d'équipement des ménages en biens durables devenant élevé. Les moteurs de la croissance économique (les biens durables) étaient arrivés à maturité. Seul leur remplacement pouvait inciter les ménages à consommer, d'où un tassement de la consommation. La période de faible croissance a duré 25 ans (du début des années 1970 au milieu des années 1990), soit la moitié d'un cycle entier de Kondratiev.

Dans le même temps apparaissait une nouvelle grappe d'innovations s'appuyant sur les technologies de l'information et de la communication. Ces technologies offrent de nouveaux biens durables avec un taux d'équipement des ménages faible. Par ailleurs, ces produits connaissent souvent une obsolescence rapide, stimulant durablement la demande des ménages. En cela, les nouvelles technologies seraient le nouveau moteur d'un cycle long de croissance économique.

D – Une stagnation séculaire ?

L'incapacité des économies, notamment américaines, à renouer avec la croissance des trente glorieuses, mais aussi à celle du tournant des années 2000, fait resurgir une thèse ancienne, celle de la stagnation séculaire. Pour les tenants de cette thèse, le déclin de la croissance serait inexorable à long terme, les économies occidentales s'inscrivant dans une stagnation suggérant l'adage « *et si la croissance ne revenait pas ?* », susceptible de faire vaciller le modèle économique des sociétés occidentales.

La notion de « stagnation séculaire » est effectivement apparue pour la première fois en 1938, consécutivement à la Grande Dépression, l'économiste américain Alvin Hansen considérant que les États-Unis étaient confrontés à une période prolongée de faible croissance et de chômage élevé. L'analyse repose ici sur une insuffisance de la demande. Elle s'adosse au concept de ***taux d'intérêt naturel*** développé par l'économiste suédois Knut Wicksell, le taux compatible avec le plein-emploi. L'hypothèse de la stagnation séculaire est alors l'affirmation selon laquelle une évolution des fondamentaux de l'épargne (excès) et de l'investissement (déficit) peut entraîner un déficit chronique de demande globale en abaissant le taux d'intérêt « naturel » en dessous de zéro. Un tel taux négatif entrave l'efficacité de la politique monétaire, puisque le taux directeur nominal est par définition non nul. Il en résulte que le taux d'intérêt réel reste durablement au-dessus du taux naturel, d'où un manque chronique d'investissement qui piège l'économie dans un équilibre de faible croissance. C'est ici la thèse développée par Larry Summers, ancien secrétaire au Trésor américain en 2013, et qui rencontre une adhésion large d'économistes.

On peut aussi en faire une lecture différente, par l'offre cette fois-ci. On retrouve alors l'équation précédemment présentée relative à la croissance potentielle. Celle-ci subirait d'une part l'effet du vieillissement, avec le recul de la population en âge de travailler qui ne peut plus être contrebalancé par une hausse arrivée à son terme du taux d'activité féminin, d'autre part un éventuel ***épuisement de la capacité du progrès technique*** à soutenir les gains de productivité et donc la croissance potentielle. C'est notamment la thèse de l'économiste américain Robert Gordon, qui estime que les révolutions industrielles nées de l'invention de l'électricité, puis de la combinaison du moteur à essence et des canalisations domestiques ont été infiniment plus importantes pour l'augmentation de la qualité de vie et de la productivité que l'électronique grand public. Cette thèse est cependant contestée, parce que l'économie n'aurait pas encore eu le temps de s'adapter pour profiter du progrès lié au numérique (« *on voit des ordinateurs partout sauf dans les chiffres de la productivité* », R. Solow, 1995 déjà), parce que la mesure de la productivité est inadaptée à ses effets (le numérique joue sur le qualitatif, la productivité mesure le quantitatif), ou encore parce qu'une nouvelle vague d'innovation arrive (robots intelligents ou génétique des espèces vivantes, plus généralement les NBIC, nanotechnologie, biotechnologie, informatiques, sciences cognitives). Ces dernières considérations renvoient évidemment à l'inadéquation des mesures de l'activité économique, mais plus fondamentalement à la perspective de la fin de la société productiviste donc industrielle, à l'idée d'un changement d'ère avec le dépassement puis la fin du capitalisme (v. Chapitre 21).

À NOTER • La croissance économique de long terme s'explique par l'amélioration de l'efficacité économique, mesurée par la productivité des facteurs. Autour de cette tendance de long terme se succèdent des phases de hausse et de baisse, les cycles économiques. En particulier, l'économie alterne depuis plus de 200 ans des phases de croissance soutenue et de croissance ralentie, autour des cycles de Kondratiev (50 ans), qui s'expliquent par le surgissement des grappes d'innovations. Une thèse actualisée suggère que nous serions rentrés dans une période de stagnation séculaire, qui fait aussi écho à la fin de la société productiviste de ces deux derniers siècles.

2 La révolution informationnelle

La révolution informationnelle s'appuie sur l'apparition d'une grappe technologique autour des technologies de l'information et de la communication (TIC). Ces dernières se définissent comme l'ensemble des techniques qui permettent d'accroître le volume et la vitesse de circulation des informations. Elles deviennent alors accessibles à l'échelle planétaire, sans contrainte de localisation ou de déplacement physique. La révolution numérique est l'une des composantes majeures de la révolution informationnelle.

A – Les TIC, de la révolution technologique à la révolution économique

Cette révolution technologique repose donc sur le formidable développement des systèmes d'information, autour des ordinateurs (qui sont aujourd'hui ce qu'ont été les moteurs au début du XXe siècle). Un système d'information peut être scindé en quatre grands domaines : le traitement, la communication, la mémoire, l'interface. Chacun de ces domaines a connu ou connaît une évolution considérable : *le traitement de l'information* a évolué selon la loi de Moore (la puissance des micro-processeurs double tous les dix-huit mois) ; *la mise en communication des ordinateurs* s'appuie sur le formidable développement d'internet et des réseaux haut débit, *l'extension de la capacité des mémoires* repose aujourd'hui largement sur la mise en réseau des ordinateurs (*cloudcomputing*) qui démultiplie les possibilités de stockage et d'usages distants ; enfin *la diversification des interfaces* fait apparaître une multitude d'objets communicants alors que des objets familiers (vêtement, réfrigérateurs…) incorporent des puces électroniques leur permettant de dialoguer entre eux. On voit aussi poindre deux révolutions nouvelles dans les techniques et les usages : l'internet des objets, qui fera dialoguer les objets entre eux ou via notre *smartphone*, et le *big data*, qui ramassera nos données éparpillées pour nous apporter des solutions dans le champ non marchand (extension des services publics, par exemple la santé) mais aussi dans le champ marchand (marketing fondé sur les données géolocalisées).

Il reste que toute révolution technologique ne débouche pas nécessairement sur une révolution économique (le four à micro-onde par exemple). C'est d'abord confondre l'invention, de nature technique, et l'innovation, de nature économique. C'est surtout réduire l'innovation à son seul contenu technique alors qu'elle peut être à l'origine de changements dans l'organisation des entreprises et permettre la création de nouveaux marchés. Or, justement, ces changements organisationnels existaient avant les TIC : c'était l'économie du temps réel (le juste à temps) en vogue depuis les années 1980. En tant qu'outil de communication entre entreprises et d'information des entreprises, les TIC radicalisent les principes du juste à temps. En cela, elles prolongent le champ des innovations organisationnelles des années 1980 et 1990. Cela demande à l'entreprise de revoir son mode d'organisation. Auparavant, l'activité de l'entreprise se conjuguait autour de l'enchaînement création-production-vente. L'informatique était utilisée pour optimiser chaque activité. Aujourd'hui, il s'agit de passer à une logique d'intégration et de coordination des activités : c'est la notion d'***entreprise étendue***. L'entreprise doit s'organiser autour de la circulation de l'information pour mieux servir le client. Les TIC procurent en effet une grande fluidité à la circulation de l'information tout au long de la chaîne de production. Ceci permet une meilleure adaptation de l'offre à la demande. Les résultats peuvent alors être considérables en termes de gain d'efficacité et de réduction des coûts. Plus récemment, le concept d'***entreprise 2.0*** change la nature même des relations entre l'entreprise et ses clients, dorénavant partenaires des décisions les concernant.

De fait, les sociétés industrielles seraient entrées dans une nouvelle ère fondée sur la connaissance (voir *infra*) dont les TIC sont l'un des fondements. En effet, les TIC agissent sur la production, le traitement et la diffusion de l'information. Elles sont le support à une production plus collective et plus interactive de la connaissance. Elles constituent un facteur important de croissance des externalités de connaissance en permettant la transmission et la codification de connaissances plus complexes et une baisse de ces coûts de transmission et de codification.

Cette révolution n'aboutit pas, contrairement à ce qui est dit parfois, à l'émergence d'une économie quaternaire, fondée sur la connaissance. La connaissance, *via* l'information, irrigue plutôt l'ensemble des secteurs de l'économie, primaire, secondaire et tertiaire. En particulier, les TIC sont un formidable facilitateur des échanges de services. De la même façon que le train avait permis de dissocier les lieux de production et de consommation des marchandises, elles dissocient la production et la consommation de services (les centres d'appels illustrent cette situation). Elles participent donc à l'industrialisation des services (*cf.* Chapitre 6), et stimulent donc leur productivité.

B – Les TIC et la croissance

1) Le schéma de diffusion de la révolution économique

En termes macro-économiques, le schéma de diffusion de la révolution liée au TIC suit un cheminement spécifique.

Dans un premier temps, les ménages et les entreprises effectuent un premier équipement en biens et services de TIC. En cela, les TIC sont un facteur de croissance économique puisqu'il existe une forte demande pour ces produits (il faut les fabriquer). L'effet sur la croissance dépend bien sûr de la taille du secteur producteur de ces biens (autrement dit, les produits achetés sont-ils produits localement ou sont-ils importés ?). Mais ce phénomène s'épuise rapidement, quand les taux d'équipement sont satisfaisants.

En parallèle, les technologies se diffusent dans les entreprises, qui se réorganisent progressivement autour de ces applications selon un ordonnancement qui dépend de leur proximité avec ces technologies (entreprises productrices de TIC d'abord, dont l'information est au cœur de l'activité). Au final, ces technologies améliorent l'efficacité globale des organisations, au-delà des seules entreprises qui les produisent. Cette amélioration de l'efficacité se traduit simultanément par des hausses de salaires, des hausses de profit et des prix en baisse, qui permettent à leur tour des augmentations de consommation et d'investissement, de TIC comme de biens et services traditionnels. Cette augmentation de demande à l'ensemble des organisations/entreprises entretient la croissance pendant de nombreuses années (le temps de la diffusion des TIC dans l'économie).

En termes d'emplois, les TIC détruisent des emplois du fait des gains de productivité qu'elles génèrent, mais elles en créent de façon induite par la croissance qu'elles provoquent. C'est le processus de destruction-créatrice décrit par Schumpeter. L'histoire économique nous enseigne que les créations d'emplois liées aux révolutions économiques sont toujours plus nombreuses que les destructions. Si tel est le cas, ce ne sont de toute façon pas les mêmes emplois, il faut donc requalifier une partie de la population. Mais au-delà, des questionnements se font jour pour savoir si les nouvelles conditions productives (robotisation nouvelle génération d'un côté, émergence d'une seconde économie d'un autre côté – des machines connectées entre elles effectuant de façon souterraine des activités auparavant humaines, comme le tri des bagages dans un aéroport) ne remettent pas en question la logique de destruction-créatrice. Cette révolution relèverait alors davantage d'un changement de paradigme plutôt que d'une nouvelle révolution industrielle.

2) Influence des TIC sur l'économie française

Internet et plus généralement les technologies numériques pèsent d'un poids considérable dans l'économie. Selon une étude du cabinet McKinsey relative à la France publiée en 2014, Internet représente en direct par une approche dépense (v. Chapitre 9) environ 110 milliards d'euros, soit 5,5 % du PIB, davantage que le secteur financier (4,8 %), proche de celui du secteur de la construction (6,3 %). Dans une logique de comparaison internationale, la France est en position moyenne basse, quelques pays faisant une part à ce secteur nettement plus importante (10 % pour la Corée et de façon surprenante le Royaume-Uni, 8 % pour les États-Unis, 7 % pour la Suède par exemple).

Mais il convient d'ajouter à ces montants le surplus pour les entreprises d'une part, estimé à plus de 100 milliards (principalement par effet d'économies liées à une meilleure identification des clients et fournisseurs), et le surplus pour les ménages d'autre part, estimé à presque 30 milliards (gains de pouvoir d'achat liés au commerce en ligne, B2B ou C2C - pour 20 euros par internaute et par mois, services gratuits du web, gains de temps dans la recherche et de variété des produits et services trouvés). Ces estimations ne recouvrent pas le cœur de la révolution numérique pour les entreprises, les améliorations organisationnelles, même si le chantier est encore tout à fait considérable. En termes d'emplois, la filière Internet générerait 1,5 million d'emplois, dont 880 000 emplois directs (4 % du total des emplois) dans les entreprises spécifiques du numérique. Le poids en emplois directs du numérique est donc inférieur à son poids économique, le secteur étant moins intensif en emplois (ou plus productif) que le reste de l'économie.

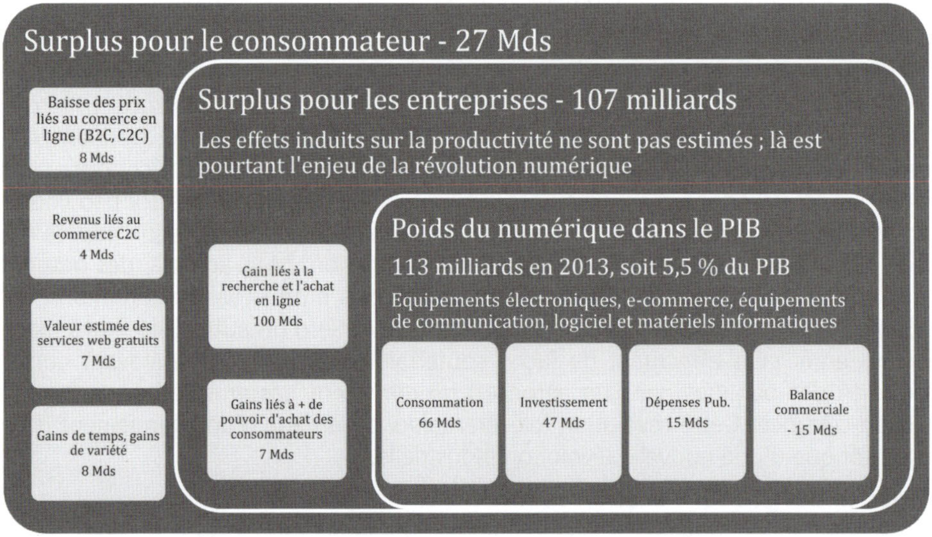

À NOTER • Les TIC sont à l'origine d'une nouvelle révolution économique, la révolution informationnelle. L'expérience américaine montre qu'elles ont permis d'améliorer significativement la productivité, ce qui explique la croissance non inflationniste de ce pays au tournant des années 2000. La France peine aujourd'hui à s'inscrire dans cette nouvelle économie, par insuffisance d'investissements dans ces technologies. En conséquence, la productivité stagne.

3 Un déclin français?

A – La thèse du déclin fondée sur l'insuffisance de la croissance potentielle

En France, la baisse tendancielle des gains de productivité, expliquerait la faible croissance du PIB par habitant français, comme le suggère le tableau suivant : si ce taux, partant d'un niveau bas, baisse durant la décennie 2000, c'est surtout du fait de la baisse de la croissance de la productivité globale des facteurs.

		1997-2002	2003-2008	2008-2013
PIB potentiel par tête		1,5	0,8	0,4
Utilisation des ressources en main-d'œuvre		-0,1	-0,1	-0,4
dont	Taux d'emploi	0,3	0,0	-0,1
	Nombre moyen d'heures travaillées	-0,5	0,0	-0,2
	Correction travailleurs non-résidents		-0,1	-0,1
Productivité du travail		1,6	0,9	0,8
dont	Intensité capitalistique	0,8	0,3	0,2
	Efficacité du travail	0,8	-0,1	-0,2
	Capital humain		0,7	0,7

Source : OCDE, Objectif croissance 2015 (sauf 1997-2002, édition 2009), notes par pays, France.

On retrouve aussi dans ce tableau l'effet spécifique à la France de la réduction du potentiel de travail (voir chapitre 7), qui fondait la politique du « travailler plus pour gagner plus » de la fin des années 2000. La question de savoir si l'offre de travail créé sa propre demande n'est toutefois pas établie.

B – Problèmes posés par une croissance potentielle faible

La croissance potentielle française était estimée autour de 2 % avant crise : le schéma ci-après se fonde sur cette hypothèse. C'était en quelque sorte le plafond de croissance de l'économie. Un tel niveau de croissance potentielle faible présente plusieurs inconvénients :

- elle creuse l'écart de revenu avec les pays ou régions en croissance plus rapide, d'où un risque d'exode des cerveaux, de délocalisation des entreprises à la recherche de marchés porteurs ;
- elle n'aide pas à la réduction des déficits publics, donc ne rend pas de marges de manœuvre à la politique budgétaire ;
- mais surtout, comme le montre le schéma, elle peut être source de conflits entre les acteurs de l'économie. Dans un monde où les revenus financiers doivent croître de 10 % par an (voir chapitre précédent) et où le vieillissement des populations dans les pays industrialisés induit une croissance des dépenses de santé et des pensions (en masse) de 3 à 6 % environ, une croissance potentielle de 2 % par exemple condamne le pouvoir d'achat des salariés à n'augmenter que de 1 % en moyenne, comme elle condamne l'investissement des entreprises à stagner (les augmentations d'EBE sont consommées par les augmentations de dividendes). Ceci est source de paupérisation des salariés, et d'incertitude pour l'avenir.

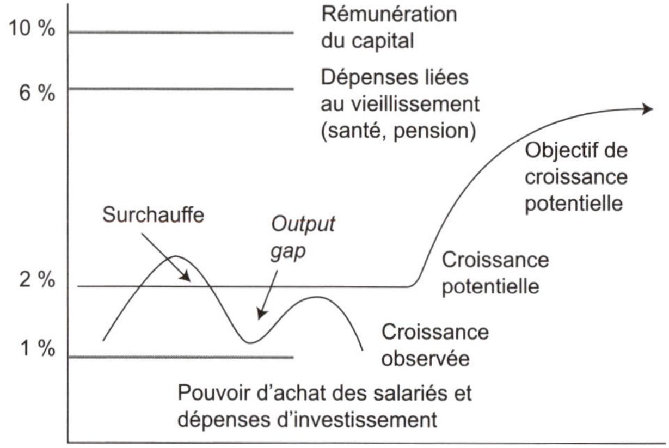

Pis, la crise aurait amoindri la croissance potentielle. Normalement, la croissance potentielle est peu impactée par les éléments conjoncturels, à l'exception du crédit par exemple, qui peut stimuler le stock de capital indépendamment des fondamentaux de l'économie. Mais la récession actuelle, exceptionnelle par sa durée et son ampleur, n'a pas seulement conduit à une perte cyclique de production, elle amène également une perte de production potentielle, pour la simple raison qu'il y a destruction de capital (avec les fermetures de sites de production, les faillites d'entreprise...). De fait, aujourd'hui, la croissance potentielle, difficile à estimer, s'établirait autour de 0,5 %, voire en-deca. En reprenant le schéma ci-dessus, cela voudrait dire que le pouvoir d'achat est condamné à baisser, ce que l'on a observé en 2012 par exemple.

À NOTER • La croissance potentielle française suit en tendance l'évolution des courbes de productivité. Elle est par ailleurs amputée récemment par les destructions du tissu productif du fait de la crise. Une croissance potentielle faible condamne le pouvoir d'achat et décourage l'investissement. Il est donc indispensable en amont d'inverser les courbes de productivité, en entrant de plain-pied dans l'économie de la connaissance.

4 Les conditions du rebond

La France doit donc impérativement rehausser son niveau de croissance potentielle, si elle veut conserver son rang économique dans le monde, et si elle veut éviter une crise sociale majeure. Pour cela, il faut mettre l'accent sur les réformes destinées à améliorer la mobilisation du travail, ainsi que sur la dynamisation de la productivité du travail. Cette dernière est liée au ratio capital/travail, au degré de qualification des salariés, à la part des investissements *high tech* dans l'investissement total et à l'efficacité de la mise en œuvre des facteurs de production (efficacité organisationnelle...). La France doit notamment modifier sa spécialisation productive, et s'orienter vers les secteurs concurrentiels de l'économie mondiale, ceux qui génèrent par nature des gains importants de productivité. Elle doit pour cela entrer plus avant dans l'économie de la connaissance et donc s'inscrire pleinement dans la révolution technologique.

A – La spécialisation productive

Plusieurs stratégies – ou non-stratégies – étaient à l'œuvre avant la crise dans le monde pour faire face à la compétition internationale. Les États-Unis se désengageaient de l'industrie traditionnelle pour investir les services (services à la personne, distribution…) tout en préparant les industries du futur. L'Espagne avait fait le choix des services domestiques (la construction), le Royaume-Uni des services sophistiqués (la finance). L'Allemagne et le Japon consolidaient leur spécialisation industrielle, notamment dans les biens d'équipement. Seules la France et l'Italie n'avaient pas de stratégie claire, avec des secteurs industriels importants mais en déclin, et une orientation vers les services sans ligne directrice affirmée.

De fait, pour un pays comme la France, trois stratégies sont possibles : le *statu quo* (c'est-à-dire une forme de non-spécialisation), la spécialisation sur les services domestiques (abrités de la concurrence internationale), la spécialisation sur les biens et services sophistiqués, échangeables. Leurs deux premières stratégies inscrivent clairement les économies dans une logique de déclin. La troisième apparaît risquée, mais incontournable.

1) La non-spécialisation

Que se passerait-il si un pays produisait strictement les mêmes biens que les pays émergents ? Clairement, la concurrence frontale avec des pays à bas coûts de main-d'œuvre, faible protection sociale et moindre exigence environnementale se traduirait par une baisse des prix mais aussi des salaires et de l'emploi. Viendraient ensuite la disparition progressive de l'industrie traditionnelle, le recul du besoin d'investissement local. Derrière cela, se dessine un chômage de masse, une croissance potentielle faible, une explosion du système de protection social. C'est la pire des stratégies. C'est la ***tentation du renoncement***.

2) L'orientation vers les services

Les services représentent environ 75 % de la valeur ajoutée des pays développés. Une grande partie de ces services n'est pas – encore – soumise à la concurrence internationale. Il peut être tentant de chercher à se soustraire de cette concurrence en développant les services domestiques. Il s'agit par exemple de développer les services à la personne, la construction ou la distribution en jouant sur trois leviers : la flexibilité de l'emploi, les réductions de charges sociales, l'allégement des contraintes réglementaires.

Cette politique semble avoir été couronnée de succès dans les pays qui l'ont entreprise dans les années 2000 (États-Unis, Espagne, Royaume-Uni), principalement en raison du soutien de la demande par le crédit. Mais une telle stratégie présente une limite et un risque :

– la limite a trait à la contrainte extérieure qui fait peser un doute quant à son caractère soutenable. Le désengagement du secteur industriel est en effet à l'origine d'un déficit extérieur global chronique : le pays produit des services, qu'il ne vend pas à l'étranger, mais continue de s'approvisionner en biens, produits hors des frontières. Ces déficits font la dette qui finit par peser à terme sur la valeur de la monnaie. Cette limite n'a plus lieu d'être quand l'orientation concerne des services échangeables, tels certains services aux entreprises : on pourrai imaginer que les services vendus payent les biens. C'est en partie l'orientation du Royaume-Uni avec les services financiers. Mais les exportations de services ne suffisent jamais, ou pas encore, à compenser le déficit des échanges de biens ;

– le risque a trait à la croissance potentielle de l'économie puisque les gains de productivité sont peu importants dans le secteur des services domestiques. Une orientation productive vers ce secteur réduit donc la productivité moyenne de l'économie, et par suite la croissance potentielle. Ainsi, si cette stratégie peut être très bénéfique en termes de croissance conjoncturelle à court terme, elle est risquée en termes de croissance potentielle à moyen terme.

Au révélateur de la crise, ces modèles ont implosé, leur soutenabilité buttant sur la présence d'un déficit extérieur chronique et d'une croissance fondamentale trop faible, dopée artificiellement par le crédit.

3) Une stratégie incontournable : le recentrage vers le *high tech*

Dans un environnement économique et technologique en pleine mutation, il faut se préparer aux nouvelles vagues techniques, à leur contenu (biotechnologies, nanotechnologies, nouvelles sources d'énergie) et à leurs structures (l'entreprise organique, mondiale, en réseau et à flux tendu). L'Allemagne, par exemple, a su rehausser sa capacité à exporter en innovant, en investissant dans les nouvelles technologies, en favorisant les entreprises moyennes, en opérant une montée en gamme dans l'ensemble des secteurs industriels. En conséquence, il y a davantage de capacité installée dans l'industrie manufacturière, la croissance potentielle en est améliorée. Certes l'Allemagne a fortement souffert de la crise, puisque le commerce mondial s'est effondré. Mais les conditions pour accompagner la reprise chez les émergents étaient là, elles jouent aujourd'hui à plein. Cette stratégie demande, au niveau national et au niveau européen, de créer un environnement favorable, d'accentuer l'effort de recherche et développement, de favoriser le capital humain, de donner des impulsions à travers la politique industrielle, bref, d'intégrer de plain-pied l'économie de la connaissance.

À NOTER • La stratégie de concurrence frontale avec les émergents est clairement suicidaire. La stratégie d'évitement en développant les services domestiques est non pérenne et appauvrissante à moyen terme. Seule la stratégie de sortie par le haut, de recentrage sur les technologies de pointe est pertinente.

B – L'économie de la connaissance

L'économie de la connaissance (ou du savoir) se caractérise par le fait que le capital humain est plus important que le capital physique. Dans ce cadre, la compétitivité d'une entreprise ou d'un pays dépend de la qualité de la main-d'œuvre, c'est-à-dire de l'accès à l'information des travailleurs, de leurs savoir-faire et de leur expérience. Dans ce type d'économie, ce que chacun connaît importe plus que ce qu'il peut soulever.

En amont d'une politique industrielle tournée vers les secteurs porteurs, l'économie de la connaissance repose fondamentalement sur le triptyque recherche, innovation et formation, ce que traduit le tableau suivant.

	R&D privée/ publique (en % du PIB valeur)	Nb de chercheurs (pour 1 000 emplois)	Nb de brevets triadiques (par million d'hab)	Nombre de robots (pour 1 000 emplois secteurs industriels)	dépenses d'éducation supérieure par étudiant ($ PPA)	Score enquête PIAAC (score global)	
	2011	2010	2010	2013	1995	2009	2013
États-Unis	1,9 /0,9	9,5	45	1,98	20 207	29 201	266
Royaume-Uni	1,1 /0,7	8,2	26		10 981	20 932	267
Allemagne	1,9 /0,9	8,1	69	2,46	9 698	16 338	274
France	1,4 /0,8	9,0	39	0,80	7 801	15 711	258
Italie	0,7 /0,6			1,18	6 577	14 642	248
Espagne	0,7 /0,6			1,38	5 624	9 562	259
Finlande	2,7 /1,1				10 900	16 569	286
Japon	2,5 /0,8	10,4	117	2,44	9 691	15 957	292
18 p. indus	1,5 /0,8				10 481	16 841	

1) Les pôles industriels d'excellence

C'est le rôle de la politique industrielle que de donner les impulsions nécessaires au développement des secteurs clés pour l'avenir. Depuis Colbert, la France a su marier l'État, ses grands corps et les champions. Le rêve d'importer le modèle américain d'innovation par les PMI (les inventeurs dans leur garage) s'est soldé par un échec. L'État doit impulser une dynamique, sans nécessairement prendre en charge toutes les orientations ou financements comme par le passé.

La ***politique industrielle*** actuelle s'appuie sur neuf axes, avec une perspective de financement de l'ordre de 3,4 milliards d'euros, qui prolongent les 34 projets industriels initiés par Arnaud Montebourg, lesquels ont bénéficié d'une dotation publique de 1,7 milliard pour un investissement total de 3,7 milliards. Ce plan de « Nouvelle France industrielle » sera piloté par une nouvelle structure : l'alliance de l'industrie. Outre les industriels qui la dirigeront, elle regroupera l'État, les régions, le Conseil national de l'industrie, les partenaires sociaux, les pôles de compétitivité, les instituts de formation et de R&D, etc.

Les neufs axes traduisent le basculement de société évoqué plus haut : développement de nouvelles ressources (matériaux biosourcés et recyclés), ville durable (eau, smart grid, rénovation thermique, industrie du bois), mobilité écologique (véhicule consommant 2 litres aux cent kilomètres, borne de recharge, véhicule autonome, stockage de l'énergie), transports de demain (TGV, navires écologiques, avions électriques, dirigeables et drones), la médecine du futur (santé numérique, biotechnologies médicales), économie des données (big data, supercalculateurs, cloud computing), objets intelligents (objets connectés, robotique, réalité augmentée, services sans contact, textiles innovants), confiance numérique (cybersécurité, souveraineté télécom, nanoélectronique, logiciel et systèmes embarqués, satellites à propulsion électrique) ou encore alimentation intelligente (alimentation fonctionnelle, des emballages du futur, du froid durable et de la sécurité alimentaire).

Il reste que les plans industriels qui se succèdent manquent parfois de permanence, ou de pertinence. Chacun a en mémoire le lancement des pôles de compétitivité en 2005, qui visaient à mettre en réseau sur un territoire donné des entreprises, des centres de formation ou encore des unités de recherche publiques ou privées, et qui s'étiolent depuis par épuisement des financements ou redéfinition de la politique industrielle. Sur une période plus récente, en 2013, le lancement de la marque ombrelle Vivapolis, devait permettre de ramasser l'offre française en matière d'aménagement de la ville et d'articulation de ses réseaux (eau, énergie, transport, travaux publics…). L'idée était d'offrir un pack de compétence à des villes dont les problématiques d'aménagement sont entremêlées. Deux ans plus tard, seule Shenyang, petite métropole chinoise de 7 millions d'habitants, requiert le dispositif pour aménager l'équivalent de trois arrondissements de Paris. Aucune ville française en particulier n'a servi de laboratoire pour tester la démarche.

2) La recherche et développement (R&D)

La R&D est au cœur d'une stratégie de montée en gamme. Les activités de R&D se déclinent au niveau européen mais surtout au niveau national.

Les grandes orientations stratégiques de recherche doivent se penser à l'échelle du continent européen : pour chacune des technologies jugées porteuses pour l'avenir, il n'existe que deux à trois véritables pôles d'excellence à l'échelle de l'Europe ! La Commission européenne est partie prenante de la politique de recherche des États membres à travers les programmes cadre de recherche et développement (PCRD) qui permettent de concentrer les financements sur les thèmes jugés prioritaires à Bruxelles. La recherche représente un peu plus de la moitié des dépenses de compétitivité du budget européen, qui mobilisent un peu moins de 10 % des crédits. Les dépenses de recherche devraient légèrement augmenter sur la période 2014-2020, dans un budget globalement baissier.

Il reste que l'effort de R&D reste principalement national. Les sommes consacrées à la R&D en France sont de l'ordre de 2 % du PIB. Si elles se situent dans la moyenne européenne, elles ne sont pas à la hauteur des objectifs de Lisbonne (fixés à 3 %), ni même des dépenses engagées par de grands pays industrialisés (États-Unis ou Japon) et/ou innovants (pays scandinaves). En particulier, l'effort de recherche privée est insuffisant.

Ainsi, en 2008, les entreprises françaises investissaient 1,5 % de leur valeur ajoutée dans la R&D contre 2,1 % en Allemagne, pour une situation inverse dix ans plus tôt. Cette évolution dommageable s'explique principalement par deux effets de structure : nos entreprises sont moins présentes dans les secteurs très innovants, leur taille insuffisante constitue un frein à l'innovation. Le renforcement de la recherche privée repose principalement sur le crédit d'impôt recherche (CIR), un crédit d'impôt pour les entreprises à hauteur de 30 % des dépenses de R&D jusqu'à 100 millions d'euros et 5 % au-delà de ce montant. Pour éviter une captation trop importante des crédits par les très grandes entreprises, ce qui fut observé par le passé, les PME/ETI bénéficient de façon spécifique depuis 2013 d'un crédit d'impôt innovation.

Au-delà, la recherche publique fait également l'objet d'une refonte, au motif que tous domaines confondus, elle produirait environ 25 % de connaissances en moins que ses équivalentes allemande ou britannique. Pour aligner la France sur les standards internationaux, plusieurs nouveautés ont été introduites dans le paysage : l'Agence nationale de la recherche (ANR), l'agence de l'évaluation (Aeres) et la loi sur l'autonomie (LRU) pour les Universités, qui réalisent 85 % de la recherche publique, la réorganisation du centre national de la recherche scientifique (CNRS) autour de dix instituts thématiques remodelés. Il apparaît toutefois que la culture (et les structures) de valorisation se développe, aux CNRS comme à l'Université, avec pour conséquence une progression des dépôts de brevet de la recherche publique.

3) Le capital humain

Le capital humain est l'autre facteur-clé de la croissance. Il repose sur la formation, initiale comme continue, surtout supérieure.

Des études montrent ainsi qu'une année d'étude supérieure supplémentaire accroîtrait la productivité d'environ 10 % à long terme, faisant des dépenses d'enseignement supérieur l'un des investissements le plus rentable en terme social.

À cet égard, avec une dépense annuelle moyenne par étudiant de 11 600 euros pour 2011, mais de l'ordre de 10 700 € pour un étudiant d'université, la France fait figure d'élève moyen de la classe OCDE, loin derrière les États-Unis (22 000 € par étudiant), avec il est vrai des modalités de financement différentes (entièrement publiques en France, publiques et privées à part égale en moyenne aux États-Unis). Environ 20 % des bacheliers français entrés dans le supérieur en sortent aussi sans diplôme, soit presque 70 000 jeunes par an.

La ***formation professionnelle***, parfois appelée formation tout au long de la vie, est également au cœur d'une politique de valorisation du capital humain dans un monde en mutation. Accusé de complexité et d'inefficacité, largement inégalitaire, faussement fondé sur la cogestion, le système a fait l'objet d'une première réforme en 2009 (introduisant le droit individuel à la formation, DIF), puis d'une seconde en 2014, sur la base de l'accord interprofessionnel entre partenaires sociaux de 2013. La cheville ouvrière de la réforme de 2014 est la création d'un compte personnel de formation (CPF), qui se substitue au DIF, qui suivra l'individu pendant toute sa carrière en rattachant les droits à sa personne et non à son contrat (ce qui relève d'une logique de flexsécurité). L'alimentation du CPF s'opère dans la limite d'un plafond de 150 heures de formation sur sept ans. Début 2015, seulement 1,5 million de personnes sur 23 millions de salariés et demandeurs d'emploi ont ouvert leur CPF et seulement 2 000 d'entre eux ont entamé une formation. La logique de l'entretien professionnel obligatoire tous les deux ans n'est également pas encore enclenchée. Plus généralement, la réforme ne semble pas — ou pas encore ? — répondre à l'enjeu considérable de requalification de la population active dans un contexte de révolution numérique et robotique.

L'enquête PIAAC de l'OCDE qui vise à tester les connaissances des adultes (16-65 ans) par exemple sur la capacité à comprendre et utiliser des textes, mais aussi à résoudre des problèmes en utilisant des outils numériques, place la France en queue de peloton des pays riches.

À NOTER • La France doit s'inscrire pleinement dans l'économie de la connaissance. Elle le fait en stimulant la recherche et développement des entreprises privées *via* le crédit d'impôt recherche, en remodelant son système de recherche publique, en développant le cadre d'action et le financement des universités, parent pauvre de l'enseignement supérieur français, ou encore en redéfinissant son système de formation continue, encore largement inégalitaire.

Le développement durable et la lutte contre le réchauffement

CHAPITRE 15

Nos sociétés de consommation mesurent la richesse produite par le volume de production physique des biens et des services. Mais la question de savoir si la production d'aujourd'hui ne se fait pas au détriment de la production de demain (considération écologique), par exemple, en prélevant de façon excessive sur les ressources disponibles, est ignorée, tout comme celle de savoir si la création de richesses liée à l'augmentation de la production est justement répartie ou permet un accès minima aux besoins élémentaires.

Ces notions sont résumées dans le concept de ***développement durable***, né il y a un peu plus de 25 ans, afin de « répondre aux besoins du présent sans compromettre la capacité des générations futures à répondre aux leurs » (rapport *Brundtland*, 1987). Le concept de développement durable repose sur trois piliers : l'économique, la société et la nature. Le premier renvoie au niveau de consommation, plus généralement au développement. Le second fait référence au fait d'accéder aux biens et services fondamentaux (le sociétal), et à la lutte contre les inégalités et la pauvreté (le social). Les problèmes environnementaux sont, eux, de deux natures, la perte de biodiversité, et la lutte contre le réchauffement.

Le développement durable est à l'articulation de ces trois pilliers. c'est un développement à la fois :

- ***équitable***, au sens où la croissance et les richesses doivent être partagées au sein des pays et entre les pays ;
- ***viable*** pour les écosystèmes dans lesquels nous vivons : la croissance économique ne doit pas se faire au détriment de l'environnement ;
- ***vivable*** pour les individus et les collectivités, donc orienté vers la cohésion sociale dans un environnement préservé.

Le développement durable repose ainsi sur deux notions fondamentales : celle de la ***solidarité entre les générations*** (préserver les ressources et laisser une planète en bon état à nos enfants) et celle de la ***solidarité entre les peuples*** (partager les ressources et les richesses et ne pas laisser se creuser le fossé entre les pays et à l'intérieur des pays). Il s'agit donc de promouvoir, dès aujourd'hui et sur le long terme, un nouveau modèle de développement, conciliant croissance économique, équité sociale et sociétale et respect de l'environnement.

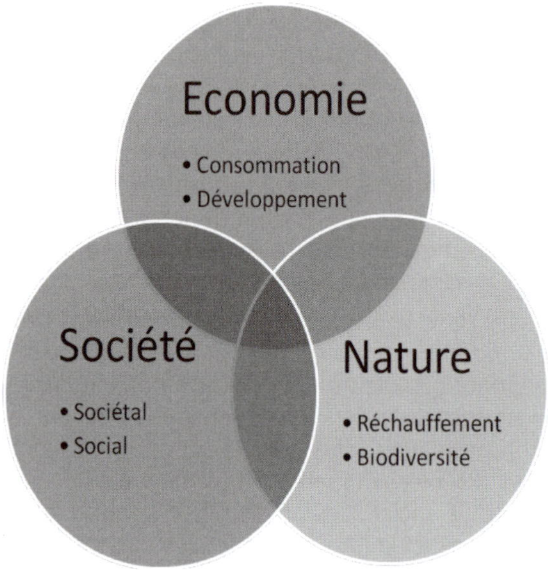

1 La recherche d'un indicateur pertinent

Le développement durable mêle donc des considérations d'ordre économique, écologique, sociale et sociétale. Idéalement, un même indicateur pourrait résumer ces approches. Ce sont les indicateurs globaux du développement durable tels les indices du CEPII ou de bien-être économique présentés au Chapitre 9. Ces indicateurs sont riches et pertinents, mais souvent peu exploitables pour la comparaison, car calculés de façon limitée dans le temps ou dans l'espace. C'est la raison pour laquelle on utilise non pas un mais deux indicateurs reconnus. Le premier est relatif à la durabilité écologique, le second à la satisfaction des besoins humains élémentaires.

A – Un indicateur de durabilité écologique : l'empreinte écologique

L'analyse de l'***empreinte écologique*** est un outil comptable qui permet d'évaluer « la consommation des ressources et les besoins d'absorption des déchets d'une population humaine ou d'une économie données, en termes de la superficie correspondante de sol productif ». L'empreinte écologique mesure donc l'utilisation par l'homme des ressources naturelles renouvelables. Cette mesure est parfois exprimée en nombre de planètes, chaque planète représentant une capacité biologique productive totale de la Terre en une année. La consommation des ressources naturelles peut techniquement dépasser la capacité productive de la planète mais cela se fait en diminuant le capital naturel de la Terre. Elle est aussi exprimée en nombre d'hectares par personne. La Terre possédant 11,4 milliards d'hectares de terres productives et d'espaces marins accessibles (le quart de la surface totale), chaque être humain (sur la base de 6 milliards d'êtres humains) peut théoriquement disposer de 1,9 hectare environ pour satisfaire sa consommation et éliminer ses déchets.
Les dernières données (rapport planète vivante 2014 du WWF) montrent que l'empreinte écologique globale est en nombre de Terre de 1,5 en 2010 (l'empreinte écologique de l'humanité s'élevait à 2,7 hag – hectare global – par habitant pour une capacité limit de 1,8 hag/hab) : avec nos modes de vie, il nous faudrait 1,5 Terre pour ne pas hypothéquer l'avenir. N'en disposant que d'une, nous vivons donc au détriment des générations futures. Ce chiffre augmente régulièrement depuis qu'il est calculé (0,6 en 1960), mieux, l'augmentation s'accélère sur la période récente, avec le développement économique de pays à la taille de continent. Vu autrement, sur l'année 2014, c'est le 19 août que nous avons dépassé l'empreinte écologique autorisée, ce que l'on appelle le jour du dépassement le reste de l'année, nous avons vécu à crédit !
Le même rapport calcule l'***indice planète vivante***, qui mesure la perte de biodiversité : l'indice est passé de 1 à 0,48 aujourd'hui. Nous avons donc perdu 52 % de biodiversité en l'espace de quarante années ! L'effondrement de la biodiversité est particulièrement marqué sous les tropiques, l'indice ayant plongé de 56 % sous ces latitudes alors que c'est l'Amérique latine qui a subi la chute la plus dramatique (83 %) ! Cette perte de biodiversité est écologiquement dramatique. Sur un autre champ, mais concernant toujours les abeilles, on découvre en 2015 qu'une plante carnivore latino-américaine dévore les seuls frelons asiatiques, ouvrant la voie à une généralisation de l'éradication de cette espèce nocive, ce qui évite des dépenses tout à fait considérables.

B – Un indicateur de durabilité économique et sociale : l'indicateur de développement humain

Au-delà de l'indicateur de PIB, le PNUD (programme des Nations unies pour le développement) a cherché à calculer un indicateur qui prenne également en compte la capacité des pays à satisfaire les besoins élémentaires de leur population. C'est ***l'indicateur de développement humain*** (IDH). Cet indicateur combine les dimensions de longévité et de santé (à travers l'indice d'espérance de vie), d'instruction et d'accès au savoir (indice d'alphabétisation des adultes et de scolarisation) et de niveau de vie décent (indice de PIB). Il intègre donc les dimensions économique et sociétale, mais pas la dimension sociale au sens strict (les inégalités). Il est compris entre 0 et 1. On situe communément le niveau de développement humain décent à 0,8 ou plus.

En plus de l'IDH, le Rapport 2010 du PNUD présente trois nouveaux indices : l'indice de développement humain ajusté aux inégalités, l'indice d'inégalité de genre et l'indice de pauvreté multidimensionnelle.

L'analyse du niveau de développement des pays au regard du critère de durabilité passe donc par la prise en compte simultanée des deux indicateurs, empreinte écologique d'une part, IDH d'autre part, ce que propose le graphique suivant. Rappelons que les considérations sociales (inégalités et pauvreté) et relatives à la perte de biodiversité ne sont pas prises en compte dans ce graphique. Que nous enseigne-t-il ?

Du chemin du développement « classique » aux chemins du développement durable

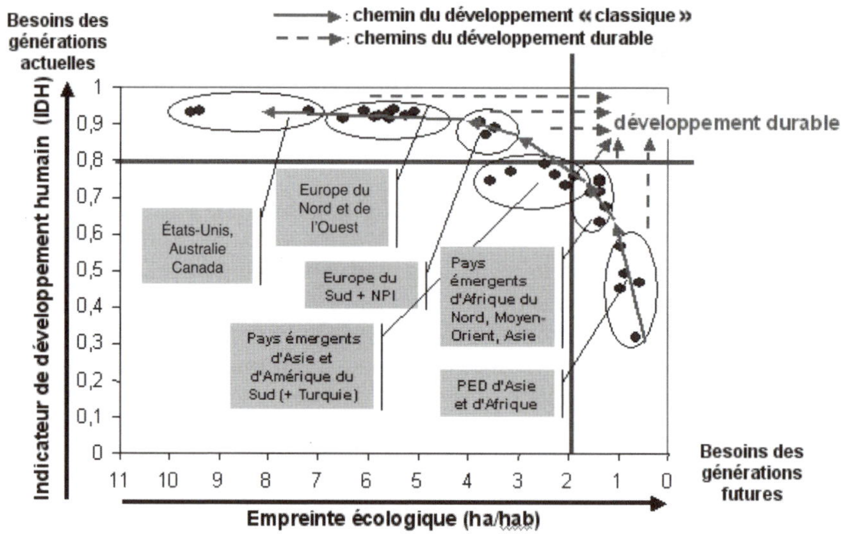

2 Les chemins du développement à redéfinir

Une situation de développement durable est à la croisée d'un développement humain décent (indicateur supérieur à 0,8) et d'une empreinte écologique maîtrisée (inférieure à 1,9 hectare).

Les autres cas de figure traduisent un manquement à la durabilité, économique, sociétale ou environnementale. Quelle est la situation des différents pays eu égard à cette exigence ?

Il apparaît d'abord qu'aucune nation ne satisfait aux critères du développement durable ! De fait, il semble que la satisfaction élémentaire des besoins économiques et sociétaux soit antinomique avec la durabilité écologique et inversement. Ainsi, aucun pays ne réussit à atteindre un niveau de développement humain élevé tout en s'imposant un prélèvement environnemental raisonnable. Mieux, au-delà d'un certain niveau de développement humain, de l'ordre de 0,9 environ, tout gain supplémentaire de développement humain se traduit par une ponction environnementale forte. Le gain marginal de développement humain est écologiquement très coûteux !

De fait, les pays à fort degré de développement humain sont clairement ceux qui ponctionnent le plus sur l'environnement. La situation des États-Unis est à ce titre édifiante : l'*american way of life* requiert 7 hectares par Américain de sorte qu'il faudrait plus de quatre planètes Terre (7,2/1,8) si tout le monde vivait comme les Américains ! L'empreinte d'un Français est, elle, de 5 hectares ; il faudrait près de trois planètes si tout le monde vivait comme nous le faisons. Heureusement, d'autres pays ne consomment pas autant de ressources. C'est en particulier le cas des pays pauvres d'Asie (Bangladesh) ou d'Afrique (Kenya), dont l'empreinte écologique est de l'ordre de 1 hectare environ par habitant. Le graphique fait ainsi apparaître que les États-Unis sont aussi loin d'un schéma de développement durable que le Bengladesh par exemple ! En tout cas, le chemin qu'ils ont à parcourir est aussi long.

Par ailleurs, alors que l'Inde a une empreinte encore modeste de 0,8 hag, la Chine est déjà passée au-dessus de la moyenne autorisée (2,13 hag, contre 1,4 il y a quatre ans). L'accélération de la hausse de l'empreinte globale est ici expliquée. De fait, le graphique montre que les chemins du développement classique évitent soigneusement l'étape du développement durable.

À NOTER • Il existe un hiatus entre le chemin du développement classique, qui vise à produire et à consommer toujours plus, et le chemin du développement durable. Si l'on souhaite juguler la hausse de l'empreinte écologique, il nous faut changer nos modes de vie, et inciter les émergents à s'engager dans un autre modèle de développement.

3 La lutte contre le réchauffement : vers un nouveau paradigme du développement

Un consensus mondial se dégage sur la réalité du changement climatique, sur le rôle qu'y jouent les activités humaines et sur son impact potentiellement catastrophique pour nos sociétés. Pour en limiter les conséquences, il faudrait réduire les émissions de 20 % en 2020 par rapport à leur niveau de 1990, surtout Il faudra diviser par trois les émissions mondiales en 2050, ce qui imposera, pour laisser un peu de marge aux pays en développement, la division par un facteur quatre, ou plus, dans les pays industrialisés. Dans le même temps, il est indispensable de continuer à bénéficier d'une croissance économique, seule susceptible d'absorber les 3 milliards de personnes supplémentaires attendues d'ici 2050, et d'offrir un horizon d'espérance aux autres, sauf à souhaiter la décroissance (voir *infra*).

La conjugaison des deux, accroissement de production et réduction d'émissions, nous impose de réduire d'un facteur dix l'intensité énergétique de la production. Autrement dit, chaque unité produite, ou consommée, doit mobiliser dix fois moins de gaz à effet de serre (GES) qu'aujourd'hui. Cela semble hors de portée. Pourtant, comme le montre la représentation suivante, une telle révolution a déjà eu lieu par le passé : c'est la révolution industrielle, qui a multiplié d'un facteur dix l'efficacité du travail. Imaginez un discours au Parlement en 1750 prédisant qu'en un siècle la productivité du travail augmenterait à un point tel qu'un ouvrier pourrait accomplir le travail de 100. L'orateur aurait été traité de fou, ou pire. Tout comme il était inimaginable il y a 250 ans de concevoir qu'un ouvrier puisse abattre 100 fois plus de travail, il est difficile aujourd'hui d'imaginer qu'un kilowatt-heure soit 100 fois plus productif qu'il ne l'est à l'heure actuelle. C'est pourtant possible. Simplement, la révolution industrielle s'est étalée sur 130 ans quand il nous reste 2 ou 3 décennies pour agir.

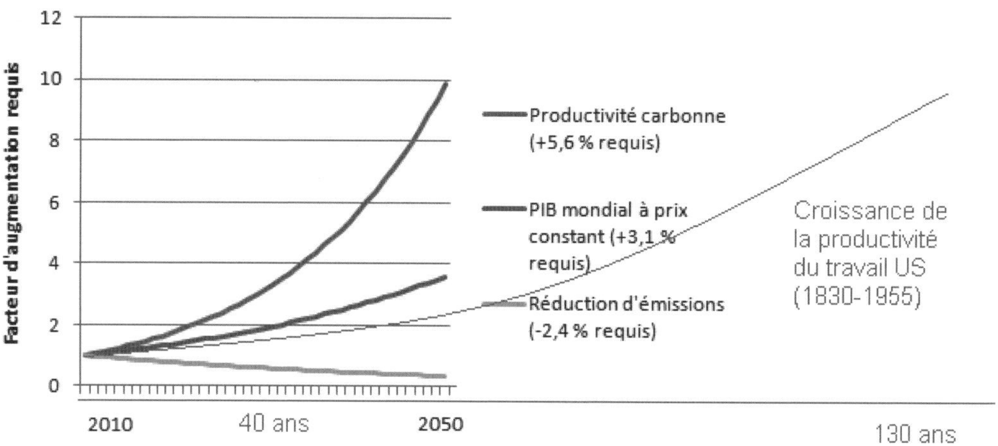

Le ***Protocole de Kyoto*** a constitué une première étape, à la fois modeste et très ambitieuse, dans la lutte contre le réchauffement climatique. Il couvrait la période 2008-2012, pendant laquelle l'Union européenne par exemple s'était engagée à réduire ses émissions annuelles de GES de 8 % par rapport à 1990. Cet objectif a été largement atteint en particulier du fait de la crise !

Il est vrai que ce traité n'était rien d'autre qu'une première étape : il ne concernait que 55 pays industrialisés représentant 55 % des émissions globales de CO_2 en 1990. Hors l'Union européenne, les gros pollueurs n'ont pas rempli leurs objectifs : les États-Unis ne l'ont jamais ratifié, le Canada et la Russie s'en sont retirés et la Chine, devenue le premier émetteur mondial de gaz à effet de serre, n'était pas concernée.

Les engagements post-Kyoto furent également faméliques : l'échec de la conférence de Copenhague de 2009 illustre la perte d'intérêt des nations pour les considérations environnementales dans un contexte de crise économique. L'enjeu se situe maintenant dans la négociation d'un accord applicable à partir de 2020 à l'occasion de la ***21ᵉ conférence de parties de Paris (COP21)*** de l'automne 2015. Pour rester dans le scénario d'un réchauffement à 2 °C, il faut atteindre, selon le GIEC, la neutralité carbone au plus tard à la fin du siècle. Il faut également que la quantité accumulée d'émissions de CO_2 d'origine humaine n'excède pas 800 gigatonnes de carbone. Or, depuis 1870, les hommes ont déjà relâché 531 gigatonnes de carbone dans l'atmosphère.

Un schéma à la Kyoto avec engagements contraignants et base commune est d'ores et déjà écarté. Chacun se fixe ses objectifs, sur des critères propres, espérant que le tout soit suffisant pour limiter le réchauffement dans le cadre convenu. À titre d'exemple, l'Union européenne, qui représente (seulement ?) 11 % des émissions mondiales, prévoit une réduction des émissions de 40 % à l'horizon 2030 par rapport à 1990, contre 20 % en 2020. Dans le détail, les vingt-huit prévoient le renforcement de leur marché carbone, des investissements dans les énergies renouvelables pour porter leur part à 27 % de la consommation énergétique de l'Union, et un effort d'économie d'énergie d'au moins 30 %. Les États-Unis s'engagent pour leur part à réduire les émissions de 28 % sur une période de vingt ans (2005-2025). Un effort particulier doit porter sur les centrales à charbon (40 % de l'électricité américaine, un tiers des émissions), qui devront notamment stocker 40 % de leurs émissions. Le Japon annonce pour sa part une réduction des GES de 26 % d'ici 2030 en prenant pour base... 2013, année particulièrement émettrice en raison de l'arrêt de certaines centrales nucléaires remplacées ici aussi par des centrales carbonées. Ramenée à 1990, la réduction d'émissions ne dépasserait pas 18 %. Ce manque d'ambition s'inscrit dans une tendance longue : le coefficient d'émission de CO_2 par unité de PIB (la ***productivité carbone***) de l'Archipel n'a baissé que de 9,1 % sur la période (1990-2011), contre 30 % en France et aux États-Unis, et 51,2 % au Royaume-Uni, il est vrai en partant de situations différentes.

Au-delà des engagements individuels, une question centrale est la volonté des pays riches à soutenir les pays pauvres dans la réalisation de leurs objectifs environnementaux. Elle était déjà évoquée à Cancún en 2010, quand fut imaginée la création d'un fonds vert notamment pour lutter contre la déforestation, théoriquement doté de 100 milliards de dollars par an, finalement abondé à hauteur de 4 milliards en 2015. Certains imaginent une automaticité de l'abondement, par exemple via une taxe sur les transactions financières, toujours annoncée, jamais effective. C'est la question de la dette écologique, dont souffrent particulièrement des pays exposés au réchauffement, qui rassemblent 15 % de la population mondiale, mais ne représentent que 5 % des émissions. Les coupables sont évidemment connus : dans une étude publiée en 2009 par la revue *Climate Policy*, des chercheurs allemands et britanniques ont évalué la responsabilité historique différenciée dans le réchauffement mesuré au milieu des années 2000. Les États-Unis en prennent la plus grande part, responsables à eux seuls de 25,6 % du désordre climatique. L'Union européenne compte pour 20 % environ, tandis que le Brésil (5,2 %), la Chine (6,4 %), la Russie (7,3 %), les pays exportateurs de pétrole (7,4 %), le Japon (2,8 %) ou encore l'Inde (0,3 %) ont une responsabilité moindre. Le financement des pays pauvres sera la clé de la réussite de la conférence de Paris, tout comme la volonté de transférer aux pays pauvres les technologies les plus avancées permettant de produire de l'électricité sans rejeter de CO_2 dans l'atmosphère.

Quels que soit les résultats de la COP21, finalement, tout le monde, et chacun, attend 2020. Trop tard donc. Trop tard parce qu'au début 2013, la concentration en GES atteint 400 ppm (parties par mille), le seuil hier considéré comme maximal pour limiter le réchauffement à 2°C. L'objectif des +3°C est aujourd'hui le seul véritablement atteignable, quand certains évoquent les quelques années à venir comme les points d'irréversibilité dans l'objectif de contenir le réchauffement climatique ! Au final, pour contenir l'élévation des températures à 3°C, il faudra évidemment que l'activité économique soit plus économe en énergie et émissions de GES, mais aussi sans doute basculer vers un nouveau mode de croissance et de développement.

A – Une production plus économe

Les principales sources d'émissions de GES sont aujourd'hui l'industrie (29 % du total des émissions de gaz à effet de serre en France), les transports (21 %, dont 94 % par la route) et le bâtiment résidentiel et tertiaire (20 %). Dans un premier temps, il est impératif que le coût social des émissions de GES soit « internalisé » afin d'intégrer la problématique du changement climatique aux décisions des agents économiques. En d'autres termes, il faut attacher un prix aux émissions de GES, soit implicitement en fixant des plafonds d'émissions autorisées, soit explicitement par l'intermédiaire de taxes ou de mécanismes de marché. C'est le débat entre les quotas d'émissions et la taxe carbone. Ensuite, il convient de prendre des mesures réglementaires pour contraindre au changement des comportements.

1) Les quotas d'émission de GES

Les engagements de réduction de GES dans le cadre de Kyoto reposaient sur le système « d'échange d'émissions » piloté par l'ONU, c'est-à-dire sur l'échange de quotas d'émissions, qui donnaient le droit d'émettre une tonne de CO_2. Chaque pays concerné recevait un nombre d'***Unités de Quantité Attribuée (UQA)*** correspondant à son objectif d'émission de GES, s'engageant à restituer à l'issue de la période autant d'actifs carbone que ses émissions effectives.

Pour cela, elle pouvait utiliser son allocation initiale d'UQA assortie éventuellement de l'achat d'autres UQA ou de crédits issus des mécanismes de projets Kyoto. Ces mécanismes étaient de deux ordres : chaque pays qui investissait dans un autre pays pour y réduire les émissions recevait des crédits appelés URCE (Unité de réduction certifiée des émissions) ou CER (*Certified Emissions Reductions*) dans le cadre du *mécanisme de développement propre* pour les investissements dans les pays développés, dans le cadre du mécanisme de mise en œuvre conjointe pour les investissements dans les pays en développement par définition non soumis à Kyoto. Ce cadre est prorogé pour les pays signataires à Doha de la seconde période d'engagement post-Kyoto (2013-2020).

La politique climatique européenne s'appuie, elle, sur un marché spécifique du carbone articulé avec celui de l'ONU, quoique plus abouti. Le système européen d'échange de quotas fixe un plafond pour les émissions de CO_2 de plus de 11 000 sites industriels européens, appartenant aux secteurs les plus émetteurs. Ce plafond se matérialise par la distribution chaque année de quotas aux sites industriels dans le cadre d'un plan national d'allocation de quotas (PNAQ), validé par la Commission européenne. Les industriels peuvent dans ce cadre acheter ou vendre des quotas en fonction d'un prix de marché.

Ce système a relativement bien fonctionné avant crise, après les ajustements du début (trop de quotas distribués) et en dépit de dysfonctionnements manifestes (fraude à la TVA sur la vente de quotas pour des montants astronomiques). Malheureusement, il est devenu inopérant avec la crise, qui a fait chuter les prix à des niveaux totalement désincitatifs : début 2015, les certificats « EUA » (*European Units Allowances*), créés par le système d'échange européen, l'EU ETS (*European Emissions Trading System*) s'échangent à 7 €, le prix des CER étant proche de zéro. Or, il faudrait un prix du carbone de l'ordre de 15 à 20 euros pour inciter les industriels à investir dans des productions sans carbone : le premier énergéticien allemand (RWE) a enregistré en 2014 un EBE de 7 milliards, et un résultat proche des 2 milliards, en dépit des 1 milliard d'euros de droits à polluer qu'il a dû payer du fait de ses 140 millions de tonnes émises au-delà des quotas. À 20 € la tonne, la facture aurait été de l'ordre de 3 milliards… Mieux, le prix devrait osciller entre 60 et 80 dollars la tonne en 2030 pour que les objectifs de réduction d'émissions soient atteints (c'est ce que l'on appelle le « corridor carbone », l'élévation progressive, mais marquée des prix pour modifier les comportements).

De fait, l'arbitrage réduction d'émissions/compétitivité est délicat. Par exemple, il est toujours prévu qu'au cours de la troisième phase (2013-2020) du dispositif européen, le système passe progressivement de l'attribution gratuite à une mise aux enchères des quotas, intégrale à partir de 2020. Le risque est alors que des entreprises transfèrent leur activité dans d'autres pays non soumis aux quotas. C'est ce qu'on appelle la « ***fuite carbone*** ». Le problème de la fuite carbone pourrait être résolu en élargissant le groupe de pays membres du système de négoce du carbone. C'est une tendance qui se dessine, dix États américains ayant récemment imposé une contrainte carbone (le dernier étant la Californie), l'Australie ayant elle annoncé rejoindre en 2015 le mécanisme européen. Mais la généralisation n'est plus à l'ordre du jour depuis l'échec de Doha…

2) La taxe carbone

Il reste que ce type de mécanisme présente des imperfections (non-stabilité du cours des quotas qui font l'objet de mouvements spéculatifs par exemple), et ne peut s'appliquer à toutes les entreprises (quid de la PME locale de services ?), *a fortiori* encore moins aux ménages, sauf à imaginer des quotas individuels dont la gestion est pour le moins compliquée.

La solution a alors pour nom la taxe carbone. Cette taxe peut revêtir diverses formes comme les taxes sur les carburants, les réductions d'impôts au titre des véhicules peu émetteurs de CO_2 ou les subventions en faveur des énergies renouvelables. Elle avait été envisagée en France en 2009, pour être finalement abandonnée au profit d'une contribution carbone européenne qui n'a pas davantage vu le jour.

Il est aussi vrai que ce relèvement tarifaire peut pénaliser la compétitivité des entreprises à l'exportation. L'autre possibilité consisterait à imposer des taxes aux frontières sur les importations à forte intensité en carbone en provenance de pays qui n'appliquent pas les politiques de réduction d'émission de GES. Une telle approche présente néanmoins plusieurs difficultés, celle de savoir mesurer la teneur en carbone d'un bien, celle de contrevenir aux règles de l'OMC, celle de s'exposer à des mesures de représailles commerciales enfin.

3) Les mesures réglementaires

Différentes mesures réglementaires furent inscrites dans le projet de loi dit Grenelle 1 de l'été 2009, prolongé par un Grenelle 2 en 2011. Citons quelques objectifs : ***des bâtiments moins gourmands*** (à compter de 2012, toutes les constructions neuves doivent répondre aux normes dites « de basse consommation ») ; ***produire moins de déchets*** (la facture d'enlèvement intégrera à terme une part variable pouvant prendre en compte le poids des déchets et leur nature) ou encore ***voyager propre*** (l'État annonce 2 000 km de voies ferrées supplémentaires d'ici à 2020 alors que le fret non routier doit augmenter et que les poids lourds s'acquitteront prochainement d'une éco-redevance). De nouvelles normes sont attendues à l'issue du débat sur la transition énergétique notamment dans le bâtiment.

Plus récemment, la stratégie française de réduction d'émission repose sur la ***stratégie nationale bas carbone (SNBC)*** instituée par la loi de transition énergétique pour la croissance verte adoptée en 2015. L'ambition est de ramener nos émissions de GES à 140 millions de tonnes en 2050 (contre près de 600 millions de tonnes en 1990, soit quatre fois moins, le facteur quatre souvent évoqué), ce qui nécessite d'amplifier sensiblement le rythme actuel de réduction, pour le porter à 3 % en tendance contre 1,8 % l'an actuellement.

Tous les secteurs d'activité devront donc accomplir leur révolution verte :

- dans les transports, à l'origine de 27 % des rejets de gaz à effet de serre de l'Hexagone, la généralisation de la voiture consommant 2 litres aux 100 km devrait permettre de renforcer l'efficacité des véhicules routiers tout comme le développement des modèles hybrides rechargeables (parc escompté de 2,5 millions de véhicules) ou électriques (1,9 million). À l'échéance 2030, 20 % du transport de marchandises devront avoir été reportés de la route vers le rail ou la navigation fluviale, tandis que 670 km de lignes de tramway en province et 1 100 km de ligne de bus à haut niveau de service doperont les transports publics. Les modes doux (marche à pied et vélo) ou partagés (covoiturage) de transport devront représenter 12,5 % des déplacements ;
- s'agissant des bâtiments, responsables d'environ 20 % des émissions françaises, le parc résidentiel devra avoir atteint un niveau de consommation « moyen » pour 59 % des constructions ou « performant » pour les 41 % restants (ce sont des labels). Un meilleur pilotage de la consommation (par les compteurs intelligents, les smart grid), ou la multiplication de bâtiments ou de quartiers à énergie positive constitue les leviers d'action ;
- dans l'industrie, source de 18 % des émissions nationales, l'objectif est de baisser de près de 20 % de la consommation énergétique en 2030, par récupération d'une partie de la « chaleur fatale » (celle qui est produite lors d'un processus industriel par exemple, mais qui n'est pas utilisée), par le développement du recyclage (aluminium, verre et papiers-cartons), de la récupération, du tri et de valorisation des déchets ;
- quant à l'agriculture et à l'élevage, auxquels sont dus 18 % des émissions anthropiques, ils doivent se tourner résolument vers le projet agro-écologique : diminution d'un quart des intrants azotés en 2035 à production constante, extension de l'agriculture biologique à 25 % de la surface agricole utile, déploiement de la méthanisation à hauteur de 30 % des déjections animales...

Au-delà, en France, et ailleurs, la sobriété énergétique passe largement par les fournisseurs d'énergie. Le cas de l'Allemagne est ici emblématique : deux de ses énergéticiens (RWE et E.ON) se classent en première et troisième position des plus gros pollueurs d'Europe (le suédois Vattenfall qui possède de nombreuses centrales outre-Rhin est second). Le mix énergétique allemand est ici clairement en cause : l'abandon du nucléaire a conduit, outre le développement massif des énergies renouvelables, à augmenter la production de ses 130 centrales à charbon... Sur un autre champ, les énergéticiens doivent stimuler les économies énergétiques de leur client. C'est l'objet des ***certificats d'économies d'énergie*** (CEE) qu'ils doivent payer si leurs clients ne sont pas vertueux. Ainsi, lorsque EDF vous conseille (ou vous subventionne !) pour vous faire économiser de l'énergie, ce n'est pas par altruisme, mais par obligation ! Ces fournisseurs choisissent librement les incitations qu'ils vont entreprendre (isolement des combles, mise en œuvre d'une pompe à chaleur...), à défaut, ils peuvent acheter auprès d'autres acteurs (collectivités, bailleurs sociaux...) des certificats en contrepartie des actions que ceux-ci mènent. L'objectif d'économie sur la période 2014-2016 est quinze fois plus important que celui fixé sur la période 2006-2009 par exemple ; il correspond à une année et demie de consommation française d'électricité par exemple.

B – Une organisation économique revisitée : nouvelle économie et décroissance

Quotas, taxes, règlementations, tous ces dispositifs inscrivent la lutte contre le réchauffement comme un coût économique. C'est effectivement le cas. Mais d'autres approches sont nécessaires.

Tout d'abord, et c'était l'un des principaux apports du rapport Stern de 2006, actualisé en 2014, ce coût doit être comparé à celui des effets du réchauffement. Quels sont les éléments du chiffrage ? Le coût du réchauffement – aujourd'hui perceptible – peut se mesurer concrètement en prenant les dommages d'assurance versés suite aux catastrophes naturelles. Ainsi, après le record de 2011, 2012 est la troisième année la plus chère de l'histoire de l'assurance avec 160 milliards de dollars ! Aux États-Unis, les dommages d'assurances suite aux tempêtes ont augmenté en moyenne de 9 % entre 1990 et 2014. De façon plus prospective, une multitude d'études quantifient les dommages supposés du réchauffement climatique. Par exemple, une étude de 2013 fondée sur quatre modèles de réchauffement indique une modification radicale de la géo-économie des vins, avec une disparition programmée des vins de Bordeaux dans 35 ans quel que soit le modèle retenu ! Au final, selon les estimations aujourd'hui datées du rapport Stern, le coût du réchauffement serait estimé entre 5 et 20 % du PIB de 2050, alors que le coût de l'action s'établirait à environ 1 % de ce même PIB. Concrètement, il est donc beaucoup moins couteux de faire que de ne rien faire !

Par ailleurs, l'économie est souvent question de dynamique. Et la lutte contre le réchauffement est une formidable opportunité de croissance. Le défi est d'apporter de nouveaux produits au plus grand nombre en créant de nouveaux emplois. Il est de rebâtir un avantage compétitif qui pourrait fonder la croissance, y compris quantitative, de demain. Il est de donner un souffle, et une perspective, à une économie vieillissante. Si tel est le cas, le coût initial peut se muer en gain dynamique. Les études sur les créations d'emplois, et les chiffres d'affaires générés par la ***croissance verte*** en attestent même si elles sont sujettes à caution.

Il reste que l'ampleur des réductions de GES requise, et les effets de revanche induits (ce que j'économise comme ressources, je l'affecte à autre chose – ***effet rebond*** ; si l'on réduit le cout énergétique d'un produit ou d'un service, on le rend accessible au plus grand nombre – ***paradoxe de Jevons***), pourraient devoir nous amener à changer notre organisation économique et productive, dans le cadre de l'économie de fonctionnalité d'une part, de ce que certains nomment la décroissance d'autre part.

1) Une nouvelle économie : l'économie de fonctionnalité

Tout d'abord, peut-on imaginer un autre modèle de croissance, une décroissance naturelle compatible avec le capitalisme ? L'idée émise par J. Rifkin consiste à passer des marchés aux contrats, de la vente de biens à la location de services pour satisfaire nos besoins.

Concrètement, il s'agit de souscrire un contrat pour chaque type de besoins (déplacement, santé...). Dans ce cadre, l'entreprise auprès de laquelle vous avez souscrit un contrat aura pour objectif de vous satisfaire en engageant le moins de ressources possibles, c'est-à-dire en produisant le moins possible. Supposons, pour illustrer cela, que vous souscriviez un contrat auprès d'une entreprise pharmaceutique pour vous couvrir face au risque du diabète. Elle cherchera d'abord à vous éviter de tomber malade (par des conseils… qui ne polluent pas).

Si vous êtes quand même malade, elle vous soignera en minimisant sa dépense donc sa production. Ce type d'exemple peut être généralisé à de nombreux domaines (vous n'achetez plus de voiture, vous la louez, et le loueur optimise la dimension de la voiture selon les usages, vous confiez votre parc pneumatique à Michelin si vous êtes transporteur, il s'assure du gonflage de vos pneus pour éviter l'usure, et forme les routiers à l'éco-conduite…). C'est ce que l'on appelle l'économie de fonctionnalité (v. Chapitre 21).

2) La décroissance

Au-delà, il y a la décroissance qui reste un modèle à construire, une utopie dont il faudra préciser les contours. Une politique de décroissance consiste d'abord à réduire, voire à supprimer le poids sur l'environnement des charges qui n'apportent aucune satisfaction. Cela pourrait se traduire par :

- la remise en question du volume considérable des déplacements d'hommes et de marchandises sur la planète, donc une « relocalisation » de l'économie ;
- celle non moins considérable de la publicité tapageuse et souvent néfaste, et donc de la société de consommation matérielle ;
- celle, enfin, de l'obsolescence accélérée des produits et des appareils jetables sans autre justification.

Une autre idée émise par P. Aries s'inscrit dans cette même veine : il propose de généraliser la gratuité (sortir du marchand) pour satisfaire les besoins fondamentaux, mais de renchérir le mésusage pour les besoins accessoires. Pourquoi, par exemple, demande-t-il, payer l'eau au même prix pour se laver ou remplir sa piscine ? Cela rejoint l'idée d'instaurer des quotas échangeables y compris pour les activités quotidiennes : au-delà d'un certain droit de tirage, il faut acheter le droit à consommer davantage.

Ainsi comprise, la décroissance ne signifie pas nécessairement une régression de bien-être. La décroissance n'est pas la croissance négative. C'est autre chose. Pour concevoir la société de décroissance sereine et y accéder, il faut littéralement sortir de l'économie. La décroissance n'est donc envisageable que dans une « société de décroissance » dont il reste encore à préciser les contours.

À NOTER • À court terme, l'objectif de réduction des émissions de gaz à effet de serre repose sur des mécanismes de marché : quotas échangeables d'émissions, fiscalité écologique. À plus long terme, il faudra peut-être sortir de la société d'hyper-production et consommation, en s'inscrivant dans l'économie de fonctionnalité d'abord, en relocalisant l'économie, en sortant de la culture du jetable et en inventant d'autres modes de régulations ensuite.

4 La question énergétique

À l'heure où la France s'engage dans le débat sur les transitions énergétiques, la question énergétique, que ce soit au niveau mondial ou national, se pose avec une acuité nouvelle. Incidemment, la limitation du réchauffement passera par la résolution de l'équation énergétique : toutes les révolutions de société *a fortiori* économiques ont été liées à une nouvelle approche énergétique.

A – La nouvelle situation énergétique mondiale

La production énergétique mondiale s'articule principalement autour des trois combustibles fossiles que sont le gaz, le charbon et le pétrole, dont on pense qu'ils réaliseront autour de 2030 environ 25 % chacun de la production mondiale. En 2009, le nombre d'années de consommation sur les réserves prouvées court de 25 à 35 années pour le pétrole, de 40 à 60 années pour le gaz, de 60 à 140 années pour le charbon. Les réserves ultimes sont nettement plus importantes, même si elles sont en l'état actuel de la technologie difficilement exploitables. Ces réserves prouvées sont toutefois très concentrées, puisque quatre pays en représentent 50 % dans le cas du pétrole, et trois 70 % dans le cas du gaz et du charbon. L'actualité est toutefois en permanence jalonnée d'annonces de découverte de gisement majeur, comme par exemple au Qatar, en Israël ou à Chypre pour le gaz, ou dans le golfe du Mexique ou même en Guyane française pour le pétrole.

Au-delà, de nouvelles ressources non conventionnelles se font jour, comme le ***gaz et le pétrole de schiste***. L'Agence internationale de l'énergie (AIE) prévoit ainsi que d'ici à 2035, le gaz non conventionnel (dont le gaz de schiste) fournira près de 30 % de la production gazière mondiale, contre 16 % en 2011. Il représentait déjà 34 % de la production de gaz américaine en 2011, ce pays étant le seul à s'être lancé dans une exploitation intensive de ses gisements, sur la base de la technique décriée de la fracturation hydraulique. En conséquence de cette politique volontariste (ou insensée...), les États-Unis deviendront le premier producteur de gaz au monde en 2015, devant la Russie. De même, toujours selon l'AIE, les ressources non conventionnelles permettront aux États-Unis de devenir le premier producteur mondial de pétrole dès 2020, devant l'Arabie Saoudite. Ici aussi, les annonces de découvertes majeures se succèdent, telle la mise à jour d'un immense gisement de pétrole de schiste en Australie en 2013, qui recèlerait plus de 230 milliards de barils.

Cette politique des États-Unis modifie largement les équilibres économiques. Dans le domaine de l'énergie, elle se traduit par une désaffection américaine pour le charbon, dont le prix mondial baisse, qui intéresse donc à nouveau les Européens (allemands principalement), qui délaissent le gaz, dont le prix décroche et se déconnecte du pétrole (alors même que le trop faible niveau de prix des quotas carbone en Europe ne dissuade pas cette évolution). Au-delà, les États-Unis retrouvent avec le pétrole et le gaz de schiste un avantage-coût qui participe de leur réindustrialisation, et donc d'un nouvel équilibre avec la Chine.

La France serait également bien pourvue dans ces domaines : elle disposerait dans le sud-ouest des plus importantes réserves européennes de gaz de schistes avec 5 100 milliards de m3 exploitables (30 000 aux États-Unis ou en Chine…), et dans le bassin parisien de réserves en pétrole de schiste correspondant à quelques années de consommation nationale. Il faut toutefois prendre ces données avec précaution, liées à des extrapolations de résultats de forages anciens (années 1950), alors même que l'expérience récente de la Pologne incite à la prudence (les réserves ont été réduites d'un facteur dix après forages). La question de l'opportunité de l'exploitation des ressources de schistes en France n'a donc pas fini d'être posée…

Tout ceci renforce finalement l'inquiétude sur notre capacité collective à combattre l'effet de serre : l'augmentation des émissions qui en est à l'origine vient très largement des émissions d'énergies carbonées qui semblent trouver une seconde jeunesse avec le non conventionnel !

B – La question du stockage de l'énergie

Le développement des énergies renouvelables passe indubitablement par la possibilité de stocker l'énergie. C'est l'un des principaux freins auxquels se heurtent actuellement les producteurs d'énergies d'origine renouvelable, photovoltaïque et éolien en tête : réussir à conserver l'excès d'électricité produite, dont la quantité varie en fonction de l'ensoleillement et de la force du vent, pour l'utiliser lorsque les besoins sont élevés. De fait, le marché mondial du stockage d'énergie est prometteur. Estimé aujourd'hui à 2 milliards d'euros, il pourrait peser 70 à 100 milliards d'euros lors de la prochaine décennie, selon l'Agence internationale de l'énergie (AIE).

Les tentatives industrielles de stockage de l'énergie foisonnent. En 2013 par exemple, le français Bolloré annonçait sa Bluebox, une batterie « intelligente » de 15 kWh destinée à stocker de l'électricité du réseau en heures creuses pour en acheter le moins possible en heures pleines. Elle devait également être vendue avec la Bluecar (voiture électrique) comme solution de recharge à la maison. Mais, deux ans plus tard, la batterie stationnaire n'avait pas trouvé son public.

Les choses pourraient changer avec l'annonce au printemps 2015 d'Elon Musk, le propriétaire du constructeur de voiture électrique haut de gamme Tesla Motors, de produire à grande échelle une gamme de batteries lithium-ion, non pas destinée à ses voitures, mais aux maisons et commerces californiens, État particulièrement touché par le réchauffement climatique. Le pari ne résulte pas tant d'une innovation technologique, le processus étant connu et peu novateur, que d'une aventure industrielle, la construction d'une gigantesque usine à 5 milliards de dollars dans le Nevada devant permettre, grâce à la production de masse et aux économies d'échelle, des baisses de coûts très significatives des batteries qui les rendront compétitives pour tout une gamme de clients des particuliers aux fournisseurs traditionnels d'électricité.

C – Les termes du débat français sur la transition énergétique

La France est, nous le savons, dans une situation de grande dépendance énergétique : l'approvisionnement en énergie primaire de la France repose à 92 % sur des ressources importées : uranium, pétrole, gaz, charbon. La voie retenue pour s'extraire de cette dépendance a été d'une part, de sécuriser ses sources d'approvisionnement, d'autre part, de réduire sa dépendance sur les énergies finales (en maîtrisant la filière nucléaire).

Ainsi, aujourd'hui, le nucléaire représente 78 % de la production d'électricité qui pèse 22 % de la consommation d'énergie finale de la France. Le pétrole pèse encore d'un poids très important (46 %), le gaz un peu moins (20 %), alors que les énergies renouvelables représentent autour de 10 % du total. De fait, la France se singularise par le poids important du nucléaire dans le mix énergétique, au contraire du charbon… et des énergies renouvelables (16 % en moyenne en Europe).

Par ailleurs, et pour cela, l'électricité connaît en France une pénétration très importante dans le résidentiel (35 % contre par exemple 25 % en Allemagne), en conséquence d'une politique continue d'encouragement à l'implantation du chauffage électrique depuis vingt ans. Autrement dit, il existe en France une dépendance installée à l'électricité pour se chauffer, qui est un frein au développement du renouvelable.

La consommation énergétique des ménages français se situe quant à elle dans la moyenne des pays européens, à 2,5 tep par an et par habitant (2,7 en Allemagne). Mais cette moyenne masque des insuffisances, ou des axes de progrès :

- tout d'abord, le premier niveau d'effort est de lutter contre les gaspillages que chacun peut observer autour de lui (au travail notamment), gaspillages qui sont culturellement proscrits dans d'autres pays ;
- ensuite, si la consommation d'énergie pour le chauffage de l'habitat est en France dans les normes internationales, cela masque une insuffisance d'isolation puisque les conditions climatiques et naturelles de notre pays devraient nous amener à avoir une consommation sensiblement inférieure… Et de fait, les habitations françaises consomment environ 20 % de plus au m^2 que les habitations canadiennes par exemple. On touche ici du doigt le vaste problème de la rénovation de l'habitat ancien ;

– le troisième et dernier niveau relève d'une organisation personnelle et collective à faire évoluer. De fait, les consommations d'électricité spécifique – hors chauffage notamment – sont 27 % plus fortes par habitant en France qu'en Allemagne. Il y a là des habitudes à changer. Ainsi, un tiers de la consommation électrique d'un foyer hors chauffage provient des systèmes de veille des appareils électriques et autres consommations bureautiques. Diviser par deux cette consommation réduirait la facture d'électricité de 15 % !

Le choix énergétique français consiste depuis 2012 à réduire la part du nucléaire dans la production d'électricité, qui devrait passer des 78 % précédemment cités à 50 %. Cela passe par la fermeture de centrale considérée comme obsolète ou située en zone sensible, comme Fessenheim en Alsace qui devrait être démantelée en 2016. Cela passe aussi par le développement des énergies renouvelables, qui doivent en tendance trouver leur équilibre économique. De fait, aujourd'hui, la production de ces énergies est largement subventionnée : leur coût de production (de 80 à 400 €/MWh) est sensiblement plus élevé que celui des centrales conventionnelles (de 30 à 100 €/MWh), la différence étant répercutée aux clients par une charge spécifique sur la facture d'électricité, la Contribution au Service Public de l'Électricité, dont le montant est passé de 4,5 €/MWh en 2010 à 13,5 €/MWh en 2013.

En dépit de cela, l'électricité est environ 30 % moins cher en France qu'en Europe, presque deux fois moins coûteuse qu'en Allemagne. C'est aussi un élément d'explication de la gabegie française d'électricité. Il reste que quel que soit le mix énergétique retenu, le prix de l'électricité devrait augmenter de 30 % d'ici 2017, pour soutenir les énergies renouvelables (notamment le photovoltaïque, un tiers de la hausse) mais aussi permettre le financement des investissements de réseaux. Ceci sans compter les coûts d'une mise en sécurité des centrales…

À NOTER • La découverte et l'exploitation des ressources non conventionnelles changent la donne énergétique mondiale, avec des incidences géoéconomiques considérables. La question de notre capacité à réduire les émissions de GES se pose avec d'autant plus d'acuité. En France, la transition énergétique posera la question du poids du nucléaire, et tracera des pistes pour une nécessaire réduction de notre consommation énergétique.

PARTIE 4

Mondialisation et régionalisation

La mondialisation à multiples facettes

Chapitre 16

1 Les contours d'un phénomène multiforme

La mondialisation est un phénomène évolutif et multiforme.

À la suite de la Seconde Guerre mondiale, il s'est agi de pacifier les grandes puissances d'alors en les incitant à échanger des biens : faîtes du commerce, pas la guerre. Le développement du commerce international a été rendu possible par les réductions de droits de douane et autres réductions non-tarifaires négociées dans le cadre du GATT. Certains services se sont développés à la suite des échanges de biens, le transport international par exemple. Les échanges concernent alors surtout les pays développés, les pays dit en développement exportant principalement des matières premières à faible valeur ajoutée. C'est la forme ancienne de la mondialisation, toujours en cours, celle de l'internationalisation.

Dans les années 1980, l'ouverture commerciale s'est accompagnée d'un accroissement des échanges touristiques, souvent frontaliers ou de proximité. Ce mouvement a été permis par la fin de contrôle des changes, prélude au développement des échanges de capitaux ; il a également été rendu possible par la libéralisation des marchés financiers (actions…), liée à l'émergence de l'informatique. Les échanges de capitaux entre pays ne sont plus alors la seule contrepartie des échanges de biens : les entreprises investissent ou placent à l'étranger (investissements directs ou de portefeuille), délocalisent tout ou partie de leur production, les mouvements spéculatifs s'accélèrent. Ici aussi, comme pour les échanges de biens et services, la régionalisation des économies, et notamment la construction européenne, est un facteur d'entraînement : il s'agit pour les entreprises d'acquérir la taille critique pour conquérir un marché continental. À la suite, ou de façon simultanée, dans les années 1990, la généralisation du système d'économie de marché conduit les entreprises occidentales à investir massivement dans des pays nouvellement ouverts et prometteurs, les émergents, pour tirer profit de leurs avantages comparatifs. C'est la forme récente de la mondialisation, celle de la mondialisation financière.

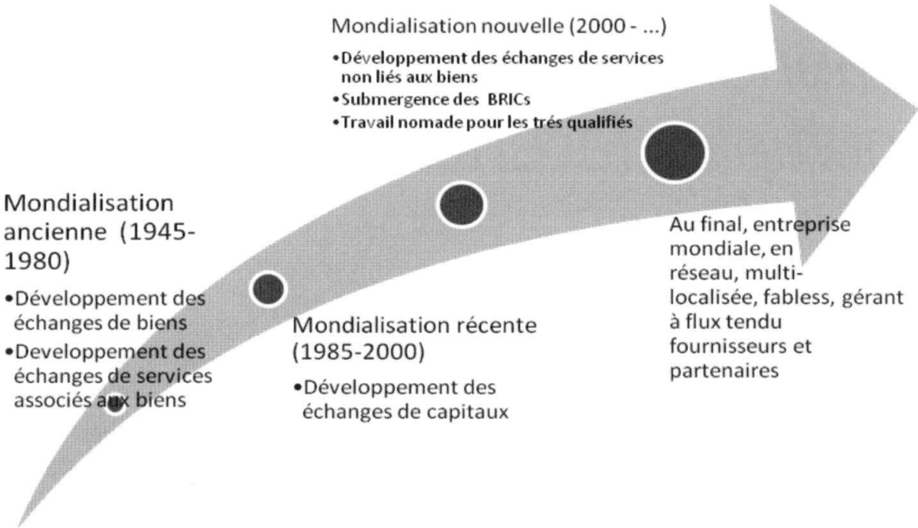

Les années 2000 marquent une nouvelle étape dans le processus. La révolution informationnelle, celle des TIC, modifie le champ de l'échangeabilité : des services jusque-là locaux deviennent échangeables entre pays. Il en est ainsi pour de nombreux services aux entreprises, mais également pour des services publics régaliens, tel l'enseignement supérieur. Dans le même temps, se crée un marché mondial du travail pour les salariés très qualifiés, mobiles, polyglottes et technophiles. La dématérialisation s'impose dans les échanges internationaux, ainsi que le phénomène des travailleurs nomades. Les émergents deviennent submergents, par leur capacité à tout produire, à s'imposer sur tous les segments, sur toutes les filières. Les submergents tirent la croissance économique mondiale, leurs fonds souverains acquièrent des fleurons industriels occidentaux. C'est la forme nouvelle de la mondialisation, celle de la globalisation.

Ces évolutions trouvent leur traduction dans l'organisation de l'entreprise anciennement multinationale. Elle est aujourd'hui mondiale, en réseau, éclatée en centres de profit localisés au mieux de ses intérêts, travaillant à flux tendus à l'échelle planétaire. Loin de la logique de régulation des États donc.

Simultanément, chacun le constate, les firmes qui mènent le jeu aujourd'hui ne sont plus les mastodontes du passé, ce sont les ***micromultinationales***, ces start-ups qui deviennent mondiales en quelques années, s'emparant d'un maillon de la chaîne de valeur sans forcément jouer à saute-frontières avec les marchandises, comme Bookings, Uber ou Airbnb. Une autre mondialisation s'esquisse.

À NOTER • La globalisation-mondialisation a pris trois formes successives : le développement des échanges de biens d'abord, celui des capitaux ensuite, celui des services dématérialisés et de la submergence des BRIC enfin. L'entreprise avant multinationale est aussi radicalement transformée : en réseau, éclatée, elle organise le flux tendu à l'échelle planétaire.

2 Les échanges mondiaux de biens et services et la compétitivité des économies

A – Les échanges mondiaux de biens et services

La forme la plus ancienne de la mondialisation est l'accroissement du commerce de marchandises entre les pays, lequel augmente plus rapidement que la production mondiale depuis 50 ans, en dépit d'un ralentissement lié à la crise : le taux de croissance de 3,3 % du commerce des marchandises prévu par l'OMC pour 2015, après deux années à 3 % environ, est inférieur à la moyenne de 5,3 % des 20 dernières années (1992-2012) et largement inférieur au taux moyen d'avant la crise (2000-2008), qui était de 6 %. En conséquence, le ratio des exportations mondiales de biens et services commerciaux au PIB a presque doublé en trente ans, passant de 18 % en 1986 à 32 % en 2012. Ceci signifie qu'une part de plus en plus importante de la production des pays est destinée à l'exportation ou provient de l'étranger.

1) Caractéristiques des échanges mondiaux de biens et services

En 2013, les exportations mondiales de marchandises représentent une valeur de 18 816 milliards de dollars, en augmentation de 8 % en volume sur la période 2005-2013, crise comprise donc. La chute du commerce mondial durant la crise a donc largement été surmontée, la courbe des exportations mondiales reprenant sa configuration d'avant crise après la rupture de 2008.

Deux faits majeurs caractérisent les échanges de biens au niveau mondial : le poids des échanges infrarégionaux, de l'ordre de 50 % du total des échanges, avec une montée en puissance des échanges sud-sud, notamment inter-asiatiques et le poids des échanges intragroupes, au sein d'entreprises globales opérant à flux tendus à l'échelle planétaire (voir 2).

Deux catégories de pays ont par ailleurs accru leurs parts dans les exportations mondiales : les pays « émergents » qui réalisaient 35 % des exportations de biens en 2013 (+ 17 points par rapport à 1995) et les pays « rentiers », exportateurs de produits primaires et énergétiques, qui réalisaient 15 % des exportations mondiales (+ 6 points).

Exportations mondiales de marchandises et services commerciaux, 2005-2013

	Valeur (Mds $)	Structure (%)	Variation annuelle (%)
Marchandises	18 816	80,8	8
Services commerciaux	4 645	19,2	8
Transports	905	20,4	6
Voyages	1 185	25,4	7
Autres services	2 250	54,1	9

Source : OMC.

Les échanges de services représentent pour leur part une valeur de 4 645 milliards de dollars en 2013, moins de 20 % du total des échanges. Ils augmentent au même rythme que les échanges de biens de sorte que leur part dans le commerce mondial est inchangée depuis quarante ans ! La raison en est que les barrières contraignant leur commerce sont diffuses et ancrées dans les réglementations des pays, de sorte que la libération des services est souvent un leurre. La structure des exportations de services a toutefois évolué, les baisses de prix du transport ayant fait chuter la part des postes transports et voyages, au bénéfice des autres services – assurance, audiovisuel, communication, construction, finance, informatique, licences et brevets, services aux entreprises (comptabilité, conseil, services d'architectes, etc.). Ces derniers représentent aujourd'hui 54 % des services exportés, contre 30 % à la fin des années 1960.

Le poids constant et finalement faible des services dans les échanges mondiaux est toutefois aussi lié à un artefact statistique, ce que met en valeur la notion de commerce en valeur ajoutée.

2) Le commerce en valeur ajoutée

Une facette du commerce international est donc la segmentation de la chaîne de valeur, c'est-à-dire le fait que les entreprises ont coupé en tronçons les processus de conception et de production : les biens, et de plus en plus les services, sont assemblés à partir de composants produits dans de multiples pays. Il y a éclatement des processus de production entre ces pays, un commerce des tâches en quelque sorte. L'iPhone d'Apple illustre parfaitement cela, qui intègre dans sa production 34 % de produits japonais, 17 % de produits allemands, 13 % de produits coréens, 6 % de produits américains et seulement 3 % de valeur ajoutée chinoise d'où il est pourtant exporté (ou plus exactement réexporté) vers les États-Unis et le reste du monde.

Cette fragmentation de la chaîne de production a redessiné la carte du commerce international. Les biens intermédiaires prennent désormais une part considérable : en 2011, 60 % des exportations mondiales hors combustibles concernaient des biens intermédiaires servant souvent d'intrants pour la production d'un autre produit.

L'imbrication des échanges intra-entreprises demandait de revoir la mesure du commerce international. C'est chose faite avec le commerce en valeur ajoutée proposé par l'OCDE et l'OMC depuis 2013. Pour comprendre cette nouvelle approche, prenons le cas d'une chaussure produite en France pour 100, vendu en Allemagne, et incorporant 40 de produits italiens et 20 de services français. En comptabilité ancienne, la France exporte 100 vers l'Allemagne, et importe 40 de l'Italie, point final. En comptabilité en valeur ajoutée, la France exporte pour 40 d'articles chaussants vers l'Allemagne (comme l'Italie) et 20 de services.

Quels sont les enseignements de cette nouvelle approche ? Le premier partenaire de la France n'est plus l'Allemagne, mais les États-Unis ! Ces mêmes États-Unis dont le déficit avec la Chine est réduit d'un quart en valeur ajoutée, quand les exportations de produits électroniques chinois incorporent pour leur part 40 % de produits étrangers. Enfin, les services représentent non plus le quart, mais la moitié des exportations des pays de l'OCDE, avec le rôle moteur de la logistique dans les échanges internationaux.

À NOTER • Le commerce mondial de biens reste prédominant ; la part des services est stable en tendance à 20 %. Mais une nouvelle approche, le commerce en valeur ajoutée, indique que le poids des services est en fait plus important, puisqu'ils sont incorporés aux biens. Cette approche souligne aussi le poids des échanges intra-firmes, la production s'opérant à partir des composants disséminés dans différents pays.

B – Le système commercial international

1) Principes et missions de l'Organisation Mondiale du Commerce

Le commerce entre les pays est aujourd'hui régi par les accords signés au sein de l'Organisation Mondiale du Commerce (OMC) par les grandes puissances commerciales du monde. L'OMC a succédé le 1er janvier 1995 au GATT (*Général Agreement on Tariffs and Trade*) qui établissait jusqu'alors les règles du système. Le GATT, qui était à l'origine un simple accord, est devenu une organisation internationale officieuse au fil des grands cycles de négociation entre les pays (les rounds).

L'OMC a trois objectifs principaux :

- favoriser les échanges en s'assurant du caractère transparent et prévisible des règles commerciales internationales ;
- servir de cadre à des négociations commerciales visant à la suppression des obstacles tarifaires (droits de douane) et non-tarifaires (règlements techniques, normes, etc.), et autres mesures défavorables aux échanges ;
- permettre le règlement des différents commerciaux entre les pays.

2) Les accords déjà signés

Les négociations du Tokyo round (1973-1979) et de l'Uruguay round (1986-1993) ont permis d'avancer sur un certain nombre de dossiers.

Les marchandises : la baisse des droits de douane sur les marchandises a été continue depuis 1947. Sur une période récente, ils baissent de quatre points dans l'agriculture pour les pays du G20 de 1995 à 2010 (de 18 à 14) et de cinq points dans l'industrie (de 13 à 8) ou, sur un autre champ, de 7 points pour les émergents (de 15 à 8) et de deux points pour le pays à revenu élevé (de 6 à 4). Le droit de douanes moyen appliqué par l'Europe est faible, à 1,5 % ; il est par ailleurs très avantageux pour les pays en développement. *A contrario*, ces pays se protègent davantage des importations venant d'Europe : sur le marché des produits non-agricoles, les droits de douanes moyens s'établissent à 6 %, ce taux monte à 28 % pour l'agriculture. Les moyennes sont également trompeuses : le taux moyen de la Chine est par exemple de 8 %, mais il varie 3 % à 80 % selon que les importations sont encouragées ou non (l'importation d'automobiles est par exemple découragée) par les autorités. Enfin, pour de nombreux pays, les droits n'ont pas été « consolidés » à l'OMC : ils peuvent à tout moment augmenter.

Les services et la diversité culturelle : le cycle d'Uruguay a également débouché sur la signature d'un accord partiel dans le domaine des services intitulé Accord Général sur le Commerce des Services (AGCS). En matière de services, la libéralisation passe davantage par une déréglementation de secteurs souvent protégés. L'Union européenne souhaite par ailleurs maintenir le régime d'exception pour les services culturel et audiovisuel acceptés lors de la conclusion du cycle d'Uruguay. Il s'agit ici de préserver la diversité de ces productions qui constituent le patrimoine culturel des pays. Cette clause de sauvegarde pourrait être de nouveau actionnée en 2013 à l'occasion des négociations commerciales à venir entre les États-Unis et l'Europe : le Parlement européen suivant en cela les ministres de la culture a voté l'exclusion de l'audiovisuel du mandat de négociation confié à la commission.

La propriété industrielle : il est logique que les créateurs bénéficient des droits sur leurs inventions, dessins, modèles ou autres créations. Ces droits sont appelés droits de propriété intellectuelle. Ils revêtent plusieurs formes : droits d'auteur, brevets, marques de fabrique ou de commerce, etc. L'absence de protection de la propriété industrielle est l'un des freins les plus importants au développement des échanges et des investissements directs à l'étranger. Le cycle d'Uruguay a permis la signature d'un accord sur les aspects des Droits de Propriété Intellectuelle qui touchent le Commerce (ADPIC) ayant pour objet d'atténuer les différences dans la façon dont ces droits sont protégés et visant à soumettre ces droits à des règles internationales communes.

3) L'échec de Doha et la fin du multilatéralisme

Le cycle de Doha, lancé en 2001, n'a jamais abouti, se heurtant d'une part à la complexité du dossier agricole, d'autre part au refus des émergents d'ouvrir plus avant leurs marchés, s'estimant encore trop fragiles.

L'échec de Doha a de fait relancé la logique des accords bilatéraux, de sorte que l'OMC ne recensait pas moins de 414 accords commerciaux régionaux et bilatéraux (mais 235 seulement entrés en vigueur...) début 2013, contre moins de 10 en 1990. Dans les années 1990 et 2000, l'Union européenne a par exemple signé 32 accords pour ouvrir aux entreprises européennes 17 % des marchés mondiaux. Elle a ouvert à la fin 2012 des négociations pour un accord de libre-échange avec le Japon, s'apprête à conclure celles avec le Canada, sans oublier les pourparlers en cours avec le Mercosur.

Surtout, nous l'avons dit, les Européens ont décidé lors du Conseil européen du 8 février 2013 d'approuver l'ouverture de négociations avec les États-Unis pour un grand marché transatlantique. Sur quels sujets peut porter un tel accord ? Les tarifs douaniers étant déjà faibles (3-4 %), l'essentiel des discussions porte sur les sujets qui fâchent : normes techniques (par exemple, les constructeurs automobiles européens ont du mal à exporter aux États-Unis du fait de règles de sûreté autour des phares des véhicules américains) ou sanitaires (OGM...), certification, protection intellectuelle, ouverture des marchés publics (voir le cas du marché des avions ravitailleurs remporté dans un premier temps par Airbus – allié à un Américain – qui avait ensuite été bloqué par le Congrès américain), protection des investissements voire même problème d'optimisation fiscale dont usent et abusent les multinationales américaines (voir plus loin l'exemple de Google).

La question de la nature des instances de règlement des conflits entre les entreprises d'une part, les États d'autre part, est également un point de différend qu'il conviendra de régler. En particulier, les Européens critiquent les tribunaux privés d'arbitrage privilégiés par les États-Unis, pour leur manque de transparence, le choix critiquable des arbitres ou encore le recul induit de la souveraineté des États. Les effets attendus d'un tel accord sont un développement des échanges (+50 % selon les études) pour une hausse attendue de 0,5 % et 3 % du PIB des États-Unis et de la zone euro au bout de quelques années. En termes sectoriels, l'alimentation, l'aérospatial, les véhicules, la chimie ou encore la pharmacie seraient les secteurs bénéficiaires en Europe.

Il reste enfin que le développement du bilatéralisme rend le commerce international plus complexe, les accords de pair à pair risquant de se chevaucher pour au final se contredire. Ils risquent d'affaiblir les principes mêmes de non-discrimination de l'OMC. Pour l'heure, seulement 15 % du commerce international se fait selon des règles issues de ces accords bilatéraux, un chiffre qui reste peu élevé. Mais le risque principal qui se profile, si la tendance se poursuit, est bien celui d'un cloisonnement des marchés, entravant d'autant les flux commerciaux et par là même la croissance mondiale.

À NOTER • Après des décennies de libéralisation du commerce, l'échec du cycle de Doha fait peser une menace sur le développement continu des échanges, la fin du multilatéralisme pouvant annoncer le retour des rapports de force dans le commerce mondial. Le projet TAFTA entre l'Europe et les États-Unis illustre les opportunités mais aussi les risques du bilatéralisme croissant dans l'organisation du commerce mondial.

3 La mondialisation financière

Parmi les facteurs de production, l'un est parfaitement ***mobile***, le capital, l'autre est en grande partie ***immobile***, le travail, même s'il existe un marché mondial des « talents ». Ceci n'est pas sans conséquence sur le fonctionnement du système économique mondial et la distribution du revenu à l'intérieur des pays.

A – La financiarisation du monde

La décennie 1990 a vu une explosion des mouvements de capitaux entre les pays. C'est ce que l'on appelle la mondialisation financière. Elle participe de la financiarisation du monde, i.e. le poids de plus en plus important de la finance dans les économies.

1) Les flux en question

Les mouvements d'argent entre pays entraînent logiquement conversion d'une monnaie dans une autre. Une première approche de la mondialisation financière est donc de regarder le montant des transactions sur le marché des changes. Elles sont aujourd'hui estimées à environ 4 000 milliards de dollars par jour, contre 200 en 1986. À titre de comparaison, le PIB annuel de la France est de l'ordre de 2 000 milliards de dollars. Il s'échange donc quotidiennement deux fois plus d'argent entre pays à monnaie différente que ce que produit la France en une année !

Au-delà, les mouvements de change représentent 15 fois le PIB mondial ou encore 65 fois le montant du commerce international. Ce dernier chiffre est édifiant : quand on vend pour un dollar de biens dans le monde, la logique voudrait qu'un dollar soit échangé ; en réalité, ce sont 65 dollars qui circulent…

Autre exemple : le marché boursier et obligataire représente 2,5 fois le PIB mondial ; quand on y adjoint les actifs bancaires, c'est 4 fois le PIB mondial. Pour la zone euro, c'est 6 fois le PIB de la zone (9 pour le Royaume-Uni, 22 pour le Luxembourg). Les groupes bancaires pèsent d'un poids considérable : les actifs de Barclays équivalent à 110 % du PIB du Royaume-Uni, ceux de Santander 120 % du PIB espagnol, ceux de BNP Paribas 100 % du PIB français.

Cependant, une étude récente de McKinsey va même jusqu'à évoquer une démondialisation financière : après avoir crû de 8,1 % en moyenne annuelle sur la période 2000-2007, la valeur des actifs croît de « seulement » 1,9 % par la suite (2008-2012). Il s'agit donc d'une rupture, non d'une inversion, de tendance. Deux actifs voient sans surprise leur croissance fortement ralentir : les obligations bancaires (de 10,7 à 1,5 %) et les prêts titrisés (de 15,9 à - 0,7 %). En fait, la démondialisation évoquée repose non pas sur une contraction des flux, mais sur une renationalisation des systèmes financiers. Elle se voit aussi bien sur le marché de prêts bancaires (les banques financent d'abord les projets et entreprises domestiques) que sur le marché de la dette souveraine (la montée des investisseurs « résidents ») ou sur le marché des devises, avec la contraction sensible des volumes mondiaux. En 2007, le total des flux de capitaux transfrontaliers atteignait 11 800 milliards de dollars. En 2012, il est tombé à 4 600 milliards.

2) Les acteurs de la financiarisation

Quels sont les acteurs des marchés financiers ? Ce sont principalement des fonds gérants des capitaux pour autrui : *fonds de pension* (fonds de retraite), *fonds mutuels* (OPCVM, Sicav, fonds commun de placement, etc.), *fonds spéculatifs* (par exemple les *hedge funds*), *fonds d'investissement* (*private equity*) et *fonds souverains* (fonds de placement des États disposant d'une manne pétrolière ou gazière ou de réserves de change importantes).

Fin 2014, selon le cabinet de conseil Towers Watson, la valeur globale des actifs gérés par les professionnels est de l'ordre de 76 000 milliards de dollars (100 % du PIB mondial), proche des niveaux de 2007 (69 000). Entre 2002 et 2007, les actifs gérés s'étaient envolés de près de 73 %. Les États-Unis dominent le classement : sept des dix premières sociétés de gestion sont américaines – le numéro un BlackRock affiche plus de 4 300 milliards de dollars d'actifs sous gestion. Deux Français font partie de ce top 10 : Axa (1 500 milliards) et BNP Paribas (1 300 milliards). Parmi les autres sociétés françaises, Amundi (Crédit Agricole et Société Générale) se classe à la 14e place (1 000 milliards de dollars) et sera prochainement cotée en Bourse pour une valorisation estimée entre 7 et 10 milliards d'euros. Plus loin, on retrouve des sociétés indépendantes, comme Carmignac Gestion, première d'entre elles avec un encours de 50 milliards.

L'encours total des fonds de pension est, lui, de l'ordre de 36 000 milliards de dollars, les États-Unis en tête avec une capitalisation de 23 000 milliards de dollars, pour 127 % de leur PIB. Les Pays-Bas sont le pays où ces fonds représentent la plus grosse part du produit intérieur brut (PIB), à 165,5 %. Parmi les fonds principaux, on retrouve le fonds souverain (public) japonais à 1 600 milliards suivi du fonds norvégien (820 milliards) ; les fonds souverains totalisent environ 3 700 milliards de dollars. En France, où les retraites sont principalement reversées par répartition, Towers Watson estime tout de même que la capitalisation représente environ 171 milliards de dollars d'actifs en gestion. Les hedge funds gèrent pour leur part 2 600 milliards de dollars fin 2014, ils seraient 10 000 environ dans le monde.

À NOTER • Un chiffre traduit l'ampleur de la mondialisation financière : quand un dollar est échangé au motif de transaction commerciale, soixante-cinq sont échangés au seul titre de la finance. Les données récentes concluent cependant à une – relative – démondialisation financière dans un contexte de financiarisation confortée des économies nationales.

B – Les investissements directs à l'étranger

Les mouvements de capitaux peuvent être décomposés en deux grandes catégories, selon qu'ils sont de court ou de long terme. Les premiers, appelés ***investissements de portefeuille***, sont parfois spéculatifs, alors que les seconds, appelés ***investissements directs à l'étranger*** (IDE), sont de nature productive.

1) Généralités

Il y a investissements directs à l'étranger (IDE) lorsqu'un investisseur basé dans un pays (le pays d'origine) acquiert un actif dans un autre pays (le pays d'accueil) avec l'intention de le gérer. C'est cette fonction de gestion qui distingue l'IDE de l'investissement de portefeuille (en actions ou obligations par exemple).

Il y a trois grandes catégories d'investissements étrangers :

- ***la prise de participation*** dans une entreprise étrangère pour au moins 10 % de son capital. Cette catégorie d'IDE comprend les fusions et acquisitions et les investissements nouveaux (création de nouvelles usines) ;
- ***les bénéfices réinvestis,*** qui correspondent à la part des bénéfices d'une filiale d'entreprise multinationale qui n'est pas restituée à la société mère. Cette forme d'investissement peut représenter jusqu'à 60 % des flux sortants d'IDE pour des pays très présents depuis longtemps à l'étranger comme les États-Unis ou le Royaume-Uni ;
- ***les autres flux de capitaux*** qui correspondent aux emprunts ou aux prêts réalisés entre la société mère et sa filiale.

L'investissement dans un pays étranger peut répondre à trois types de motivations :

- produire moins cher pour profiter des bas coûts de production dans le pays d'accueil (le travail par exemple) ou de la présence de matières premières non disponibles ailleurs ;
- pouvoir vendre dans le pays d'accueil du fait de la nature des produits (intransportables) ou de l'existence de barrières protectionnistes ;
- mieux vendre du fait de la proximité avec les marchés.

2) Flux d'IDE, notamment vers les émergents

Les flux d'IDE ont été multipliés par sept depuis 1990, passant par deux points hauts, en 2000, dans un contexte de bulle boursière sur les valeurs technologiques, et en 2007, dans le contexte d'euphorie d'avant crise. Ils s'établissent à 1 230 milliards de dollars en 2014, en baisse de 16 % sur un an. La Chine reste le premier récepteur d'IDE en 2014, suivie de Hong-

Kong (Chine) et des États-Unis. Les pays en développement en tant que groupe ont attiré des IDE d'un montant de 681 milliards de dollars, premiers destinataires en pourcentage des entrées mondiales (voir graphique). Parmi les 10 premiers bénéficiaires de l'IDE au niveau mondial, la moitié appartenait au monde en développement : Chine, Hong-Kong (Chine), Singapour, Brésil et Inde. Au contraire des années 1990, les IDE sont également aujourd'hui de plus en plus disséminés : des pays comme le Chili, le Mexique, le Pérou, la Malaisie ou encore l'Indonésie en bénéficient largement.

Même l'Afrique tire son épingle du jeu : entre 2000 et 2014, les IDE, les investissements de portefeuille et l'aide publique au développement (APD) y ont pratiquement quintuplé, passant de 27 Mds $ en début de période à 126 en 2014. Mais c'est la composition de ces apports qui traduit le mieux le nouveau dynamisme économique de l'Afrique : depuis 2005, le continent attire plus d'IDE que d'APD. Qui plus est, la part de l'Afrique dans les flux mondiaux d'IDE ne cesse d'augmenter depuis dix ans, passant de 0,7 % en 2000 à 11 % en 2014 (128 milliards, en progression de 136 %, un record depuis cinq ans). Ces chiffres témoignent de la nouvelle place qu'occupe l'Afrique dans le monde, et de sa capacité grandissante à exploiter les opportunités liées à la mondialisation.

Par ailleurs, dans ce monde qui s'inverse, il convient de noter l'ampleur récente et marquée des flux sortants d'IDE des émergents d'Asie (voir graphique), qui pour sécuriser ses approvisionnements en matières premières en achetant des entreprises productrices, qui pour acquérir des entreprises occidentales en manque de financement ou de repreneur.

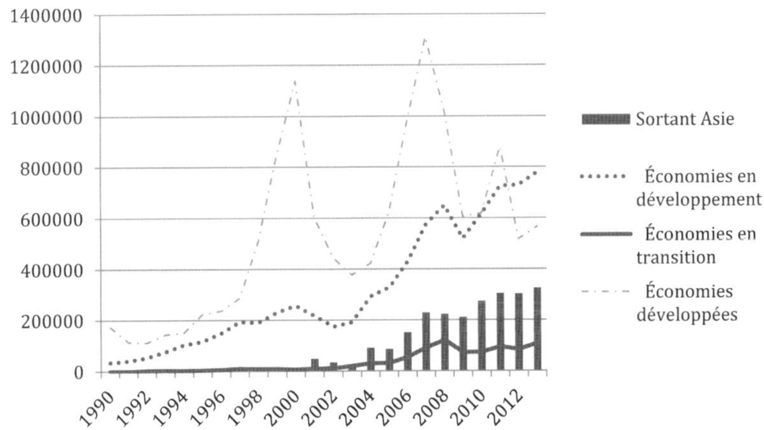

3) La délocalisation

La délocalisation (*offshore* en anglais) peut être définie de trois façons :

- au sens strict, c'est changer de lieu une unité de production sans que soit affectée la destination des biens ou services produits;
- elle peut aussi désigner le recours à la sous-traitance proposée par une société étrangère afin de fournir des biens produits auparavant localement par l'entreprise : c'est l'*offshore outsourcing*;
- au sens large, c'est la création d'une nouvelle unité de production à l'étranger plutôt que sur le territoire national. La distinction entre délocalisation et IDE tient au fait de savoir si l'on pouvait ou non réaliser la production localement.

Les délocalisations seraient la face noire de la mondialisation : les effets d'annonce sont désastreux, les conséquences sociales dévastatrices. Pourtant, elles permettent aussi paradoxalement de sauver des emplois. La raison en est qu'une partie d'entre elles vise à fragmenter les différents stades de production dans les pays où les coûts sont les plus faibles. En diminuant les coûts de l'entreprise, la délocalisation d'un stade de production peut donc permettre à la production du bien final de rester compétitive. C'est la stratégie qu'a menée l'Allemagne ces dernières années, les externalisations de production en Europe de l'est renforçant paradoxalement la capacité productive de son industrie.

Dans la même logique, analysant les effets des délocalisations américaines vers l'Inde, McKinsey aboutissait à un gain net pour l'économie mondiale (1,46 $ de gain pour 1 $ de perte liée aux délocalisations). Évidemment, l'Inde gagne, percevant 33 centimes sous forme de salaires octroyés à des employés locaux, de bénéfices de sous-traitants indiens et de leurs fournisseurs et d'impôts perçus par le gouvernement indien. Mais surtout, et là encore paradoxalement, les États-Unis gagnent aussi, 13 centimes de dollar. Ils enregistrent ce bénéfice en économisant sur les coûts, en augmentant l'exportation vers l'Inde et en rapatriant les bénéfices des sociétés de sous-traitance dans lesquelles ont investi des sociétés américaines.

La nouveauté du débat sur les délocalisations tient aussi à un phénomène inédit : l'ouverture de nouveaux services au commerce international. Du jour au lendemain, des métiers qui se croyaient protégés se retrouvent sur le marché mondial. Le phénomène se développe en France de manière insidieuse : certaines entreprises industrielles externalisent leurs activités de services localement, puis, par une pression accrue sur les prix, incitent leurs sous-traitants à délocaliser « à leur place ».

Plus récemment encore, une autre forme de délocalisation est apparue, la « délocalisation sur place » : plutôt que de transférer une activité à l'étranger, l'employeur fait venir en France des travailleurs d'un pays où le coût du travail est bas pour remplacer la main-d'œuvre locale.

C – Faut-il rejeter en bloc la mondialisation financière ?

La mondialisation financière présente un certain nombre d'avantages mais ses excès déstabilisants appellent une régulation à deux égards : limiter les flux de court terme déstabilisants, décourager les paradis fiscaux qui aspirent l'évasion fiscale notamment des grandes entreprises.

1) Avantages

La mondialisation financière présente plusieurs avantages :

– d'abord, elle permet ce que les économistes appellent l'allocation optimale des capitaux. Cela signifie que les capitaux vont se placer là où les pays en ont le plus besoin, ce qui permet leur développement et garantit une meilleure rentabilité des placements ;

– ensuite, elle permet une diversification des placements pour les épargnants, ce qui limite les risques ;

– enfin, elle permet aux États qui ont des déficits de se financer sans assécher le marché national des capitaux.

Plus généralement, elle permet aux agents et aux pays qui disposent d'un surplus d'épargne de le transférer vers ceux qui ont un déficit d'épargne.

2) Inconvénients

La mondialisation financière est tout d'abord le socle du développement du capitalisme financier, qui crée une distorsion dans la répartition de la valeur ajoutée au détriment des salariés. En cela, elle est à l'origine du développement des inégalités au sein des pays, et des tensions qui en résultent.

Par ailleurs, les mouvements de capitaux étant largement réversibles, elle fait peser sur l'économie mondiale un risque d'instabilité accrue (voir le chapitre sur la crise). Le problème est que les capitaux étant parfaitement mobiles, en particulier ceux qui sont placés à court terme, ils peuvent sortir des pays aussi vite qu'ils y sont rentrés. S'ils quittent effectivement un pays, celui-ci se trouve à court de financement, pour ses opérations de développement mais aussi pour ses approvisionnements quotidiens. Les difficultés économiques qui en résultent sont alors dramatiques, comme l'ont illustré les crises de ces dernières années. Pire, les crises financières sont maintenant systémiques : une crise se produisant à un endroit ou sur un marché affecte l'ensemble des pays ou des marchés.

3) Trier le bon grain de l'ivraie ?

Au final, il y aurait donc une bonne mondialisation financière, celle du long terme, les IDE, et une moins bonne, parfois, celle du court terme, les investissements de portefeuille. Une façon d'encourager l'une, de dissuader l'autre surtout, serait de taxer les capitaux en mouvement, à un taux très faible, par exemple 0,1 %. C'est la *taxe Tobin*. Les IDE seraient peu pénalisés (l'argent ne bouge qu'une fois), au contraire des mouvements incessants. Conceptuellement intéressante, cette idée se heurte aux problèmes concrets d'application, en particulier la nécessité de son acceptation par tous les pays. C'est la principale critique à la taxe sur les transactions financières prévue fin 2014 par onze pays d'Europe (dont la France et l'Allemagne). Ce projet prévoit de taxer les échanges d'actions et d'obligations à un taux de 0,1 % ainsi que les transactions sur les produits dérivés à un taux de 0,01 %. Il s'agit ici d'éviter l'écueil rencontré par la taxe sur la transaction financière française, instaurée en mars 2012, une taxe sur l'achat d'actions françaises cotées à Paris qui avait amené nombre d'investisseurs à acheter des produits dérivés, qui répliquent la performance des titres et échappent à la taxe... De fait, les difficultés techniques de ce type de taxation sont légions.

Au-delà, la taxation du capital se heurte toujours aux stratégies de passagers clandestins : celui qui ne taxe pas, ou très peu, récupère le pactole. C'est la stratégie des paradis fiscaux et autres boîtes noires de la finance mondiale.

4) Paradis fiscaux et lutte contre l'évasion fiscale

La mondialisation financière transite largement par les paradis fiscaux, ces juridictions à l'imposition inexistante dans lesquelles l'importance des transactions financières est écrasante au regard du reste de l'économie. En premiers lieux, on trouve les îles Caïmans, le Luxembourg, les Bahamas, Jersey, Bahreïn, Guernesey, les Antilles néerlandaises, la République de Maurice, l'île de Man, les îles Marshall et la Barbade. Par exemple, les Bermudes attirent un tiers du marché mondial de la réassurance grâce à un traitement fiscal favorable. Les îles Caïmans sont le premier marché des *hedge funds*. Le Luxembourg est, quant à lui, le troisième gestionnaire mondial de fonds en total d'actifs financiers (voir l'exemple de Clearstream) et le deuxième marché des fonds communs de placement. Il est le principal destinataire de fonds provenant du Liechtenstein et des îles Caïmans, qu'il redistribue ensuite aux principaux centres financiers européens.

Les multinationales sont par ailleurs l'un des principaux pourvoyeurs des paradis fiscaux, ce qui affaiblit fiscalement leur pays d'origine. L'exemple de Google est particulièrement édifiant. Ses techniques d'évasion fiscale reposent sur le « Double Irish » (le double irlandais) ou le « Dutch sandwich » (le sandwich hollandais). Tout d'abord, les revenus de Google pour l'Europe, le Moyen-Orient et l'Afrique sont encaissés en Irlande, pays à faible imposition. Ensuite, Google Inc. licencie les droits sur ses technologies et sur ses produits pour cette zone à une coquille vide basée... aux Bermudes, qui assèche les bénéfices de Google Irlande via une facturation interne (les prix de transfert). Bref, Google paye peu d'impôts (en Irlande) sur peu de bénéfices (ils sont au Bermudes). Mais il y a un hic : l'exonération fiscale irlandaise ne s'applique que si les redevances sont payées à une autre structure européenne ! Qu'à cela ne tienne : les royalties transitent par une coquille vide de Google aux Pays-Bas et repartent en presque totalité (99,8 %) aux Bermudes. Dernière étape : attendre une amnistie fiscale aux États-Unis pour rapatrier les bénéfices colossaux accumulés aux Bermudes. En conséquence, le taux d'imposition des bénéfices de Google à l'international est aujourd'hui de l'ordre de 2,4 %.

Il reste aussi que la présence des entreprises dans les paradis fiscaux ne vise pas seulement à l'optimisation – pour ne pas dire la fraude – fiscale, mais satisfait aussi des obligations commerciales ou organisationnelles dans un monde encore opaque : le patron de Total explique par exemple que l'accès au gaz et au pétrole du Moyen-Orient passe nécessairement par une présence dans les paradis fiscaux, BNP-Paribas y justifie sa présence par le fait d'accompagner ses clients asiatiques. Enfin, la création d'entités *offshore* peut être une condition *sine qua non* imposée par le partenaire local lors d'une opération d'implantation sur un marché émergent…

Quoi qu'il en soit une offensive nouvelle est menée depuis quelques années contre les paradis fiscaux. La révélation par la presse mondiale (l'Offshore Leaks) des pratiques et acteurs de ces « paradis » d'une part, l'annonce par trois pays anglo-saxons (USA, Royaume-Uni et Australie) de la possession d'éléments comptables sur la création de sociétés *offshore* par des entreprises dans les îles Caïmans, Vierges britanniques et Cook, d'autre part, atténuent le sentiment d'impunité longtemps prévalent. La volonté politique réaffirmée et partagée de rapatrier des sommes indûment soustraites aux fiscalités nationales, dans un contexte de nécessité de désendettement public semble ouvrir la voie à une normalisation des pratiques fiscales, alors même que l'application de la loi américaine dite FATCA sur l'échange automatique d'informations sur les exilés fiscaux début 2014 fera peser une contrainte nouvelle sur les juridictions indélicates.

À NOTER • Aux investissements directs à l'étranger, de nature productive, on oppose les investissements de portefeuille, parfois à caractère spéculatif. On les retrouve dans les paradis fiscaux, boîte noire de la mondialisation, aujourd'hui sur la sellette. Les taxes sur les transactions financières, moralement et économiquement justifiées, se heurtent aux stratégies de passagers clandestins, visant à récupérer à faible taux mais grands profits les flux cherchant à se soustraire à l'impôt.

4 La globalisation, mondialisation des idées et des talents et nouvelles émergences

La globalisation accentue les mondialisations décrites. Elle traduit l'accélération et le changement de nature de la mondialisation des années 1990. Au-delà des TIC et de l'apparition d'un marché mondial du travail, c'est bien l'émergence de pays à la taille de continent qui modifie entièrement la donne.

A – La mondialisation des idées et des talents

De fait, une facette nouvelle de la mondialisation est la diffusion immédiate et simultanée des idées et technologies de par le monde. On est très loin d'un schéma de diffusion séquencé tel celui qui prévalait dans la logique du cycle de vie d'un produit. Les TIC participent d'une diffusion fulgurante des dernières techniques, des idées les plus en pointes. L'indice de globalisation développé par le cabinet de conseil Ernst & Young (globalization report, 2013) traduit cela : sur la décennie 2000, la seule composante de la mondialisation en progression est celle des échanges de technologies et d'idées, dans ce mouvement perpétuel d'innovation mondialisée. Si ce processus est largement dématérialisé, il s'appuie aussi toutefois sur la mondialisation des talents, face émergée de la mondialisation encore embryonnaire d'un marché du travail.

De fait, il apparaît de plus en plus nettement un marché mondial des « talents », au-delà des quelques métiers de niche depuis longtemps mondialisés (traders, footballeurs ou encore cuisiniers). Ceci est d'abord lié à la mobilité des étudiants des différents pays, de plus en plus nombreux, et qui constituent le vivier naturel du marché des talents mondialisés de demain. À l'horizon 2020, on estime à 200 millions les diplômés de l'enseignement supérieur, dont 40 % seront originaires de Chine ou d'Inde, contre 25 % des États-Unis ou de l'Union européenne par exemple. Et aujourd'hui, les étudiants internationaux représentent en moyenne plus de 6 % de l'ensemble des étudiants dans les pays de l'OCDE, États-Unis, Royaume-Uni et Australie en tête des pays d'accueil devant la France. Ces « talents » sont et seront de plus en plus mobiles, de sorte que le nombre d'employés de multinationales s'inscrivant dans une logique de mobilité pourrait croître de 50 % entre 2009 et 2020, contre un accroissement de 25 % entre 1998 et 2009 (source PricewaterhouseCoopers). De nouvelles formes de mobilité se font par ailleurs jour : les missions à court terme se développent rapidement tandis que, de l'autre côté de l'échelle, les mutations seront de plus en plus permanentes pour accompagner les stratégies de localisation d'activités, une partie de ces migrations s'effectuant vers les émergents avec des salaires « local-plus ».

La mobilité virtuelle permettra enfin de développer des espaces d'échanges dans une logique de migration sur place en quelque sorte. Pour illustrer cette dernière tendance, comment ne pas citer la savoureuse histoire de cet informaticien américain, le mieux payé de son entreprise parce que le plus productif, qui a pendant dix ans externalisé son travail en Chine, passant ses journées sur les réseaux sociaux après avoir défini le cadre de travail journalier de son équipe chinoise... Il y a là un symbole d'une nouvelle forme de mondialisation, impliquant le travail, articulée autour des TIC.

Il reste enfin que cette existence d'un marché global des talents ne préfigure pas nécessairement la mondialisation du marché du travail dans son ensemble. Il y aurait donc bien d'un côté des travailleurs qualifiés et profitant des avantages – et des salaires – de la mobilité, d'un autre coté des sédentaires localisés subissant les effets de la mondialisation. Un article du site Atlantico de février 2013 résumait parfaitement cette situation : « Élites mondialisées contre masses clouées au sol : la nouvelle lutte des classes ».

À NOTER • Les TIC, en réduisant à peu les coûts de transactions et de communications, sont un formidable accélérateur du processus de mondialisation. Elles suscitent une mobilité des talents, ces salariés très qualifiés qui gagnent au processus de mondialisation, au contraire des salariés moins ou pas mobiles, qui subissent ses effets.

B – Les BRICs, les nouveaux émergents

Le monde économique de ces cinquante dernières années a été dominé par les pays de la triade, États-Unis, Europe, Japon. Mais cette situation évolue avec l'émergence de pays à la taille de continent, Brésil, Russie, Inde et Chine en particulier, qui composent l'acronyme BRIC, depuis peu BRICS, puisque l'Afrique du sud a officiellement intégré le quartet en 2011. La Corée du sud et la Turquie aspirent à les rejoindre (Add T for Turquey !).

À eux cinq, ils abritent plus de 43 % de la population, 20 % de l'activité mondiale (15 000 milliards de dollars de PIB) et réalisent entre 15 et 20 % du commerce international, dans une dynamique sud-sud de plus en plus affirmée (500 milliards de commerce interne attendus pour 2015, pour une large part en monnaies nationales – yuan, rouble, roupie, rand et real – pour s'extraire de la dépendance au dollar).

Autre signe que leur poids dans l'économie mondiale se renforce, ils ont attiré en 2012 20 % des investissements étrangers mondiaux (soit 263 milliards de dollars), contre 6 % il y a 10 ans ; 46 % de ces flux ont été dirigés vers la Chine, 25 % vers le Brésil, 17 % vers la Russie et 10 % vers l'Inde. Parallèlement, les BRICS ont investi 126 milliards de dollars à l'étranger en 2012, soit 9 % du total mondial, contre 1 % en 2000. De fait, leurs moyens financiers d'intervention à l'étranger semblent sans limite, adossés à un trésor de guerre – les réserves de change – estimé début 2013 à 4 630 milliards de dollars.

Ces pays s'inscrivent aussi dans une logique de montée en gamme, pour capter la valeur et ne pas se cantonner aux activités bas de gamme : sur la période 1995-2011, la croissance de leurs exportations de produits de haute-technologie a surperformé celle des exportations totales (+ 18 contre + 14 %) alors que ces produits représentent 30 % de leurs exportations totales en 2011 (15 % en 1995). Ils pèsent aussi le sixième des dépenses mondiales de R&D, et disposent du plus grand potentiel de chercheurs de la planète.

Chacun de ces pays a axé son développement sur un secteur-clé dans lequel il est devenu leader mondial : les produits manufacturés pour la Chine, les services, notamment informatiques, pour l'Inde, l'énergie (pétrole et gaz) pour la Russie, l'agriculture et les matières premières pour le Brésil, les mines et les minerais pour l'Afrique du sud.

Ces pays cherchent enfin à s'extraire de l'influence des organisations de Bretton-woods pour leur financement et leur développement, par exemple en créant la « New Development Bank », prochainement dotée de 50 milliards de dollars de capital, destinée à financer leurs propres besoins en infrastructures estimés à 4 500 milliards de dollars ces cinq prochaines années. D'autres projets (agence de notation, mécanisme de réassurance commun...) sont en cours, dans l'objectif de construire une architecture financière complète et cohérente défendant une vision sud-sud.

Mais au-delà, d'autres poches de dynamismes se font jour, d'autres pays cherchent à s'imposer sur la scène mondiale. À ce titre, cinq critères permettent d'identifier les prochains grands : la taille de la population (au moins 100 millions d'habitants), un sentier de croissance pérenne d'au moins 5 %, une urbanisation dynamique, des besoins en infrastructure identifiés et la stabilité politique. Sur la base de ces critères, les prochains grands émergents seront le Bangladesh, l'Éthiopie, le Nigeria, l'Indonésie, le Vietnam et le Mexique. Des pays relais de croissance pour les BRICS, appelés à être les prochains pôles de dynamisme de l'économie mondiale.

C – La Chine

Mais c'est bien la Chine qui focalise l'attention des observateurs, qui symbolise la nouvelle donne mondiale.

La Chine s'est ouverte au monde quand Deng Xiaoping a décidé, en 1979, un changement stratégique pour le développement de son pays. Cela s'est traduit par l'ouverture progressive de l'économie à l'international, la libéralisation graduelle des marchés, une restructuration industrielle profonde et une urbanisation massive.

Après une phase de tâtonnement, la Chine a adopté un modèle de développement spécifique et très efficace. La croissance, de 10 % l'an sur la décennie 2000, reposait sur le dynamisme de l'investissement (il représente 50 % du PIB, contre 20 % par exemple en France), qui alimente la machine exportatrice, elle-même aussi assise sur le maintien de la compétitivité-prix dans le cadre d'un pilotage volontariste du taux de change, mais trouve aussi sa source dans le dynamisme de la construction et des infrastructures. Investissement et exportation contribuaient à la croissance à hauteur de 6 points environ, contre 4 % pour la consommation, qui enregistre des taux de croissance toujours supérieurs à 10 %. Bref, l'externe (exportation et investissement à usage externe) expliquait la moitié de la croissance chinoise.

Il reste aussi que la crise et le ralentissement concomitant du commerce mondial ont conduit récemment la Chine à remodeler son régime de croissance, s'appuyant davantage sur la demande interne (consommation et investissement d'infrastructure), moins sur la demande externe : pour l'année 2015, la croissance est attendue à 7 %, s'appuyant sur une consommation et des investissements en infrastructure dynamiques (+ 7 et 9 %), alors que les exportations retrouvent un régime de croissance plus conforme à la normale (+ 3 %).

En termes potentiels, la Chine s'appuie sur deux moteurs puissants : d'abord une main-d'œuvre toujours disponible (à qualification croissante mais encore peu chère), dans le cadre d'un marché du travail flexible, ensuite une montée en gamme progressive grâce aux investissements étrangers de plus en plus qualitatifs et aux mesures d'innovation du gouvernement d'autre part. En particulier, la Chine est aujourd'hui à la première place mondiale en nombre de chercheurs avec 2 millions de personnes impliquées dans la recherche, ses dépenses en R&D se rapprochent des standards internationaux (2 % du PIB en 2014, contre 0,7 % en 1996).

En termes de sa capacité à conserver durablement une croissance forte, la Chine devra éviter les écueils que l'on a pu observer ailleurs, et avant, au Japon et en Corée par exemple. Ces écueils pourraient être liés :

- à la perte de compétitivité avec les hausses rapides de salaires, dues à la tension plus forte sur le marché du travail ;
- au freinage des gains de productivité avec un moindre rattrapage technologique « simple » restant à faire ;
- à la hausse des prix des matières premières, qui est due en partie à la croissance chinoise ;
- à la nécessité de contrôler un régime d'investissement en surchauffe, laissant craindre la résurgence du risque associé de créances douteuses, avec un secteur bancaire encore peu efficient.

En termes sociaux, la Chine devra relever les risques inhérents à un niveau de vie encore faible de sa population, notamment une pauvreté encore endémique, et à la montée des inégalités, l'acceptation sociale d'un enrichissement extraordinaire de certains étant conditionnée à l'amélioration de la situation de la classe moyenne, donc au maintien d'une croissance forte. Sur le front du chômage, d'apparence faible (mais les statistiques sont largement trompeuses), la stabilisation passe par l'impérieuse nécessité de créations d'emplois par millions, ici encore liées à la situation économique. Par ailleurs, la Chine devra faire face à une inéluctable montée en charge des dépenses sociales, en particulier liées au vieillissement, puisqu'il est communément admis que la chine sera « ***vieille avant d'être riche*** ».

En termes géographiques, l'enjeu est celui d'un rééquilibrage entre les zones côtières, en plein développement, et les zones intérieures, largement pauvres et rurales. Ce rééquilibrage s'appuie sur une politique volontariste, dite du « *go west* », et peut prendre la forme d'une nouvelle division du travail interne au pays, une délocalisation intérieure en quelque sorte.

En termes environnemental enfin, le défi est considérable. Le Chine est devenue le premier émetteur mondial de gaz à effet de serre en 2010, largement parce que l'essentiel de sa consommation énergétique se fait à partir du combustible le plus polluant, le charbon. Le changement de politique énergétique est donc un enjeu majeur, à l'heure où le nucléaire pose question. Enfin, l'adoption d'un modèle de développement à l'occidentale, déjà entamé, conduirait inéluctablement à une catastrophe environnementale, il n'est par exemple qu'à imaginer les conséquences d'un niveau d'équipement en automobiles à l'identique de celui de la France par exemple (les Chinois disposent aujourd'hui de 50 véhicules pour 1 000 habitants – 30 en 2008 – contre 600 par exemple en Europe).

À NOTER • On est passé des pays en développement aux pays émergents puis aux pays submergents. Les BRICS traduisent ce mouvement, en particulier la Chine, dont les fondamentaux de croissance sont excellents, mais qui pourrait quand même devoir faire face à des écueils importants. Le développement n'a jamais été un long fleuve tranquille, les soubresauts finissent toujours par arriver.

5 Évaluer les effets de la globalisation selon sa nature

La globalisation est donc un phénomène multiforme dont les effets sont différents selon sa nature.

A – La mondialisation ancienne : les échanges de biens et de services

L'intégration des marchés dans le domaine du commerce de biens et services est bénéfique aux pays qui la pratiquent. Dans les pays développés, à condition d'accepter la re-spécialisation sur des productions pour lesquelles on dispose d'un avantage comparatif, elle est source de baisse de prix pour les consommateurs et de transferts des emplois vers les secteurs capitalistiques ou à forts besoins de main-d'œuvre qualifiée. Il est aussi vrai que l'abandon d'activités et l'acquisition d'un nouvel avantage comparatif prend du temps et a des coûts sociaux importants qu'il convient de prendre en charge.

Dans les pays en développement, elle a permis une élévation des niveaux de vie. Ainsi, après correction par les parités de pouvoir d'achat, le revenu par habitant était dix fois plus élevé dans les pays riches que dans les pays en développement il y a une dizaine d'années ; il devrait être seulement sept fois plus élevé à la fin de cette année.

À cet égard, ce n'est pas la mondialisation qui est source de difficultés pour de nombreux pays, c'est le fait d'en être exclu, comme dans le cas de l'Afrique par exemple, avant que le phénomène de rareté des ressources ne la replace dans le jeu de l'économie mondiale. On sait depuis longtemps que l'isolement (se soustraire à la concurrence internationale) n'est pas la solution : les pays en développement qui ont mené des politiques de promotion des exportations dans les années 1960-1970 (pays asiatiques) ont connu davantage de succès que les pays qui ont mené des politiques de substitutions aux importations (pays latino-américains).

B – La mondialisation récente : le développement des capitaux

L'essence de la mondialisation, c'est la mise en concurrence des entités sédentaires avec les entités nomades. Parmi les facteurs de production, le capital est parfaitement mobile, le travail relativement immobile. Dans ce cadre, l'épargnant est gagnant dans le processus de mondialisation financière, ses actifs étant mieux rémunérés. Le salarié sédentaire est, lui, perdant puisque concurrencé par les travailleurs des pays en développement. Cela tient aussi à la nature du capitalisme mondialisé, qui impose une croissance annuelle de la rémunération du capital de l'ordre de 10 % environ. Dans ce contexte, l'ajustement du compte de résultat se fait sur le salaire (ou le salarié), le fournisseur (souvent la PME) et l'État.

Il reste que le salarié des pays développés est aussi souvent un épargnant, parfois un actionnaire. Il veut toujours plus en termes de rémunération de ses placements : si la Bourse de Paris n'augmente pas aussi vite que celle de Pékin, il place son argent en Chine même s'il ne le sait pas. Le salarié actionnaire est donc schizophrène : en voulant une rémunération toujours plus forte, il se licencie lui-même !

Parmi les pays développés, il convient de distinguer les travailleurs qualifiés des travailleurs non qualifiés. Les premiers sont beaucoup plus mobiles que les seconds. Leur travail est par ailleurs fortement valorisé par les nouvelles technologies. Ils sont enfin beaucoup moins nombreux dans les pays émergents. Cela les met à l'abri des baisses de salaires. À l'inverse, les travailleurs non qualifiés sont directement soumis à la concurrence des travailleurs des pays à bas salaire. La mondialisation se traduit donc par une augmentation des inégalités entre travailleurs. Les plus qualifiés voient leur salaire augmenter, les moins qualifiés voient leurs salaires baisser (solution américaine) ou subissent le chômage (solution européenne).

Cette forme de mondialisation est donc source d'inégalités, entre détenteurs de capitaux et travailleurs, au sein même des travailleurs. Quelles sont les solutions envisageables pour corriger ces inégalités ? Dans un monde idéal, il suffirait de prendre aux uns une partie de leur surplus pour le redistribuer aux autres. Mais il est difficile :

- de taxer le salarié des pays émergents au profit du salarié français (il est déjà moins bien loti) ;
- de taxer le capital parce qu'il est totalement mobile (il partira si on le taxe) ;
- de taxer le salarié qualifié parce qu'il est partiellement mobile (il risque de partir si on le taxe).

Quelles solutions alors ? Tout d'abord, il faut quand même essayer de taxer le capital : ceci n'est possible rapidement qu'à l'échelle régionale. L'harmonisation des politiques fiscales en Europe s'inscrirait dans ce cadre. C'est en cela qu'elle est impérative. À défaut, il faut faire en sorte que le salarié des pays riches se réapproprie une partie des gains (les bénéfices des entreprises transnationales).

C – La mondialisation nouvelle : TIC et BRICs

La mondialisation nouvelle est liée à l'échangeabilité de nombreux services auparavant localisés, et à l'émergence de pays continents. Avec ces nouvelles formes de mondialisation, et les nouvelles instabilités qui en résultent, les gains apparaissent encore plus diffus. Un article de

Paul Samuelson, l'un des auteurs de l'une des théories fondatrices du commerce international, théorie dite « HOS », a fait sensation à l'été 2004 en remettant en question les avantages de la nouvelle forme de mondialisation. Remplaçons le Portugal et l'Angleterre de la fin du XIXe siècle par la Chine et les États-Unis d'aujourd'hui, nous dit Samuelson. Si un progrès technique apparaît en Chine dans le secteur pour lequel les États-Unis avaient à l'origine un avantage comparatif, alors le gain initial des États-Unis peut se muer en perte permanente de revenu réel. Autrement dit, le progrès technique en un pays peut faire perdre le bénéfice de cet avantage à un autre. Le processus est bien de destruction créatrice, mais la création se fait dans un pays et la destruction dans un autre.

Le schéma suivant résume les effets supposés de ces trois phases de la mondialisation, pour la France et la Chine par exemple. La France a largement bénéficié des effets de la mondialisation par le passé, on ne peut pas affirmer que c'est encore le cas aujourd'hui, alors que les mondialisations ont permis à la Chine, plus généralement aux économies émergentes, de sortir de la pauvreté et du sous-développement.

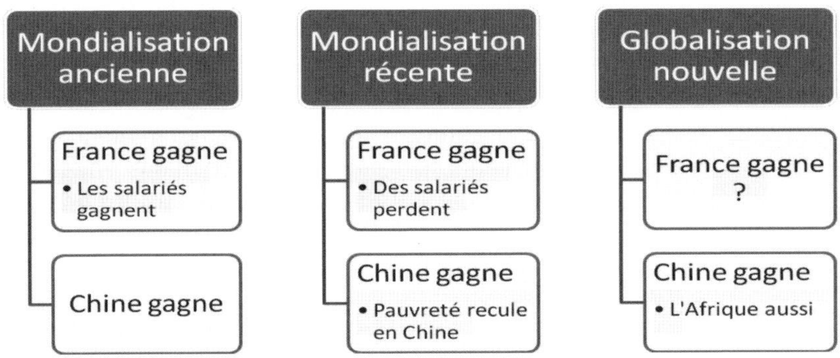

Ainsi, si l'on ne remet pas – aujourd'hui – en cause l'existence d'un surplus lié à la mondialisation, son partage entre les pays devient à ce point inégal que des pays perdent au processus. Si tel est le cas, la question se pose de savoir comment ces pays seront indemnisés de leurs pertes. Cela pose tout simplement la question d'une organisation internationale capable d'assurer cette péréquation. À défaut, on voit mal comment ces pays accepteront d'aller plus avant dans ce processus. La tentation protectionniste, et plus globalement le débat sur la démondialisation, s'inscrive dans ce contexte.

À NOTER • La mondialisation change de nature et de dimension. L'extrême mobilité du capital et l'émergence d'un marché mondial du travail qualifié fragilise les acteurs localisés de l'économie, travailleurs non qualifiés, entreprises locales, États. L'émergence de pays continents et la révolution de l'échangeabilité des services fait craindre que des pays entiers ne perdent au processus de mondialisation. Dans ces conditions, seule la régulation mondiale permettra de faire perdurer la mondialisation telle que nous la connaissons.

6 Les inégalités, filles de la mondialisation

Alors que l'on assiste globalement à un resserrement des niveaux de vie entre pays, les inégalités se creusent inexorablement au sein des pays, comme en témoigne le dernier rapport de l'OCDE sur le sujet (*In It Together: Why Less Inequality Benefits All*, 2015). Le coefficient de Gini, mesure généralement admise des inégalités, a fortement crû partout, à l'exception de l'Amérique latine et de l'Afrique, qui étaient déjà très inégalitaires. Le coefficient augmente dans 16 pays de l'OCDE sur 21, passant en moyenne de 0,29 à 0,32.

La cause est d'abord liée à l'effet d'étirement vers le haut des revenus exponentiels des super-riches. Le nombre de ménages disposant d'un patrimoine financier (hors immobilier donc) supérieur à 1 million de dollars a bondi de 16 % sur un an, à en croire l'étude « Global Wealth 2015 ». Désormais 17 millions de ménages atteignent ce seuil symbolique de fortune, se partageant 41 % de l'ensemble du patrimoine financier mondial. Ces heureux élus se concentrent aux États-Unis (7 millions de ménages millionnaires), suivis de la Chine (4 millions de foyers). Le nombre « d'ultra-riches » (patrimoine supérieur à 100 millions de dollars) est également en hausse, progressant de 11 % sur un an et concentrant à lui seul 10 000 milliards de dollars d'actifs financiers.

Mais au-delà, la crise a surtout touché de plein fouet les catégories les plus défavorisées. Les foyers à faibles revenus, surtout les 4 déciles du bas de l'échelle, ont soit perdu davantage durant la crise soit moins bénéficié de la reprise que les autres. Or, ces 40 % de « pauvres » ou de classes moyennes inférieures sont devenus vulnérables, ils peinent en particulier à instruire leurs enfants. Le rapport interquartile de revenu (Q5/Q1), s'est ainsi détérioré dans de nombreuses zones du monde (hors Europe en général), passant par exemple de 4,5 aux États-Unis en 1995 à 5,1 en 2013. À cet égard, depuis peu, le chômage mondial massif devient la première source d'inégalités (v. Chapitre 19), alors que les inégalités salariales constituaient la composante majeure des inégalités de revenus dans les années 1990 et 2000. La problématique est aujourd'hui davantage de bénéficier d'un travail que d'avoir un emploi bien payé.

Les politiques publiques correctives ont également cédé, tant par leur capacité à imposer les plus riches qu'à soutenir les plus pauvres, les aides sociales étant réduites dans un souci de réduction des dépenses publiques, les corrections territoriales s'atténuant dans un souci de renforcer les pôles d'excellence. Le cas français est ici emblématique : entre 2007 et 2011, les inégalités ont augmenté nettement plus dans l'Hexagone que dans les autres pays de l'OCDE, le coefficient de Gini passant de 0,293 à 0,309 sur cette période. Il s'agit d'une rupture importante par rapport à la tendance de long terme, puisque depuis les années 1980, les inégalités étaient relativement stables en France, alors qu'elles étaient en augmentation dans un certain nombre de pays, comme l'Allemagne ou les États-Unis. Les inégalités en France sont aujourd'hui proches de la moyenne de l'OCDE.

Les inégalités sont intimement liées à la mondialisation, dans ses éléments constitutifs. Les inégalités de revenus trouvent leur source dans quatre facteurs entremêlés (v. Natixis, Flash n° 47, 2015) :

- le niveau anormalement élevé du rendement du capital (inégalités « à la Piketty ») : les inégalités apparaissent alors entre les titulaires de revenus du capital et les titulaires de revenus du travail (voir *infra*) ;
- la concurrence des pays émergents, qui fait baisser le revenu des titulaires d'emplois peu qualifiés dans des secteurs en concurrence avec les pays émergents et par contagion dans l'ensemble de l'économie ;
- le progrès technique, les nouvelles technologies, qui sont largement complémentaires à l'emploi qualifié, et accroissent donc le revenu relatif des salariés qualifiés, le rendement de l'éducation ;
- la structure sectorielle de l'économie, qui se déforme en faveur des secteurs utilisant des emplois qualifiés ou très qualifiés, et au détriment des emplois intermédiaires.

Chacun mesure ici la difficulté d'enrayer le phénomène, dont les institutions internationales s'accordent maintenant à décrire les effets délétères sur la croissance. L'OCDE a calculé que « *le creusement des inégalités a coûté plus de 10 points de croissance au Mexique et à la Nouvelle-Zélande, près de 9 points au Royaume-Uni, de 6 à 7 points aux États-Unis, à l'Italie et à la Suède* ». Le FMI assure (*Causes and Consequences of Income Inequality : A Global Perspective*, juin 2015) qu'augmenter de 1 point de PIB les revenus des 20 % les plus riches fait baisser la croissance de 0,08 point dans les cinq années qui suivent. En revanche, augmenter de 1 point les 20 % les plus pauvres l'accélère de 0,38 point. La raison en est que les plus pauvres consomment plus de ce qu'ils gagnent que les plus riches, qui, eux, épargnent plus.

Ces études contredisent le dogme du fondamentalisme libéral, selon lequel les richesses produites par le haut viennent accélérer la croissance et du même coup bénéficier à tous. La première raison est que les très riches ne sont plus les grands entrepreneurs des siècles passés. Ils travaillent souvent dans la finance, sans être les capitaines d'industries qui créent richesses et emplois. La seconde raison est que les effets de déversement s'arrêtent maintenant à la classe moyenne supérieure, à la classe des gagnants de la mondialisation.

À NOTER • Si les inégalités entre les pays se réduisent, il en va autrement des inégalités internes aux pays, à deux titres, l'envolée des très hauts revenus d'une part, les modérations voire baisses des revenus bas et intermédiaires d'autre part. Aucun modèle ne résiste à cette tendance, la crise ayant brisé les modèles correctifs y compris en France. Cette montée des inégalités est intimement liée à la mondialisation dans ses facteurs d'explication. Les organisations internationales admettent dorénavant son caractère nocif sur la croissance, au-delà des effets délétères sur la cohésion sociale.

7 Perspectives : démondialisation ou gouvernance globale ?

Le monde est donc aujourd'hui ce village global dont on parlait dans les années 1990 : l'interaction des activités humaines est telle que l'on ne peut envisager un retour en arrière. Un nouveau paradigme techno-économique est en place, dans lequel les frontières physiques s'effacent pour laisser place à la toile, virtuelle ou productive.

Il reste aussi que le contexte actuel de la globalisation tel que décrit ne peut s'inscrire dans le *statu quo*. À cet égard, la crise de 2008, qui est aussi une crise de la mondialisation (v. Chapitre 19), appelle à de nouveaux équilibres. Comment imaginer en particulier que des pays, qui plus est des pays qui ont fondé une grande partie de leur développement sur le dynamisme des échanges, acceptent dorénavant de perdre au processus de mondialisation ? Comment imaginer qu'une partie seulement – quand bien même il s'agit d'une partie significative – de la population, les « talents », ces élites mondialisées, bénéficient seuls de l'ouverture, laissant la classe moyenne basculer dans la précarité ou la paupérisation ? Deux voies s'offrent au processus de mondialisation, la démondialisation d'une part, en tout cas sa correction, ou la gouvernance globale d'autre part, pour organiser les compensations entre gagnants et perdants.

A – Vers la démondialisation…

Les tendances protectionnistes sont à l'œuvre, comme pour faire échos aux propos de Denis Kessler, qui disait dès 2009 que « *les troisièmes années de crise se caractérisent souvent par du populisme, du protectionnisme et du patriotisme* ». De fait, ces tendances protectionnistes apparaissent partout dans le monde, dans de nombreux domaines : incapacité, nous l'avons dit, à faire aboutir le cycle de Doha, développement des mesures commerciales restrictives ici ou là, course à la dépréciation ou à la non-appréciation des monnaies, restrictions aux mouvements de capitaux transfrontaliers (l'Indonésie, la Thaïlande, le Brésil ou la Corée du sud ont introduit de nouvelles réglementations sur les entrées de capitaux), patriotisme économique enfin dans les pays développés, qui font qu'il est insupportable qu'une entreprise d'un pays émergent rachète nos fleurons, quand nous supportons très bien les investissements de nos entreprises à l'étranger.

De fait, la guerre commerciale mondiale fait rage depuis plusieurs années. La plupart des pays se protègent en imposant des droits de douane et en restreignant leurs importations. L'OMC a recensé une augmentation de plus de 50 % des mesures protectionnistes entre 2010 et 2011. D'après l'organisme indépendant Global Trade Alert, qui scrute le protectionnisme dans le monde, les gouvernements ont fortement contourné les règles de l'OMC depuis la crise de 2007-2008.

La Russie apparaît ainsi comme le champion toutes catégories du protectionnisme, malgré son adhésion à l'OMC en 2012. Dans ce pays par exemple, un tiers des véhicules vendus jusqu'en 2020 doivent être équipés d'un moteur ou d'une transmission fabriquée sur place. L'Argentine est le 2e pays le plus protectionniste. Ce pays fait partie du marché commun de l'Amérique latine, le Mercosur avec le Brésil, l'Uruguay, le Paraguay et le Venezuela. Ce bloc commercial est protectionniste vis-à-vis de l'extérieur. L'an dernier, il a augmenté jusqu'à 35 % ses taxes sur les produits provenant des pays hors Mercosur. L'Europe n'est pas non plus la passoire commerciale dénoncée par certains : les grands pays européens figurent en bonne place parmi les pays ayant mis en place des mesures discriminatoires. La France se classe à cet égard devant la Chine par exemple. Selon l'OMC, 3 % du commerce mondial des marchandises a été perdu du fait des mesures restreignant les échanges introduites depuis 2008, ce qui équivaut au commerce de l'ensemble du continent africain.

Bref, le temps de la démondialisation serait venu, ou souhaité. Une démondialisation heureuse, coopérative et préventive, visant à lutter contre le dumping social et écologique, à sauvegarder un tissu industriel vital, à entretenir une sécurité alimentaire indispensable, à préserver des emplois localisés.

Le débat est nécessaire. Il faudra toutefois se demander ce que nous aurions à gagner d'une démondialisation nationale et unilatérale, qui impliquerait nécessairement des mesures de rétorsion, dans un contexte où, par exemple, on ne sait plus fabriquer les produits que nous importons de Chine, alors qu'eux savent ou sauront fabriquer, ou trouver ailleurs, les produits que nous fabriquons…

B – …ou vers la gouvernance mondiale ?

À de nombreux égards, les problèmes, comme ceux évoqués ici, sont mondiaux. La régulation de l'économie mondiale s'est opérée pendant plusieurs années dans le cadre des réunions du G8, qui rassemble les sept pays développés les plus riches (États-Unis, Japon, Allemagne, France, Royaume-Uni, Italie et Canada) auxquels il fallait adjoindre, pour des raisons politiques, la Russie. Cette instance s'est ouverte aux pays émergents en créant un espace de dialogue avec les pays du G5 + 1 (les cinq plus grandes économies émergentes : la Chine, l'Inde, le Brésil, le Mexique, l'Afrique du Sud, plus l'Égypte). Enfin, les BRICS tiennent eux-mêmes sommet depuis 2011.

Au-delà, depuis quelques années maintenant, le G8 a été supplanté par le G20 qui rassemble les vingt principales puissances de la planète (les 15 pays précédents moins l'Égypte plus l'Arabie Saoudite, l'Argentine, l'Australie, la Corée du Sud, l'Indonésie et la Turquie, l'Union européenne en tant que telle complétant le tout). Plus représentatif que le G8, moins ingouvernable que l'ONU, le G20 s'est imposé comme l'instance décisive pour lutter contre la crise, ou y apporter des réponses. On n'envisage pas aujourd'hui que de nombreux sujets puissent être utilement traités dans le cadre du G8, sans les grands pays émergents. C'est le cas, par exemple :

- ***de l'évolution du système monétaire international*** : l'accumulation de réserves de change, à 65 % en dollars par les pays émergents et exportateurs de pétrole, joue un rôle central dans la stabilisation des taux de change (elle évite l'effondrement du dollar), dans le maintien du dollar comme monnaie de réserve dominante, dans la création monétaire mondiale ;
- ***de l'environnement et du climat*** : le niveau et la croissance des émissions de $CO2$ par les pays émergents sont au cœur du problème climatique ;
- ***des problèmes de concurrence*** (négociations OMC), compte tenu du poids des émergents dans le commerce mondial ;
- ***de la régulation financière***, qui n'a pas de sens si elle ne s'étend pas aux places *offshore* des pays émergents ;
- ***de la stabilisation nécessaire des prix des matières premières***, compte tenu du poids des émergents dans la consommation mondiale de matières premières.

Il reste enfin que 172 pays, sur les 192 membres de l'ONU, ne sont pas représentés dans ces instances, ce qui limite la portée des décisions prises, ou l'adhésion qu'elles suscitent. Une ONU refondée a donc aussi un rôle à jouer dans la régulation de l'économie mondiale, en particulier pour aboutir à un après-Kyoto climatique crédible et global. Mais au final, on s'achemine vers un système baroque fait de multiplication de « G » à géométrie variable. Pas de véritable gouvernance ni de communauté internationale donc, pas de solutions ni de préconisations globales, pas d'harmonisation d'un monde fondé sur des valeurs communes. Ou pas encore.

À NOTER • Nous vivons une quatrième phase de la mondialisation, qualifiée de grande rupture par certains. Les pays émergents ont maintenant une capacité à promouvoir un modèle de croissance autonome, les pays anciennement industrialisés peuvent avoir le sentiment de perdre au processus de mondialisation. Cela appelle une redéfinition des contours d'un phénomène qui va perdurer. La régionalisation, avec en corollaire une forme de protectionnisme, est une voie. La seconde est la mise en œuvre d'une gouvernance mondiale qui serait à même d'arbitrer les conflits et de redistribuer les surplus.

La compétitivité, l'attractivité et la contrainte extérieure

CHAPITRE 17

La compétitivité et l'attractivité d'un pays sont résumées dans la balance des paiements qui décrit l'ensemble des opérations réelles (sur biens et services), financières et monétaires entre les résidents et les non-résidents. La logique de construction de la balance des paiements découle de l'équation du commerce international.

1 L'équation du commerce international

En comptabilité nationale, le PIB est la production totale du pays. La production est entièrement distribuée sous forme de revenus (notés Y). Les revenus sont soit consommés (C), soit épargnés (S). On peut alors écrire le PIB dans une optique d'***utilisation des revenus*** :

$Y = C + S$

Dans une optique de ***dépense***, le PIB s'écrit : $Y = C + I + (X - M)$ avec I, l'investissement, X, les exportations et M, les importations (voir Chapitre 9).

En égalisant les deux, il vient : $(S - I) = (X - M)$

Cette équation nous dit qu'à un excédent (déficit) de la balance commerciale correspond un excédent (déficit) de l'épargne sur l'investissement dans le pays. En termes de causalité, elle nous dit qu'un déficit extérieur n'est pas nécessairement lié à un problème de compétitivité, mais peut résulter d'un déficit d'épargne dans un pays, ou à un excès d'investissement. C'est l'approche monétaire de la Balance des paiements.

Dans une forme plus élaborée, on peut aussi distinguer le secteur public (on note T les impôts et G la dépense publique) et le secteur privé (C, S et I deviennent maintenant des agrégats relatifs aux agents privés). Pour retrouver le ***principe d'équilibre de la balance des paiements***, supposons aussi que X et M ne sont plus seulement les exportations et importations de biens mais aussi celles de services. Prenons aussi en compte les revenus versés au reste du monde ou reçus de lui qui modifient le montant total des revenus distribués dans l'économie. Notons Tr, le solde de ces revenus. Les équilibres deviennent :

$Y + Tr = C + S + T$

$Y = C + I + G + (X - M)$

Et l'équation du commerce international s'écrit : (S – I) + (T – G) = (X – M + Tr).

Le membre de droite traduit le solde de l'ensemble des échanges (de biens et de services) et les transferts de revenus avec l'étranger. L'équation montre toujours qu'à un excédent (déficit) des échanges avec l'étranger correspond un excédent (déficit) d'épargne sur l'investissement dans le pays, qu'il émane des agents privés ou des agents publics.

2 La balance des paiements de la France

La balance des paiements est un état statistique qui retrace l'ensemble des opérations réalisées au cours d'une année avec l'étranger. La balance des paiements est construite sur le même principe que l'équation du commerce international. Elle est nécessairement équilibrée (elle a par définition un solde nul). De ce fait, il ne peut pas y avoir d'excédent ou de déficit de la balance des paiements.

A – Les comptes de la balance des paiements

Quatre comptes constituent la balance des paiements, dont deux principaux, le compte des transactions courantes et le compte financier.

Le compte des transactions courantes (ou compte courant) décrit les opérations définitives sur biens, services, revenus et transferts. Son solde permet de se rendre compte si une économie vit ou non au-dessus de ses moyens : un pays en excédent pourrait importer davantage car il n'utilise pas entièrement ses revenus d'exportations. Il vit donc en dessous de ses moyens.

Le compte financier retrace toutes les opérations financières avec l'étranger. Il comprend les investissements directs à l'étranger (investissements à long terme), les investissements de portefeuille (investissements de courte durée), les autres investissements (en particulier les crédits commerciaux) et les avoirs de réserve.

Le tableau suivant reconstitue la Balance des paiements selon cette logique pour l'année 2014.

Milliards d'euros (% de PIB)	2012	2013	2014
Transactions courantes	- 24,9 (- 1,2)	- 17,1 (- 0,8)	- 19,7 (- 0,9)
Biens	- 54,1	- 43,0	- 34,6
Exportations/Importations		439 /482	420 /475
Services	24,9	22,4	17,8
Exportations/Importations		193 /171	208 /190
Revenus primaires	47,3	47,9	44,5
Transferts	- 43,0	- 44,4	- 47,4
Investissements directs		409	453
F à l'étranger/E en France		986 /578	1 054 /601
Investissements de portefeuille		- 737	- 832
Position extérieure nette		- 369 (- 17,5)	- 418 (- 19,6)

Source : *Rapport annuel 2014 de la balance des paiements et de la position extérieure de la France*, Banque de France, juin 2015. L'ajustement entre les deux balances se fait sur les instruments financiers dérivés, les autres investissements, les avoirs de réserve.

En 2014, le solde courant est déficitaire à hauteur de 19,7 milliards d'euros, en raison du déficit commercial et de transferts – *a priori* – sans contrepartie (participation au budget européen – 19 milliards – et envoi de fonds des travailleurs – 9 milliards – par exemple). Les éléments d'atténuation du déficit sont les échanges de services et les revenus de facteurs de production (salaires des transfrontaliers – 12 milliards – et revenus de nos placements à l'étranger – 35 milliards).

La contrepartie à ce déficit est une entrée d'argent pour le financer. Ces entrées proviennent largement des investissements de portefeuille (les Français ont vendu en termes nets des titres qu'ils détenaient à l'étranger, les étrangers ont, eux, augmenté leurs titres français). Le solde au titre des IDE s'inscrit, lui, dans une continuité : les Français augmentent leurs investissements à l'étranger, davantage même que les étrangers n'augmentent leurs investissements en France. Les autres investissements font état principalement de crédits commerciaux sortant de France.

B – La compétitivité, les déficits et la dette

La compétitivité d'un pays se mesure par le solde de sa balance des transactions courantes. Mais un excédent n'est pas nécessairement signe de bonne santé économique : il peut aussi être lié à un déficit d'investissement (***approche monétaire*** de la Balance des paiements), ou au fait qu'il bride suffisamment ses importations. Dans les deux cas, c'est un signe de paupérisation.

1) La balance commerciale et des services

La balance commerciale décrit les échanges de biens. Pour l'année 2014, la France a exporté pour 420 milliards d'euros de biens, mais en a importé pour 475, ce qui la place au cinquième rang mondial dans les deux cas. La différence entre les exportations et les importations donne le solde de la balance commerciale, négatif pour 55 milliards d'euros. Les opérations de négoce international ayant rapporté en termes nets 20 milliards, on retrouve le chiffre figurant dans la balance des paiements vu plus haut.

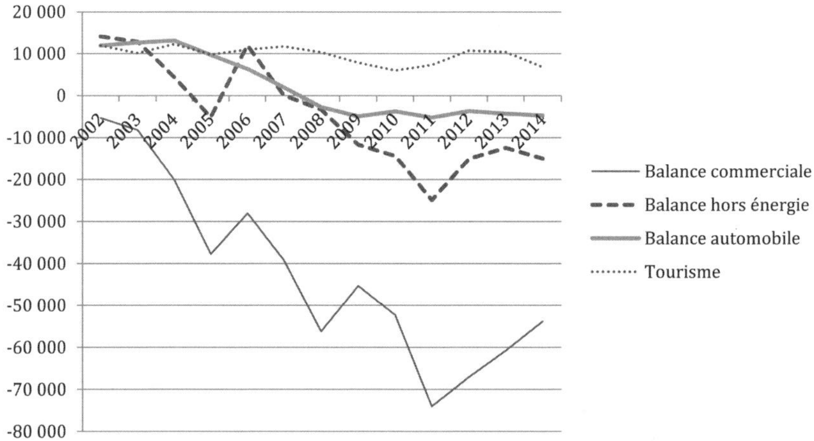

Source : Douanes, 2015.

Au-delà du solde, c'est l'évolution qui est inquiétante depuis le milieu des années 2000, comme le montre le graphique suivant, le déficit se creusant de façon continue et régulière, dans le sillage de l'apparition d'un déficit de la balance hors énergie (le déficit était jusqu'alors expliqué par le solde énergétique), qu'illustre le tout nouveau déficit dans le secteur automobile par exemple. La principale raison à cela est l'augmentation moins que proportionnelle des exportations françaises par rapport à l'évolution du commerce mondial, ce dernier ayant crû de 12 % par an sur la période 2002-2008 quand les exportations françaises n'augmentaient que de 8 %.

À côté de cela, quelques secteurs soutiennent fermement le commerce extérieur, telles les ventes d'Airbus qui pèsent à elles seules presque 12 milliards en solde positif pour l'année 2014 (pour plus de 25 milliards de ventes), ou encore les ventes d'armes, pour des montants annuels nets de recettes de 8 milliards en 2014, attendus à 15 milliards en 2015, en particulier du fait des succès du Rafale à l'exportation.

De fait, la France perd des parts de marché (3 % du marché mondial en 2014), ce qui serait somme toute normal (le nombre d'acteurs augmente) si la perte était uniformément répartie entre les pays. Or, elle a perdu 37 % de parts de marché de 1995 à 2014, alors que l'Allemagne et les Pays-Bas les ont stabilisés et que les États-Unis, la Suède, l'Italie en ont perdu 20 %. Seuls le Japon et le Royaume-Uni font pire.

Le second compte de la Balance courante décrit les échanges de services. La France enregistre ici un excédent substantiel de 18 milliards d'euros pour 2014, s'inscrivant comme quatrième exportateur mondial de services. Il reste que le secteur des voyages (tourisme et voyages d'affaires) n'est plus la locomotive qu'il fut (l'excédent se contracte en tendance à 7 milliards, plus généralement la part de marché des exportations française de services en Europe a presque été divisé par deux en quinze ans, de 27 à 15 % en 2009). Cela signifie que les exportations de services ont progressé moins vite en France (+ 2,5 % en moyenne annuelle depuis dix ans) qu'en zone euro (+ 6 %). La perte de compétitivité est donc un phénomène généralisé qui va au-delà de l'industrie.

2) Le déficit de compétitivité

Il existe donc un problème de compétitivité propre à l'économie française, qui fait appel à plusieurs éléments d'explication de nature macro et micro-économique.

Pour ce qui est des éléments macro-économique :

- la ***spécialisation géographique et sectorielle*** explique une partie des mauvaises performances à l'exportation de la France. Nous vendons trop en Europe (70 % de nos exportations) et trop de matériels de transports, alors que ce sont les émergents qui importent, surtout des biens d'équipement. Mais d'un point de vue global, on peut aussi observer que les exportateurs français et allemands vendent approximativement les mêmes produits sur les mêmes marchés. Cette explication est donc partielle ;
- l'apparente proximité dans la spécialisation sectorielle avec l'Allemagne peut néanmoins masquer des différences importantes dans le positionnement de gamme : la part de marché allemande est ainsi triple de la part française dans le haut de gamme, alors que l'Allemagne a en moyenne une part de marché double de celle de la France. Cette position de gamme explique la plus forte sensibilité des exportations françaises aux prix, et donc aux variations de l'euro : Natixis (Flash 487, juin 2015) estime l'élasticité-prix des exportations en volume à 0,66 pour la France, contre 0,27 pour l'Italie et 0,45 pour l'Allemagne. Le cas de l'Italie est ici à souligner : la différenciation de gamme a permis d'augmenter les prix à l'exportation de 30 % sur la période 1996-2014, quand les prix français ou même allemands augmentaient de 10 % seulement, partant d'une base différente il est vrai ;
- les ***coûts salariaux français*** dans l'industrie progressent plus vite qu'ailleurs : + 12 € depuis 2000 pour le coût horaire contre + 7 € pour l'Allemagne, pays qui a il est vrai basculé une partie du financement de sa protection sociale sur la TVA dans une logique non coopérative. La France est ainsi pour 2014 parmi les pays les plus chers d'Europe en termes de coût du travail (seule la Belgique est devant). Le coût horaire de la main-d'œuvre dans

l'industrie est de 35 € en France en 2014, soit davantage qu'en Allemagne (32 euros) ou qu'en Italie (27 euros). Et encore ces données intègrent-elles mal la formidable – et critiquable – contraction salariale en cours dans les pays en crise du sud de l'Europe, Italie et Espagne notamment, qui bénéficient progressivement d'un avantage compétitif incontestable. Plus généralement, la prégnance du SMIC dans l'économie pèse d'un poids utile pour lutter contre les inégalités, mais coûteux pour la compétitivité-prix : il représente en France 60 % du salaire médian, ce qui classe la France dans le peloton de tête, contre 49 % en Allemagne par exemple. Seul élément de modération : les augmentations de coûts du travail ralentissent en France (+1,9 % entre 2011 et 2015), alors qu'elles s'accélèrent en Allemagne (+2,8 %).

Le Pacte national pour la croissance, la compétitivité et l'emploi de fin 2012 vise à répondre à cette problématique. Sa mesure emblématique, le Crédit d'Impôt pour la Compétitivité et l'Emploi (CICE) représente ainsi un allégement de 20 milliards d'euros des coûts des entreprises *via* un crédit d'impôt (IS) calculé en proportion de leur masse salariale brute (jusqu'à 2,5 SMIC). Cette mesure concerne donc 80 % des salariés, y compris ceux dont les salaires font l'objet d'exonérations de charges (de 1 à 1,6 SMIC). Elle ne cible donc pas expressément l'industrie manufacturière ni même les entreprises exportatrices ou en situation de concurrence internationale mais concerne *de facto* les secteurs intensifs en main-d'œuvre faiblement à moyennement qualifiée, souvent des secteurs domestiques. Le conseil d'analyse économique (*À la recherche des parts de marché perdues*, mai 2015) estime toutefois que le coût direct du travail ne représente que 23 % en moyenne de la valeur des exportations françaises, et 44 % en incluant le coût du travail des consommations intermédiaires domestiques. La compétitivité prix n'est donc pas uniquement l'affaire de coût du travail dans les entreprises exportatrices. Elle doit se chercher du côté des intrants, que ce soient des biens intermédiaires (éventuellement importés), de l'énergie ou bien des services produits en France pour les entreprises exportatrices. En cela, le CICE et ses 20 milliards d'euros de crédit d'impôt pour l'équivalent d'une baisse moyenne de 6 % du coût du travail pour les salaires inférieurs à 2,5 SMIC participe d'une meilleure compétitivité-prix de l'économie, directement via les entreprises exportatrices, indirectement via le coût des intrants.

Autre facteur de moindre compétitivité, industriel donc micro-économique, le retard français en matière de robotisation, notamment pour les nouvelles générations de robots, comme le robot baxter, qui est facilement programmable, intègre les contraintes de sécurité et coûte moins de 20 000 euros. Un robot développé par une start-up américaine créée en 2008 quand l'Union européenne avait sans succès consacré tout un programme de recherche à ce thème de 2005 à 2010... Ce retard en équipement des entreprises françaises est aujourd'hui flagrant : quand la France acquiert 3 000 robots en 2014 comme l'Espagne, les Italiens en achètent 5 000 et les Allemands 20 000 !

Ces éléments jouent, d'évidence. Mais en fin de compte, les difficultés françaises s'expliquent surtout par une sorte d'incapacité à exporter en quelque sorte. Par exemple, le nombre d'entreprises exportatrices baisse régulièrement en France, passant de 132 000 à 119 000 de 2000 à 2012. Elles sont 250 000 en Allemagne, 205 000 en Italie. Parmi les entreprises exportatrices, le nombre de primo-exportateurs (exportateurs pour la première fois) baisse également (de 24 % à 19 % des exportateurs). Le tissu des entreprises exportatrices est donc peu nourri et peu renouvelé. L'explication principale tient, cela a déjà été dit, au déficit français d'entreprises de taille intermédiaire susceptibles d'atteindre un seuil critique pour pénétrer les marchés mondiaux. La proportion d'exportateurs au sein des PME est du même ordre de grandeur qu'en Italie (4 %), mais plus faible qu'en Allemagne (11 %). Les pratiques de portage (parrainages de PME par des grandes entreprises) sont également moins développées qu'ailleurs, l'aversion pour le risque y est aussi plus forte.

Cette dernière considération participe de la ***compétitivité hors-prix*** dont les politiques se confondent en grande partie avec les politiques de productivité (v. Chapitre 14). Citons ici pour rappel la formation, notamment supérieure et professionnelle, la recherche et l'innovation, l'affirmation de la propriété intellectuelle, la qualité de gestion des entreprises, ou encore la capacité à réallouer les facteurs de production vers les entreprises dynamiques. Le choc de simplification concourt à une meilleure compétitivité hors prix. La dernière vague de 2015 prévoit d'atténuer la sur-transposition française des directives européennes notamment pour les sites industriels à risque ou encore les secteurs utilisant des matières dangereuses.

À NOTER • Le solde commercial français est négatif et se détériore rapidement, du fait de l'augmentation des prix de l'énergie, mais aussi pour des raisons structurelles de perte de compétitivité. La même évolution est en cours dans les services. Au-delà des explications de nature macro-économique (spécialisation géographique, niveau de gamme, coût du travail), il y aurait surtout une incapacité générale à exporter, de nature micro-économique, largement liée au manque d'entreprises de taille moyenne en France.

3) L'articulation entre besoin de financement, déficit extérieur et dette

Le schéma suivant résume l'articulation entre le besoin de financement de la nation vu au Chapitre 10, le déficit courant vu plus haut, et la dette analysée au Chapitre 12. Le déficit courant français résulte certes d'un problème de compétitivité, mais est aussi le résultat d'un déficit d'épargne sur l'investissement des agents, qui entraîne un besoin de financement national. Un déficit extérieur est donc le signe que le pays vit au-dessus de ses moyens, ne disposant pas de l'épargne nécessaire pour financer ses investissements. L'insuffisance d'épargne est principalement de nature publique. Les déficits extérieurs peuvent être résorbés en piochant dans une cagnotte constituée préalablement, en vendant des actifs à l'étranger, ou en s'endettant. Dans le cas de la France, la cagnotte a été consommée dans les années 2000, du fait de l'enchaînement des déficits, il faut maintenant s'endetter, en net pour la France à hauteur de 400 milliards en 2012, comme indiqué dans la position extérieure proposée annuellement par la Banque de France.

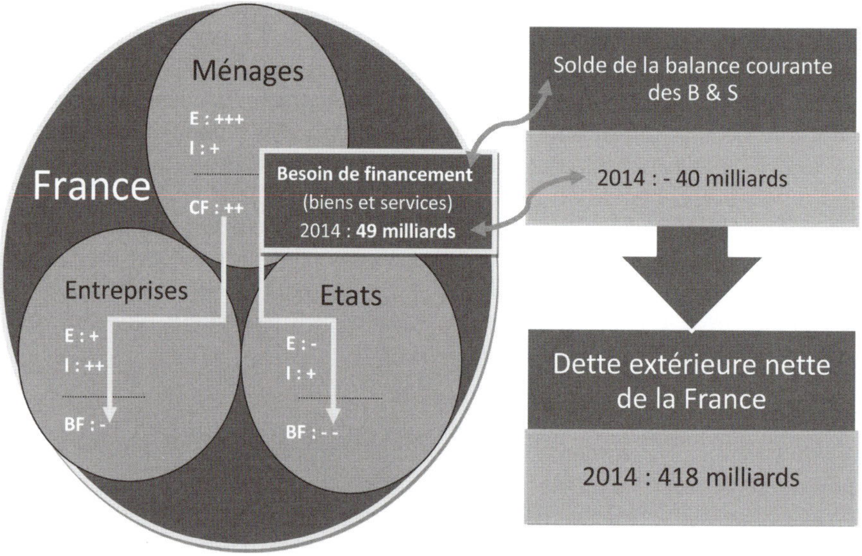

C – L'attractivité

L'attractivité renvoie à la capacité d'un pays à attirer les investisseurs étrangers, décrite dans le compte financier de la balance des paiements. Ce compte montre depuis de nombreuses années maintenant un solde négatif entre investissements France et investissement à l'étranger. C'est évidemment bon pour ces entreprises et leurs actionnaires, sans doute moins bon pour la France et ses emplois, sauf à ce que ce soit le socle d'une ré-industrialisation comme en Allemagne.

Il n'en reste pas moins que la France accueille des investissements directs étrangers : 740 investissements d'entreprises étrangères en 2014 pour des projets de plus de 10 salariés, une performance en hausse de 8 %, ce qui constitue une rupture après trois années de repli. Le chiffre grimpe même à 1014 en y ajoutant les projets à moins de dix salariés. Les premiers investisseurs sont les Américains (+ 7 %), loin des discours du French Bashing donc. Cette tendance s'inscrit dans un mouvement d'ensemble en Europe (+ 10 %), aussi en lien avec la baisse de l'euro. En termes de finalité, on observe une hausse des projets de recherche, ingénierie ou design (+ 19 %), ou encore une meilleure implantation de quartiers généraux, plaçant notamment la France comme une tête d'entrée vers l'Afrique. Revers de la médaille, ces activités sont peu créatrices d'emplois, le nombre d'emplois générés passant pour les projets à plus de dix salariés, de 30 000 en 2013 à 25 000 en 2014.

Les investisseurs soulignent d'abord pour justifier de leur choix d'implantation, la situation géographique de la France au cœur d'un marché de 500 millions de consommateurs, la productivité parmi les plus élevées au monde, la qualité des ingénieurs et des infrastructures, l'esprit créatif français ou encore la multiplicité des sources d'énergie, plus propres et moins chères que dans d'autres pays européens.

3 Compétitivité, attractivité et taux de change

La valeur externe de la monnaie est un élément important de compétitivité et d'attractivité d'une économie. Même si elles n'expliquent pas tout, les variations de l'euro influencent les résultats externes de l'économie française.

A – Le taux de change, cadre d'analyse

Le *taux de change* désigne le prix d'une monnaie exprimé dans une autre monnaie. Son niveau est une convention et n'a aucune signification quant à la force d'une monnaie. Une monnaie forte est une monnaie en laquelle les gens ont confiance. Placer son argent dans cette monnaie apparaît comme un placement sans risque. Une monnaie forte attire donc les placements, en particulier quand l'environnement international est perturbé. C'est d'une certaine façon le cas de l'euro.

Une monnaie peut être cotée au certain ou à l'incertain. Une cotation à l'***incertain*** consiste à mesurer le nombre d'unités monétaires nationales nécessaires pour acheter une unité monétaire étrangère. Une cotation au ***certain*** mesure le nombre de devises que l'on peut acheter avec une unité monétaire locale : c'est ainsi qu'est coté l'euro, puisque l'on mesure le nombre d'unités étrangères que l'on peut acquérir avec un euro (exemple : 1 euro = 1,3 dollar). Quand une monnaie est cotée au certain, l'évolution de la valeur de la monnaie se lit directement suivant les variations du taux de change. Par exemple, quand le taux de change augmente (de 1,3 à 1,4 dollar pour 1 euro), cela signifie que l'on peut acheter plus de dollars avec un euro : l'euro monte, on dit qu'il s'apprécie. À l'inverse, si le taux baisse, l'euro perd de la valeur, il se déprécie.

Les variations de la valeur externe d'une monnaie ont des effets directs sur la compétitivité de l'économie.

Exemple

Supposons que l'on exporte aux États-Unis un produit qui vaut 100 € et que l'on importe des États-Unis un produit qui vaut 100 $ (voir schéma). Début 1999, le taux de change était de 1,15 $ pour 1 €. Le produit français était donc vendu 115 $ aux États-Unis et le produit américain 87 € en France. Quelques mois plus tard, le taux de change était de 1 $ pour 1 € (l'euro s'est déprécié). Cela n'a *a priori* pas changé le prix des produits en monnaie locale en France ou aux États-Unis. Mais du fait de la conversion, le produit français vaut maintenant 100 $ aux États-Unis, alors que le produit américain vaut 100 € en France. Le prix du produit français vendu aux États-Unis a baissé, le prix du produit américain vendu en France a augmenté.

	France		*États-Unis*
Exportations	100 euros	1 euro = 1,15$ →	115 $
		1 euro = 1$ →	100 $
Importations	87 euros	← 1 euro = 1,15$	100 $
	100 euros	← 1 euro = 1$	

Ainsi, une dépréciation (appréciation) de la monnaie locale diminue (augmente) le prix en devises des produits que l'on exporte et augmente (diminue) le prix en monnaie locale des produits que l'on importe. Elle améliore donc la compétitivité prix de nos produits à l'exportation. Cependant, la dévaluation est source d'inflation. Et l'inflation est un élément qui pénalise la compétitivité prix des pays.

Pour cela, l'évolution de la ***compétitivité prix*** d'un pays vis-à-vis d'un autre pays doit être mesurée en tenant compte de l'évolution de la valeur externe de la monnaie et de l'inflation. C'est le ***taux de change réel*** (TCR). Lorsque l'on tient compte des monnaies de tous les pays avec lesquels on commerce, en pondérant par le poids de ces pays dans nos échanges, on obtient un indicateur global de compétitivité prix, le ***taux de change effectif réel*** (TCER).

B – Application : la compétitivité-prix de la zone euro

Le graphique ci-dessous présente depuis 1993 l'évolution de l'euro vis-à-vis du dollar et du yen d'une part, du taux de change effectif nominal et réel de l'euro d'autre part. On retrouve les tendances connues de l'évolution de l'euro : dépréciation vis-à-vis du dollar dans un premier temps, forte appréciation ensuite dépréciation récente. Vis-à-vis du yen, la période récente fait plutôt apparaître une appréciation de l'euro, ce qui montre que la seule focalisation sur le dollar est insuffisante. En termes effectifs réels, on observe évidemment une dépréciation moins soutenue que celle observée par rapport au dollar, avec un indice sous la barre des 100 depuis peu (base 100 en 1999).

Que nous dit pour sa part la ***théorie de la parité de pouvoir d'achat*** (en tendance, le taux de change se fixe de façon à égaliser les prix entre les pays, ou à égaliser les variations de prix) sur le niveau d'équilibre de l'euro ? Depuis le lancement de la monnaie unique, l'inflation est tendanciellement plus forte aux États-Unis, 6,4 points de plus que dans la zone euro. Début 1999, l'euro cotait 1,13 dollar (donc 0,88 €/$), considéré comme un niveau d'équilibre à l'époque. En conséquence, et en tenant compte du différentiel d'inflation, le taux d'équilibre actuel se situerait à 1,20 $ par € (1/0,88*(1-6, 4 %)), c'est également le chiffre proposé par l'OCDE (1,20 $/€, moyenne de 2014). Avec un taux de change à 1,11 $ mi-2015, l'euro serait donc sous-évalué de quelque 9 % face à la monnaie américaine…

La mesure du taux de change PPA est également possible en comparant le prix du Big Mac en différents endroits du monde, ce produit ayant l'avantage d'être homogène dans sa fabrication. C'est l'indice Big Mac, du magazine *The Economist*. Le prix moyen du Big Mac dans la zone euro est à 3,68 euros, ou 4,26 dollars (au taux moyen de 2014 de 1,16 $ par euro), alors qu'il est vendu 4,79 dollars aux États-Unis. En conséquence, la sous-évaluation de l'euro est ici aussi de l'ordre de 11 %.

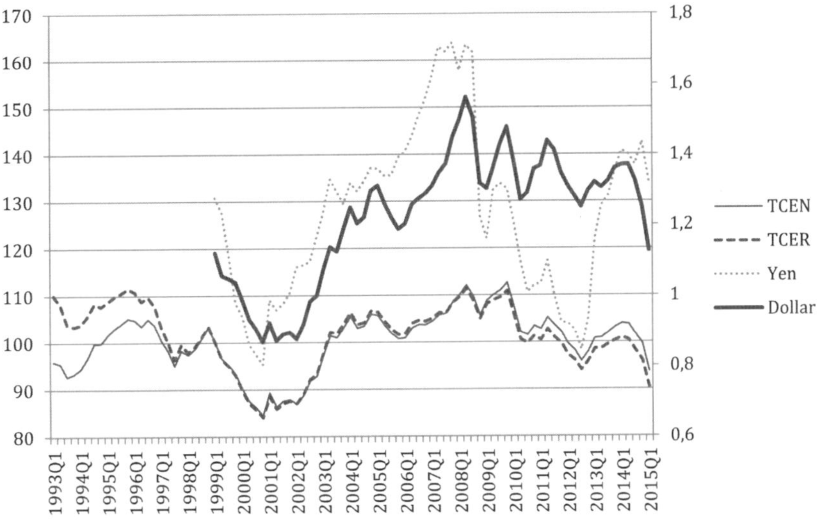

Source : Statistique de la Banque centrale européenne. Le TCEN et le TCER mesurent l'évolution moyenne de la compétitivité de la zone euro 15 vis-à-vis des 12 pays avec lesquels elle échange le plus. Le déflateur retenu pour le calcul du TCER est l'indice des prix à la consommation.

La compétitivité française est, nous l'avons vu, très dépendante des prix donc du taux de change. Les estimations sur données d'entreprises françaises suggèrent que, toutes choses égales par ailleurs, une dépréciation de 10 % de l'euro par rapport à un pays partenaire hors zone euro relève la valeur des ventes d'un exportateur moyen vers ce pays d'environ 5-6 %, par hausse des volumes (4-5 %) et revalorisation des marges (0,5-1 %). De mars 2014 à mars 2015, le taux de change effectif réel de la France s'est déprécié d'environ 6 %. Une simple règle de trois suggère que nos exportations devraient en être augmentées d'environ 4-5 %. Notons ici qu'une dépréciation effective réelle souhaitée à 15 % supposerait une dépréciation contre dollar du tiers, donc sous la parité, la course à la dépréciation étant le sport le plus pratiqué par les pays sur les marchés de change (ce que l'on nomme la guerre des changes).

Quelles sont les forces qui pèsent sur l'euro au printemps 2015 ? La principale est le quantitative easing de la BCE qui réduit la rémunération attendue sur les obligations européennes et conduit les investisseurs internationaux - mais aussi européens - à se délester de leurs titres souverains de la zone euro. Les risques politiques ou institutionnels toujours présents sont également un facteur de sortie de capitaux. Mais les effets de rappel restent importants : l'excédent commercial européen appelle rééquilibrage, la meilleure santé économique de la zone euro également, quand l'augmentation des profits des entreprises, aussi liée à la dépréciation, suggère une meilleure valorisation des actions alors même que les bourses européenne restent en situation de décote notamment par rapport aux bourses américaines. In fine, la dépréciation pourrait se poursuivre à court terme, avant rééquilibrage structurel.

À NOTER • L'euro s'est déprécié depuis 2014, dans une proportion moindre en moyenne que vis-à-vis du dollar. Cette évolution est très liée au quantitative easing de la BCE, qui assèche le marché des obligations, ce faisant en réduit la valeur du coupon, et provoque de fait des sorties -ou moindres entrées- de capitaux. C'est une bouffée d'oxygène pour les pays particulièrement sensibles aux effets prix, dont la France. Cette baisse de l'euro devrait s'atténuer à l'avenir, les effets de rappel (solde extérieur positif de l'Europe, meilleure valorisation attendue des entreprises, plus globalement retour vers le taux de PPA), entrant en action.

L'Union européenne, la crise des pays périphériques

CHAPITRE 18

1 L'union économique

La construction européenne a marqué l'histoire politique et économique de la deuxième moitié du XXe siècle. Partie de 6 pays en 1958, l'Union économique en compte 28 aujourd'hui (la Croatie a adhéré en juillet 2013), sans doute davantage demain. L'union monétaire, réalisée en 1999, compte, elle, 19 pays en 2015, le dernier entrant étant la Lituanie (2015).

L'Union européenne (UE) vise en premier lieu à garantir la paix sur le continent. Elle présente aussi certains avantages économiques, en particulier celui de tirer vers le haut les pays en retard de développement. De fait, l'Union économique est la forme la plus aboutie des unions régionales. Les avantages attendus sont les suivants :

- l'Union économique permet d'optimiser l'allocation des ressources. Autrement dit, les facteurs de production (capital et travail) vont se placer là où ils sont le plus efficaces (et donc les plus rentables). On aboutit à une plus forte spécialisation des systèmes productifs au sein de l'espace économique. Cette spécialisation permet la réalisation d'économies d'échelle. Le marché de référence étant au minimum européen, la taille moyenne des entreprises s'accroît en conséquence ;
- l'Union économique facilite le développement des échanges commerciaux entre les pays de la zone. Il s'ensuit une intensification de la concurrence favorable à l'innovation et aux consommateurs. Les prix de vente diminuent parce que les entreprises sont plus puissantes et le marché plus vaste ;
- l'Union économique favorise le développement des pays en retard de développement grâce à la meilleure allocation des ressources et aux actions spécifiques en ce sens (les aides structurelles en provenance du budget européen). C'est la convergence. La stratégie est alors bénéfique pour tous les pays de l'union, directement pour les pays qui rattrapent, indirectement pour les autres pays qui voient leur marché potentiel s'agrandir et s'enrichir.

Aujourd'hui, l'Europe est un nain à l'échelle mondiale en termes de population : avec 500 millions d'habitants, les 28 pays de l'UE se placent devant les États-Unis (300 millions), mais loin derrière les émergents d'Asie, avec la Chine et l'Inde à plus d'un milliard d'habitants chacun. La démographie européenne étant peu dynamique, le poids de l'Europe dans le monde va décroître fortement d'ici à 2050, avec 480 millions d'habitants sur un total de plus de 9 milliards, soit 5 % de la population mondiale seulement.

Le poids économique est nettement plus important : l'Europe pèse 30 % du PIB mondial, 20 % quand on tient compte du coût de la vie. En termes de PIB par tête, l'Europe est loin derrière les États-Unis, au même niveau que le Japon, avec 37 000 $ par habitant en moyenne (10 000 à 20 000 $ pour les nouveaux États membres), sans comparaison avec la Chine ou l'Inde, encore très pauvre en moyenne par habitant. La disparité des revenus y est aussi moins élevée qu'ailleurs, chez les émergents notamment.

L'Europe représente par ailleurs environ 20 % des échanges mondiaux, sans les échanges intra-européens, de la même façon qu'elle recueille 20 % des flux mondiaux d'IDE. Son poids financier est moindre que celui des États-Unis, de même ampleur que celui du Japon.

A – L'Union européenne : élargissements et convergence

L'UE procède par élargissements successifs. Dix pays ont ainsi rejoint l'Union européenne le 1er mai 2004, deux autres leur ont succédé le 1er janvier 2007 : la Bulgarie et la Roumanie. La Croatie et ses 4,5 millions d'habitants ont intégré l'Union en 2013. Ce sont les nouveaux États membres (NEM). Le processus d'élargissement devrait demain concerner les pays des Balkans (Macédoine, Monténégro et Serbie), officiellement candidats.

Les élargissements de 2004 et de 2007 ont été de nature particulière. Pour ne parler que des 10 pays d'Europe de l'Est, ces pays comptent 100 millions d'habitants, soit environ 20 % de la population totale de l'UE-27 pour seulement 6 % du PIB total en valeur. Ce décalage entre les poids démographique et économique souligne le retard important en termes de richesse et de niveau de vie entre l'Est et l'Ouest de l'Europe.

Comme par le passé, l'adhésion a été bénéfique à tous. Dans les NEM, le revenu par habitant s'est rapproché de celui des anciens États membres. Le graphique suivant montre le processus de convergence pré-crise, la résilience à la crise des NEM depuis, en particulier en comparaison des pays d'Europe du sud.

De même, les exportations des anciens États membres vers les nouveaux ont progressé pour atteindre environ 10 % du total de leurs exportations en 2014, contre 4 ¾ dix ans plus tôt. Les craintes des anciens États membres au sujet d'éventuelles migrations massives de travailleurs ne se sont par ailleurs pas matérialisées, même si des points de crispation surgissent ici ou là, en particulier au Royaume-Uni.

Niveaux de richesse par habitant en Europe : écarts à la moyenne européenne, 1998-2015 - RNB par habitant en euros courants (base 100 = UE-28)

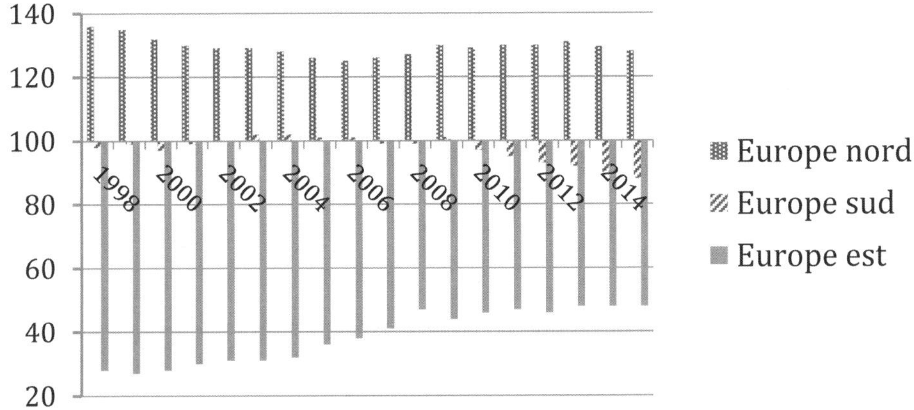

Source : L'Euro Nord regroupe l'Allemagne, l'Autriche, la Belgique, la Finlande, la France, les Pays-Bas. L'Euro Sud regroupe la Grèce, l'Espagne, l'Italie, le Portugal. L'Europe de l'Est regroupe la Bulgarie, l'Estonie, la Hongrie, la Lettonie, la Lituanie, la Pologne, la République tchèque, la Roumanie, la Slovaquie, la Slovénie. Source : Les divergences sociales en Europe après la crise, note d'analyse, France stratégie, 2015.

Ce processus gagnant-gagnant est bien connu, et vérifié : les pays en avance subventionnent (via le budget européen) les pays qui adhèrent, et y investissent pour bénéficier de leurs avantages compétitifs, ce qui élève les niveaux de vie et crée un marché solvable dont bénéficient en retour les pays historiques.

Cette ***logique de convergence*** des revenus par habitant observée un temps au niveau des pays de l'Union ne se retrouve cependant pas au niveau des régions : les écarts y sont encore de 1 à 5 contre 1 à 2,5 pour les pays. En fait, la convergence des pays est celle des régions les plus riches : la croissance européenne se réalise principalement dans les grandes agglomérations. Pourtant, plus de 80 % du budget européen est consacré à la réduction des inégalités territoriales, entre régions riches et pauvres (fonds structurels), entre ville et campagne (PAC) et entre anciens et nouveaux membres (aides de pré-adhésion). La question reste posée de savoir si l'Europe doit, à budget constant, surtout aider à la convergence des régions ou mettre davantage l'accent sur les zones où les investissements y sont les plus efficaces, dans les grandes agglomérations.

Un pays est emblématique de la situation des NEM, dans leur capacité à s'inscrire dans une logique de convergence et à faire face à la crise, la Pologne. Ce pays fait figure de mastodonte parmi les NEM avec ses presque 40 millions d'habitants. Mais surtout, la Pologne est le seul pays de l'Union à ne pas connaître de récession depuis fin 2008, enregistrant une croissance cumulée de 19,7 % entre 2008 et 2014, de loin la plus forte d'Europe. Cette situation résulte d'un cocktail gagnant : un endettement initial en devise maîtrisé, de sorte que la crise a eu moins d'effets qu'ailleurs, une base installée de demande intérieure dynamique, une proximité avec l'Allemagne, donneur d'ordre pour l'industrie (numéro un européen de l'électroménager, des écrans plats), une agriculture intensive et compétitive (les fermes à 1 000 vaches qui font débat en France y sont courantes), une monnaie propre, avec une politique monétaire stimulante et une politique de change pro-compétitivité, un endettement maîtrisé (50 % du PIB en 2014) Il lui reste maintenant à démontrer sa capacité à faire sans les fonds européens, qui devraient s'éteindre progressivement, surtout à provoquer son renouvellement démographique, avec une population vieillissante et des talents éloignés (le plombier polonais qui est durablement installé en Angleterre).

À NOTER • Dix nouveaux États ont rejoint l'UE en 2004, deux en 2007. Leurs avantages naturels (coût du travail) ou provoqués (fiscalité) leur ont permis d'attirer des entreprises et de rattraper les pays plus en avance. La Pologne illustre cette logique de convergence. Il reste maintenant à ces pays à trouver leur modèle de développement hors politiques de soutiens de l'UE, et après avoir bénéficié des effets de compétitivité inhérents à leur retard.

B – Le budget de l'Union européenne

La convergence est pour partie impulsée par les fonds européens. Le budget de 2015 s'élève à 145 milliards d'euros en crédits d'engagement, ce qui représente 1 % du revenu national brut de l'UE. Les dépenses en faveur de la cohésion économique, sociale et territoriale s'élèvent à 60,5 milliards d'euros, elles comprennent l'aide au développement des régions européennes pauvres pour 55 milliards. Les douze NEM reçoivent la plus grande part de ses crédits.

Les recettes proviennent, elles, largement, de la contribution des États membres selon leur revenu national brut (70,3 % des recettes) et la TVA qu'ils perçoivent (10,7 %). Les autres recettes sont pour l'essentiel les droits de douane, pour 11,8 %. Les pays qui contribuent le plus au budget de l'UE sont l'Allemagne et la France. La France, qui reste cette année encore premier bénéficiaire des dépenses de la PAC, est contributeur net au budget de l'UE à hauteur de 6 milliards environ (elle contribue pour 19 en 2013, reçoit pour 13, dont les deux tiers au titre de la PAC). En euros par habitant, chaque Français perçoit en moyenne 200 euros environ.

Le cadre financier des prochains budgets fait par ailleurs l'objet d'âpres négociations entre la commission et le Parlement européen. Il a été fixé par le Conseil européen (les représentants des États membres) à 960 milliards en crédit d'engagement (le plafond), et 908 en crédit de paiement (les dépenses effectives) sur la période 2014-2020, en baisse de 3 % par rapport aux budgets antérieurs. En termes de structure, les dépenses de compétitivité augmentent, notamment pour les infrastructures de transport, énergétiques et de télécommunications, celles consacrées à la cohésion et à la PAC baissent, de 8 et 11 % respectivement.

À NOTER • Le budget européen est nourri par des prélèvements ayant pour base le RNB des pays membres. Il finance encore principalement l'agriculture et les infrastructures des régions en retard de développement. Les nouveaux États membres bénéficient pour une grande part des crédits, pour enclencher la logique de développement dont d'autres ont bénéficié avant eux.

C – Les chantiers de l'Union européenne

Dans une Union économique, la concurrence a normalement lieu entre les entreprises, au bénéfice de tous. En Europe, elle a encore trop souvent lieu entre les pays, en particulier en termes de stratégie fiscale et de politique d'attractivité des entreprises, de coût du travail et de politique de compétitivité-coût, de politiques de spécialisation productive. Par ailleurs, les pays mènent des ***politiques de passager clandestin*** à leur avantage, mais au détriment des pays européens partenaires. Ainsi, quand l'Allemagne a réduit ses coûts du travail (donc les salaires réels), dans une logique d'amélioration de sa compétitivité-coût, et augmenté la TVA, pour financer les dépenses sociales, faisant payer sa protection sociale aussi aux entreprises étrangères présentes sur son territoire, elle a pénalisé ses partenaires commerciaux... principalement européens. L'harmonisation des conditions de la concurrence (le marché unique) est donc à parfaire.

Au-delà de l'***harmonisation des conditions fiscales***, évoquée plus loin, et du l'inéluctable avancée du fédéralisme, pour faire face à la crise que connaît la zone euro, les chantiers à venir de l'UE sont la constitution d'une véritable Europe sociale, la libéralisation des services, la réforme de la politique agricole commune, l'engagement environnemental et la politique énergétique, et la relance de la stratégie de Lisbonne.

1) La constitution d'une Europe sociale

L'intervention de l'Union européenne en matière sociale fait l'objet d'une attente forte des citoyens européens, alors même que la dimension sociale du projet européen était relativement absente du traité de Rome. Aujourd'hui, l'acquis communautaire en matière sociale est constitué de près de deux cents textes normatifs, dans trois domaines privilégiés :

- ***la libre circulation des travailleurs*** (voir *infra*) ;
- ***le droit du travail*** : l'intervention de l'Union européenne dans ce domaine est orientée dans deux directions : les conditions de travail, d'une part, et l'information et la consultation des travailleurs, d'autre part. Au-delà, l'Union a également mis en place un acquis considérable en matière de santé et de sécurité au travail. Elle s'est, par ailleurs, employé à promouvoir la flexisécurité, de manière à permettre aux États membres de mieux répondre aux nouveaux enjeux du marché du travail ;

– ***la lutte contre les discriminations*** : la législation communautaire s'est d'abord concentrée sur les questions de discrimination fondée sur le sexe, aujourd'hui sur la race ou l'origine ethnique, la religion ou les convictions, le handicap, l'âge ou l'orientation sexuelle. Deux directives ont déjà été adoptées sur ce fondement et une autre est en cours de négociation.

Il n'en reste pas moins que les conditions sociales sont encore très différentes d'un pays à l'autre, de sorte que l'Europe sociale est aujourd'hui un chaînon largement manquant de la construction européenne.

2) Le marché unique et la libéralisation des services

La libéralisation du marché intérieur des marchandises (le marché unique) est sur les rails. C'est le socle de la construction économique européenne. Il a été décidé en 1985, s'est déployé en 1992, la commission européenne évalue à plus de 2 points de PIB et 2,7 millions d'emplois supplémentaires ses effets sur la période 1992-2008. Concrètement, les consommateurs ont vu l'éventail de biens et services offerts s'élargir avec la possibilité de choisir des produits moins chers et de meilleure qualité, tout en bénéficiant de règles communes et fortes qui les protègent en matière de sécurité des produits (aliments, jouets, etc.) ou de pratiques commerciales (publicité trompeuse, droit à l'information, voies de recours, etc.). Plusieurs axes de consolidation du marché unique sont en cours de développement dans le cadre des deux « axes pour le marché unique » de 2011 et 2012 : faciliter l'accès au financement des PME, notamment en matière de capital-risque ; améliorer la mobilité professionnelle, par une meilleure reconnaissance des qualifications et par la portabilité des pensions ; clarifier les règles pour les travailleurs détachés ; réviser la législation en matière de marchés publics, notamment vis-à-vis des pays tiers ou encore enfin encourager l'entrepreneuriat social.

Mais l'Union connaît un retard important dans la mise en place d'un véritable marché intérieur des services, qui représentent seulement 20 % des échanges intra-communautaires. La libéralisation des ***services d'intérêt économique général*** (SIEG), télécommunication, énergie ou transport ferroviaire par exemple, est largement engagée, sans que celle des ***services d'intérêt général*** (SIG) sans intérêt économique, comme l'éducation publique par exemple, ne soit envisagée. Pour ce qui est des services marchands, la libre circulation est facilitée, sur la base du principe dit du « pays de destination », selon lequel le prestataire étranger a obligation de respecter la législation du pays de destination « en matière de protection des consommateurs, de protection de l'environnement ou de droit du travail ». Mais dans la pratique, les obstacles sont nombreux.

3) La politique agricole commune

Créée en 1962, la PAC visait à assurer la sécurité alimentaire de l'Europe qui ne couvrait alors que 80 % de ses besoins. Pour inciter les agriculteurs à produire, deux mécanismes avaient été mis en place : Bruxelles assurait aux producteurs des prix élevés garantissant les investissements réalisés, parallèlement, une protection aux frontières était instituée pour mettre les exploitations à l'abri de la concurrence. Les nouvelles orientations européennes arrêtées en 1999 et précisées en 2003, qui prévalent encore aujourd'hui, s'inscrivaient dans le cadre des négociations de l'OMC visant à la libéralisation des échanges : les prix garantis sont abaissés, diminuant de fait le recours aux subventions à l'exportation, et les agriculteurs perçoivent dorénavant des aides au revenu, appelées aides directes, qu'ils produisent ou non, qui représentent aujourd'hui 90 % de leurs revenus. Le versement de ces subsides est conditionné au respect de normes environnementales. En outre, ces réformes prévoient la mise en place d'une politique en faveur du développement rural, appelée « deuxième pilier » (10 % du budget de la PAC en 2010).

Cette politique a été réformée en 2013 dans le contexte de la réduction budgétaire effective dès 2014. Les axes de la réforme devraient être une redistribution plus équitable des subventions entre agriculteurs d'un même pays (principe de « convergence interne »), alors qu'actuellement 80 % des aides sont allouées à 20 % des exploitations, un plafonnement des aides versées aux grandes exploitations (300 000 euros par an après déduction des coûts salariaux) accompagné d'une dégressivité des aides à partir de 150 000 euros, et enfin un soutien spécifique à certaines productions en difficulté comme l'élevage laitier.

4) L'engagement environnemental et la politique énergétique

L'engagement environnemental est une constante européenne depuis plus d'une décennie, adossé à l'objectif des 3 * 20 (v. Chapitre 15), lui-même fondé sur le développement d'un marché carbone, aujourd'hui inopérant, et de considérations réglementaires contraignantes.

Au-delà, la politique environnementale est liée à la définition d'une politique européenne de l'énergie, aujourd'hui réclamée par les principaux opérateurs. La décision unilatérale de l'Allemagne de se désengager du nucléaire suite à la catastrophe de Fukijima, illustre parfaitement l'absence de coordination des politiques nationales, nécessairement en interactions les unes avec les autres. Or, le bouquet énergétique européen à moyen terme aura un impact décisif sur la compétitivité de nos économies, sur notre capacité à tenir nos objectifs environnementaux et sur notre sécurité d'approvisionnement. L'UE doit maintenir un plan d'investissement ambitieux, tant dans les capacités de production que dans les infrastructures. L'énergie est en effet une industrie qui requiert des investissements très lourds, et donc une visibilité à long terme sur ses revenus futurs.

À NOTER • Les prochains chantiers de la construction européenne sont l'harmonisation des conditions fiscales, la constitution d'une véritable Europe sociale et d'un marché européen du travail, la libéralisation des services, la nouvelle réforme de la PAC, la révolution environnementale et énergétique. Mais il faut avant cela sauver l'euro.

D – Le risque du Brexit

Au-delà de ces considérations, un risque nouveau pèse sur la construction européenne, celle d'une sortie de pays dans un contexte de crispation national ou nationaliste. C'est en particulier le cas du Royaume-Uni dans le cadre de ce que l'on appelle le Brexit (de British Exit). Un referendum sur la question suivante « Le Royaume-Uni doit-il rester membre de l'UE ? » fait en effet partie des promesses de campagne du candidat David Cameron aujourd'hui réélu. Prévue d'ici à la fin 2017 au plus tard, la consultation pourrait intervenir dès 2016, en fonction des résultats de la renégociation des conditions d'appartenance du Royaume-Uni à l'UE menée par David Cameron, lui-même partisan d'un maintien de Londres dans un groupe réformé. Dans la discussion sur la renégociation, l'accent a été mis jusqu'ici sur l'éventualité de la modification des traités européens (somme toute peu probable) et les termes – notamment financiers – de l'adhésion de la Grande-Bretagne à l'UE. L'immigration et la liberté de circulation sont des revendications cruciales pour M. Cameron ; son gouvernement cherche un moyen légal de limiter les prestations sociales dont peuvent bénéficier les ressortissants de l'UE en Grande-Bretagne. La sortie du Royaume-Uni serait évidemment la porte ouverte à une déconstruction de l'UE, un recentrage aussi peut-être.

2 L'union monétaire en crise

Dix-neuf pays membres de l'UE-28 appartiennent à la zone euro, les derniers entrants étant les pays baltes (la Lituanie en 2015 après la Lettonie en 2014 et l'Estonie en 2011).

A – Les avantages de l'union monétaire

Dans le cas de l'euro, les principaux avantages sont les suivants :

- le taux d'intérêt moyen a baissé durant les années 90 en Europe puisqu'il n'y avait plus, en attente de l'euro, de risque de dévaluation des monnaies par rapport au Deutsche mark (voir graphique) ;
- les coûts de transaction liés aux échanges de biens et services et aux relations financières sont réduits par l'adoption de la monnaie unique. Ceci est lié au fait qu'il n'y a plus de risque de change à l'intérieur de la zone euro, et que les prix sont globalement plus stables et plus transparents. Ce même effet joue hors zone, puisque l'euro intervient en 2010 pour 40 à 80 % des facturations hors zone à l'exportation et pour 30 à 70 % des facturations

d'importations hors zone. La différence entre les deux s'explique par le fait que le pétrole et les matières premières sont toujours encore largement cotés en dollar ;

– la constitution d'un vaste marché financier à l'échelle européen attire davantage de capitaux internationaux en quête de diversification et offre des possibilités supplémentaires de financement pour les entreprises et les États. De fait, en tant que réserve de valeur, l'émergence de l'euro est très nette : en 2012, le marché des obligations internationales en euros dépasse le marché en dollars.

Taux d'intérêt à long terme – dix ans – en zone euro

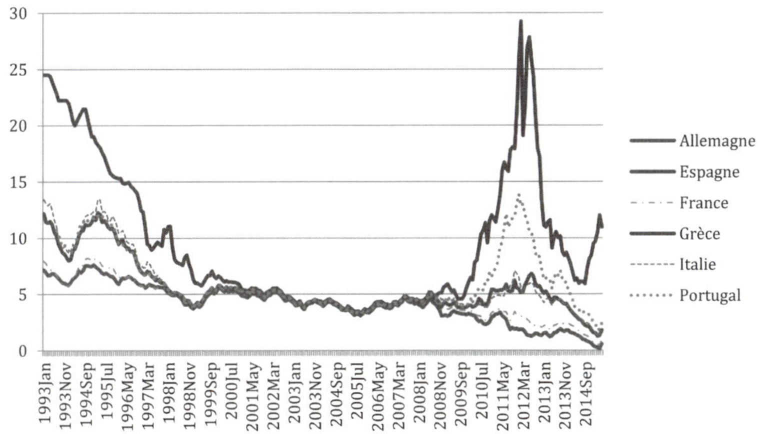

Source : BCE.

Au final, les avantages de l'adoption de l'euro sont largement de nature micro-économique, et se traduisent notamment par des baisses de prix pas toujours perceptibles par le consommateur.

B – Les inconvénients d'une zone monétaire, a fortiori *d'une zone monétaire inaboutie*

Le coût principal est la perte de souveraineté des pays participants en matière de fixation des taux de change et des taux d'intérêt. Avec un seul taux d'intérêt pour toute la zone, il est en effet impossible de combattre l'inflation simultanément dans tous les États-membres, notamment parce que la transmission de la politique monétaire et de change est différente d'un pays à l'autre. Ce coût sera d'autant plus important que les pays seront soumis à des chocs asymétriques (de nature ou ayant un impact différent selon les pays). Auparavant, les variations de change permettaient d'ajuster l'économie au choc, ce n'est plus le cas aujourd'hui.

Au-delà, il y a, en Europe, libre mobilité du capital et dans la zone euro, absence de risque de change : les entreprises peuvent donc allouer de façon optimale l'appareil productif entre les différentes régions, ce d'autant que les différentes fiscales ou sociales les y incitent.

Il est donc normal que certains pays se spécialisent sur des activités à fort gain de productivité, d'autres sur des activités peu sophistiqués. C'est la première erreur de compréhension du fonctionnement d'une zone monétaire, penser que tous les pays peuvent aller vers le haut de gamme, l'excellence. À l'intérieur d'une zone monétaire optimale, cette spécialisation inhérente à la monnaie unique n'aurait pas d'importance, puisque les salariés iraient là où leurs qualifications sont employées, et puisque l'existence d'un budget commun réduirait les écarts entre pays. Mais en Europe, la mobilité du travail entre les pays de la zone euro est faible, comme le montre le maintien de taux de chômage durablement différents, le budget européen est réduit (à peine plus de 1 % du PIB), il n'y a pas de solidarité fiscale (de transferts publics réduisant les différences) entre les pays. La spécialisation productive des régions, compte tenu des caractéristiques de la zone euro, y accroît donc l'hétérogénéité. En cela, la zone euro n'est pas une zone monétaire optimale.

Enfin, une seconde erreur majeure préside à la compréhension du fonctionnement d'une union monétaire, celle de la disparition de la contrainte extérieure. On a longtemps cru que seul l'équilibre extérieur de la zone était requis, faisant fi des déséquilibres des pays. Effectivement, il n'y a pas pression sur la monnaie quand le solde courant de l'Union est à l'équilibre, ce qui est le cas en Europe. Mais les pays déficitaires présentent tout de même, on le sait aujourd'hui, un problème de solvabilité, qui les conduit à s'endetter au-delà du raisonnable. Et cet endettement est d'autant plus aisé que ces pays accèdent à des financements peu chers, bénéficiant de la crédibilité des pays excédentaires.

À NOTER • L'euro a été adopté par dix-sept pays de l'Union. Il a permis à ses membres d'éviter des crises de change importantes pendant la récession. Depuis dix ans, l'euro a été à l'origine de bénéfices micro-économiques importants, favorisant la transparence, l'allocation efficace des ressources et les baisses de prix à l'intérieur de la zone. Mais il interdit les dévaluations compétitives et n'a pu prévenir la divergence des économies. Il n'autorise pas non plus les déséquilibres extérieurs, quand bien même la zone entière est équilibrée.

PARTIE 5

La crise économique

La crise, fondements et déroulement

CHAPITRE 19

1 Les causes de la crise, trois niveaux d'analyse

La crise financière globalisée est le résultat d'un triple éclatement, au niveau micro-économique financier, macro-économique financier, macro-économique réel. Ces éléments ont été largement développés dans les chapitres précédents.

A – Le cadre micro-économique financier, subprimes *et titrisation*

Techniquement, la crise trouve son origine en 1999, quand Freddy Mac et Fanny Mae, les deux institutions bénéficiant d'une garantie « morale » de l'État américain sur les prêts hypothécaires, commencèrent à financer des prêts dits « ***subprimes*** » : des prêts hypothécaires accordés à des familles défavorisées et ne remplissant pas les critères usuels en matière de risque crédit. Le stock de prêts *subprime* est ainsi de 1 300 milliards de dollars en 2007, soit environ 14 % de la valeur du parc immobilier résidentiel américain.

La production à grande échelle de tels crédits s'inscrivait dans un paysage financier profondément modifié depuis le milieu des années 1980. En particulier le cadre de l'intermédiation financière traditionnelle où les banques collectaient de l'épargne à court terme pour accorder des prêts à long terme a volé en éclat : elles accroissent significativement la part des *subprimes* dans leur portefeuille dans les années 2000. Mais ayant octroyé des crédits hypothécaires de faible qualité, elles ne souhaitaient pas garder ceux-ci dans leur bilan, les estimant trop risqués. Elles eurent alors recours au processus de la titrisation pour rediriger ces crédits vers d'autres investisseurs.

La titrisation est une transformation des crédits en titres financiers selon un processus composé de trois opérations (voir Aglietta, *Lettre du CEPII* n° 275) :

- ***pooling*** : une banque d'investissement rachète des crédits à ceux qui les ont émis. Il en résulte un pool de crédits structurés, homogènes ou hétérogènes : MBS (*mortgage-backed securities*), ABS (*asset-backed securities*), CDO (*collateralized debt obligations*)... ;

– ***offloading*** : les crédits mis en pool sont sortis du bilan de la banque d'investissement pour être logés dans des structures spéciales, les « véhicules *ad hoc* » (SPV *special purpose vehicles*), appelés aussi « conduits » ou SIV (*special investment vehicles*). Ces structures sont, en fait, équivalentes à des banques de marché non régulées et non supervisées ; elles émettent des titres pour les vendre à des investisseurs (fonds spéculatifs, gérants d'actifs... et banques !) ;
– ***tranching*** : les titres sont émis en tranches hiérarchisées selon un niveau de risque estimé par des agences de notation. Les tranches supérieures ont ainsi pu bénéficier d'un « rating » (une notation) équivalent à un placement sans risque, tout en offrant un rendement nettement supérieur à celui des obligations d'État. En outre, pour prendre le plus de commissions possibles, les professionnels s'arrangent pour faire de la titrisation empilée (CDO de CDO) qui éloigne de plus en plus les acheteurs de la source des risques. Ce processus provoque un dépérissement de l'information sur les crédits au fur et à mesure qu'ils deviennent plus complexes et plus opaques. C'est pourquoi les investisseurs sont totalement dépendants des agences de notation, qu'ils financent par ailleurs, ce qui est caractéristique d'une situation de conflit d'intérêt (je note ceux qui me payent). Enfin, certains assureurs (AIG aux États-Unis notamment) proposaient de garantir la valeur des produits titrisés...

Ces produits de titrisation connurent un succès d'autant plus grand que l'éclatement de la bulle internet eut un impact majeur sur l'allocation d'actifs dans les portefeuilles des investisseurs. Ceux-ci, échaudés et fragilisés par leurs pertes sur actions, cherchèrent à tous crins des placements leur promettant un revenu régulier. Ils pouvaient acquérir des titres leur offrant une sécurité équivalente (rating + assurance) à celle des obligations émises par l'État américain mais leur payant 0,3 % (ou plus) supplémentaires par an. Les tranches d'ABS, de MBS et autres CDO se vendirent donc comme des petits pains tout au long de la période 2002-2006. Ce phénomène fut largement anglo-saxon : le montant des actifs titrisés dans l'Hexagone atteignait en effet moins de 30 milliards d'euros en cumul sur le premier trimestre 2008, contre plus de 560 milliards au Royaume-Uni, et près de 7000 milliards aux États-Unis. La réglementation française moins favorable, le modèle de banque universelle ou encore la moindre frénésie d'innovation sont autant d'explications.

Les premiers signes de fissure apparurent en 2006 lorsque le nombre de défauts sur les prêts hypothécaires ***subprimes*** augmenta significativement. Le nombre de défauts de remboursements passa ainsi de 885000 en 2005 à 1259118 en 2006, soit une augmentation de 42 %. Ces premières faillites mirent sous pression le cours des titres bancaires mais également réduisirent la liquidité des produits de titrisation ayant comme actifs sous-jacents des crédits hypothécaires aux États-Unis. L'effet de boule de neige se mit alors rapidement en route, d'autant plus que le nombre de défauts sur prêts hypothécaires ne cessait de croître outre-Atlantique, augmentant encore en 2007 de 75 % par rapport à 2006.

B – Le cadre macro-économique financier : politique monétaire accommodante et transferts d'épargne du sud vers le nord

C'est parce que les banques n'étaient pas freinées par une réglementation contracyclique, quelles ont prêté sans analyser la solidité des emprunteurs (ménages, fonds…) et qu'il a pu y avoir excès de distribution de crédit. Mais ces défaillances de la réglementation n'auraient pas conduit au même résultat s'il n'y avait pas eu excès de création de la liquidité mondiale. Cet excès de liquidité a permis que soit refinancée sans difficulté la distribution rapide du crédit : elle a donc fourni les « munitions » aux bulles, que les défauts de la réglementation rendaient possibles. La liquidité mondiale excessive a deux causes qui se cumulent.

Les politiques monétaires accommodantes trouvent leur origine dans les déséquilibres fondamentaux de l'économie réelle des années 2000, avec la nécessité de compenser l'atonie des revenus réels dans les grands pays industrialisés (*cf.* point suivant). *A contrario*, c'est bien le resserrement des conditions monétaires aux États-Unis, qui visait à limiter une demande de crédits devenue excessive, qui est à l'origine du déclenchement de la crise : la politique de hausse des taux de la Réserve fédérale (les taux de la Fed passèrent de 1 % à 5,25 % entre 2004 et 2006), dans un contexte où les prêts étaient majoritairement à taux variables, heurta de plein fouet la capacité de remboursement de ménages à faibles revenus, provoquant les défauts de remboursement en cascade évoqués plus haut.

L'accumulation de réserves de change par les Banques centrales des pays d'Asie et exportateurs de pétrole conduisit à une création monétaire exubérante. L'accumulation de réserves de change est très forte dans les périodes de faiblesse du dollar (2002-2007), puisqu'elle résulte de la volonté de stabiliser le taux de change du dollar malgré le déficit extérieur chronique des États-Unis. De fait, ces pays avaient un problème de demande, et non d'offre, ils avaient donc besoin de marchés en expansion autour d'eux. Cela s'est traduit par des excédents extérieurs importants et croissants, et par un transfert d'épargne vers les pays développés. C'est donc en permettant aux émergents (Chine, pays de l'Opep…) d'exporter de l'épargne (et non d'en importer) que la globalisation financière a participé à leur expansion… mais aussi à la crise. Les pays émergents ont épargné (5 000 milliards de dollars environ) sans prendre a priori le risque liés à cette épargne, les placements étant majoritairement effectués en dollars sous forme de dépôts ou de bons du Trésor. Cette épargne a aussi été prêtée à des ménages (et des entreprises) américains ou anglais. En d'autres termes, à l'autre bout de la chaîne, les emprunteurs étaient risqués. Le système globalisé a donc permis d'absorber ce risque de façon quasi-inconsciente, la chaîne de transmission étant assurée par les preneurs de risques (*hedge funds*, banques d'investissement). La crise des *subprimes* a été le déclencheur de la prise de conscience des risques encourus.

Le tableau suivant montre l'articulation des flux courants et financiers pour la Chine par exemple pour l'année 2013. Les capitaux privés s'y dirigent, IDE notamment, augmentant la croissance potentielle, stimulant l'investissement et donc la capacité d'exportation, générant des excédents courants de plus en plus importants. Ces gains sont stérilisés via les actifs de réserve, et placés à l'étranger pour nourrir l'endettement à l'origine de la crise.

Entrées		Sorties	
Privées	1 349	Privées	936
IDE	580	IDE	413
I. de portefeuille	79	I. de portefeuille	nd
Crédits bancaires et privés	690	Crédits bancaires et privés	524
Publiques	28	Réserves	539
Total	1 377	Total	1 475
Solde de la balance courante : 216			

Source : Institute of international finance – Capital Flows to EmergingMarket Economies – Janvier 2015.

Enfin, que ce soit d'un point de vue micro ou macro-économique, les déséquilibres financiers domestiques et internationaux ont une cause commune, la finance procyclique, qui concerne tous les agents économiques : les banques, qui prêtent trop avec des primes de risque trop basses dans les périodes d'expansion ; les emprunteurs, qui acceptent des niveaux d'endettement très élevés dans les périodes de croissance, y compris en devises ; les investisseurs, qui accroissent trop et de manière mimétique la part des actifs risqués dans leurs portefeuilles lorsque les prix des actifs augmentent ; et enfin les investisseurs internationaux qui prennent du risque de change et du risque souverain lorsque l'aversion pour le risque est basse et qui reviennent vers les monnaies refuge dans les périodes de crise.

C – Le cadre macro-économique réel : déformation du partage de la valeur ajoutée et insuffisance des gains de productivité

Au-delà des considérations financières qui fondent la crise, les racines du mal se trouvent dans le modèle de croissance adopté avant crise par les pays développés. Ce modèle avait des caractéristiques communes et liées assez claires, qui ont été largement décrites dans les chapitres antérieurs :

– ***adoption du capitalisme dit financier***, qui s'est traduit notamment par une déformation dans le partage de la valeur ajoutée au détriment des salaires (dans les pays anglo-saxons surtout, Allemagne et Japon aussi), et par la réduction des investissements productifs (dans la zone euro en dehors de l'Allemagne);

- ***conversion aux dogmes du fondamentalisme néolibéral***, dont la mandature Bush fut une parfaite illustration, qui peut se résumer par la formule « greed is good », l'avidité est bonne pour l'économie. Cela s'est traduit par l'émergence d'une classe d'hyper-riches dans les sociétés occidentales, née de la collusion entre actionnaires et grands dirigeants d'entreprise dans le cadre de l'adoption du capitalisme financier, permise par l'acceptation sociétale de rémunérations extravagantes (les salaires des footballeurs par exemple), et encouragée par des politiques fiscales visant à atténuer la progressivité de l'impôt ;
- ***développement considérable des inégalités***, lié au point précédent, mais aussi conséquences de la mondialisation (qui fait pression sur les salaires ouvriers) et de l'accélération technologique (qui réduit le besoin des qualifications moyennes) ;
- ***désindustrialisation*** et ralentissement des gains de productivité, dans un contexte de délocalisation (au sens large) excessive vers les pays à coûts salariaux faibles du fait d'une mondialisation non maîtrisée ;
- ***polarisation du marché du travail***, avec développement des emplois aux deux extrêmes : secteurs sophistiqués aux niveaux de productivité et aux salaires élevés (TIC et autres secteurs technologiques, finance…) d'une part, secteurs peu sophistiqués aux niveaux de productivité et salaires faibles (distribution, construction, services aux particuliers, loisirs…), avec disparition progressive des secteurs intermédiaires.

Tout ceci a conduit à la faiblesse des hausses de salaires dans tous les pays à partir du début des années 2000, le soutien de la demande étant alors assuré par la hausse de l'endettement des ménages. L'endettement des entreprises a aussi fortement augmenté avec des causes diverses : faiblesse de l'autofinancement (c'est le cas en France), recherche d'un levier d'endettement plus élevé. La crise est donc fondamentalement une crise de l'endettement comme palliatif à la faiblesse des salaires et de l'autofinancement.

À NOTER • La crise, de nature financière, trouve son origine dans l'éclatement de la bulle constituée autour de produits titrisés adossés aux crédits *subprimes*. La création de liquidité mondiale, dans le cadre de politiques monétaires accommodantes et procycliques, et de transferts d'épargne contre-intuitifs des pays émergents vers le monde anglo-saxon, a nourri cette bulle. Mais fondamentalement, c'est bien dans les déséquilibres de l'économie réelle, qui ont amené à une atonie des salaires, que se trouvent les racines du mal. En cela, cette crise est plus qu'une crise financière.

2 Le déroulement de la crise, les réponses apportées

La crise financière qui couvait depuis la fin 2007 a éclaté à l'automne 2008, à la suite de la faillite de plusieurs établissements financiers aux États-Unis. Elle s'est traduite par un vent de panique sur les places boursières, et une inquiétude quant à la capacité du secteur bancaire à tenir ses engagements. La crise financière s'est ensuite transmise à l'économie réelle par trois canaux principaux. D'abord, la crise financière a entraîné une crise de confiance qui touche l'ensemble des agents économiques : les banques hésitent à se prêter entre elles, tandis que les ménages, par crainte du chômage, accroissent leur épargne de précaution. Ensuite, l'accès au crédit est devenu plus coûteux et difficile : les prêteurs, confrontés à un risque de défaut accru, font payer plus cher les emprunteurs, voire refusent de leur prêter. Restriction de crédit et crise de confiance ont un impact particulièrement négatif sur l'investissement des ménages et des entreprises. Enfin, la baisse de la demande entraîne une contraction du commerce international, propageant la crise à l'ensemble de l'économie mondiale.

Jusqu'au printemps 2009, nul ne sait si elle pourra être contenue, ou si elle se traduira par un effondrement de l'économie mondiale, à l'instar de ce qui s'était passé dans les années 1930. avec les conséquences que l'on connait. De fait, beaucoup dépendait des mesures de réaction publique à cette spirale mortifère. Les réponses à la crise ont été massives, dans une certaine mesure coordonnées, à la hauteur du risque systémique un temps perçu.

La politique monétaire en particulier a joué un rôle prépondérant, en trois temps, au-delà des baisses de taux d'intérêt, ramenés partout à zéro (États-Unis) ou proches de zéro (zone euro) :

- d'abord, lorsque la liquidité a disparu sur le marché interbancaire et que les banques ont été menacées d'une crise de liquidité, les Banques centrales ont fourni de la liquidité aux banques par divers canaux : allongement de la durée des refinancements (BCE), allongement de la liste des actifs pris en collatéral (BCE et surtout Réserve fédérale), passage à des refinancements à taux fixe (BCE)... Les États ont également apporté leur écot, garantissant de façon quasi-illimitée les emprunts interbancaires. Cette politique de création monétaire massive où les Banques centrales se sont substituées au marché interbancaire défaillant a permis de rétablir la liquidité bancaire et d'assouplir les conditions du crédit. C'est le rôle traditionnel de prêteur en dernier ressort des Banques centrales ;
- dans un second temps, les Banques centrales ont aussi joué le rôle d'acheteurs d'actifs en dernier ressort. C'est la politique monétaire non conventionnelle décrite au chapitre 11. Les actifs détenus par la réserve fédérale américaine passent en particulier de 920 à 2 200 milliards de dollars de mars à décembre 2008 (quantitatif easing 1), puis à 3 000 fin 2011 (QE2) pour se stabiliser à 3 300 aujourd'hui (QE3 depuis l'automne 2012) ;
- cette politique monétaire a été accompagnée de mesures exceptionnelles de recapitalisation des banques (700 milliards de $ aux États-Unis, 40 milliards d'euros en France par exemple). Ces injections de capital permettent aux banques de respecter leurs exigences de fonds propres malgré les pertes subies sur les actifs. Les États ont été contraints d'apporter ce capital pour éviter les faillites bancaires, à un moment où les banques ne pouvaient pas lever de capital sur les marchés. Aujourd'hui, les banques ont remboursé les États.

Ces réponses appropriées de la politique monétaire sont, avec le renoncement – encore à confirmer – à la tentation protectionniste, le point de différenciation du traitement de cette crise par rapport à celle de 1929, qui présente le même point de départ, l'excès d'endettement du secteur privé. La politique monétaire de 1930 et 1931 était en effet fortement restrictive, avec des taux d'intérêt réels très élevés et un effondrement de la masse monétaire, tout le contraire d'aujourd'hui. En cela, les autorités politiques et monétaires ont parfaitement tiré les enseignements de la crise de 1929.

Il fallait dans le même temps, soutenir l'activité pour éviter d'entrer dans la déflation, baisse simultanée et auto-entretenue de la croissance et des prix. C'est le rôle de la politique budgétaire, et des plans de relance adoptés partout dans le monde.

Les États-Unis, la Chine, le Japon ou les pays européens ont ainsi dégainé des plans de relance impressionnants, d'un montant total déclaré de plus de 2 800 milliards de dollars sur deux ans. La dépense supplémentaire décidée par les principaux pays pour 2009 et 2010 représente 5 % du produit intérieur brut (PIB) mondial.

De fait, l'endettement public a cru partout dans le monde dans des proportions considérables, se substituant pour partie à l'endettement privé, provoquant la crise déjà décrite en Europe, et des incertitudes sur la capacité des Etats-Unis à rembourser (chaque fois une révision du plafond de la dette – ***fiscal, cliff*** – est nécessaire). En Europe en particulier, la question des stratégies de sortie (exit strategies), en douceur ou brutale, a été tranchée par la crise des pays périphériques, et la défiance généralisée des marchés vis-à-vis des dettes publiques de la zone euro. L'heure est à l'ajustement, pour les plus chanceux, à l'austérité pour les autres.

À NOTER • Les réponses massives et relativement coordonnées ont permis d'éviter un scénario à la 1929 : politique monétaire très stimulante non conventionnelle, intervention des États pour garantir la liquidité du marché interbancaire ou recapitaliser les banques, plans de relance d'ampleur inégalée pour soutenir l'activité, monétarisation des dettes qui en découlent par les Banques Centrales.

3 Points de fragilité de l'économie mondiale

Début 2015, la crise semble derrière le Monde à défaut d'être derrière l'Europe. La situation de l'économie américaine illustre particulièrement cet état de fait : le chômage est au plus bas depuis 2008 (à 5,5 % de la population active), Wall Street retrouve les niveaux antérieurs à la crise, la Fed s'interroge sur l'opportunité de mettre fin au QE3, les entreprises ont restauré leurs marges, le secteur bancaire a satisfait aux stress tests et présente donc des gages de solidité, le moral des ménages est en hausse, le déficit budgétaire et, par suite, le ratio d'endettement public est en recul, ce qui éloigne la nécessité de devoir rehausser de nouveau le mur fiscal. De leur côté, les émergents ont depuis longtemps maintenant repris leur marche en avant.

A – La crise de la dette n'est pas finie

La crise de la dette est particulièrement aiguë en Europe, la menace de contagion sourde, le risque d'explosion de la zone monétaire réel. Mais d'autres pays dans le monde connaissent un problème d'endettement, de nature publique ou privée. La crise nous a en effet enseigné qu'il convient de regarder l'endettement total d'un pays, et non le seul endettement public. Des pays comme le Japon, l'Australie, le Canada, et évidemment les États-Unis, sont ici concernés.
Le graphique suivant décrit la dette totale américaine dans une perspective longue. Il montre le niveau particulièrement élevé de la dette ; il montre également, par analogie à une autre crise de la dette, celle de 1929, qu'il faut du temps (douze années après 29) pour que les agents puissent se ré-endetter. La même séquence vaut bien sûr pour l'Europe…

Dette privée (ménages, entreprises, secteurs financiers) aux États-Unis en % du PIB

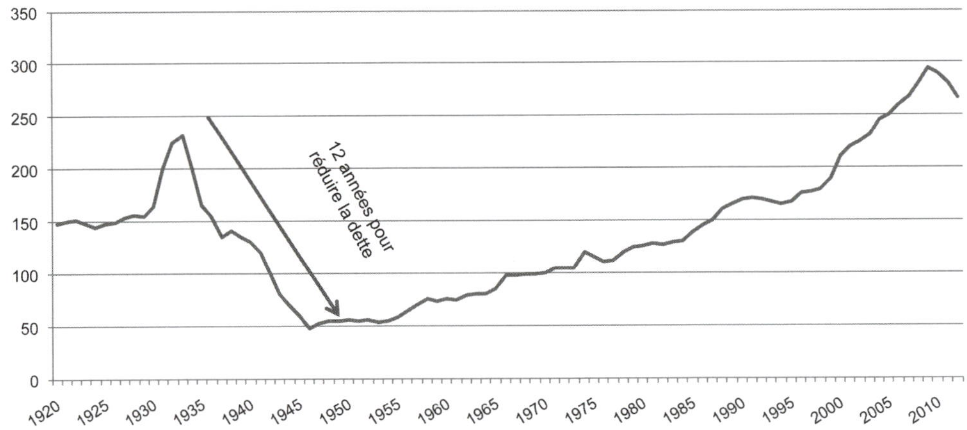

B – Que faire de toute cette création de monnaie ?

Depuis 2007, les politiques monétaires sont extraordinairement accommodantes, en tout cas la base monétaire mondiale connaît une croissance sans lien avec celle de l'économie. Cela tient évidemment aux politiques non conventionnelles des grandes Banques centrales, qui inondent les marchés de liquidité. Rapporté à leur PIB respectif, le total des actifs inscrits au bilan de la Fed a été multiplié par quatre en cinq ans (de 5 % du PIB à 20 % de 2008 à 2015), celui de la BCE par 1,5 avant le dernier QE (de 13 à 18 %, moins qu'en 2012, les banques commerciales ayant remboursé leur emprunt), celui de la Banque d'Angleterre par plus de 5 (de 5 à 23 %). Cela tient aussi à des stratégies nationales inédites, comme le revirement de la politique monétaire de 2013 au Japon, dans le cadre d'une reprise en main de la Banque centrale par les autorités économiques, et la décision de doubler la base monétaire ces deux dernières années (2013-2015), pour sortir de la spirale de déflation connue depuis presque 20 ans pour une taille de bilan aujourd'hui à 60 % du PIB. Mais cela tient enfin tout autant aux politiques des émergents qui créent de la monnaie certes pour soutenir leurs économies mais surtout pour empêcher l'appréciation de leurs monnaies dans le contexte d'une guerre mondiale des changes presque ouverte…

De fait, la masse monétaire mondiale s'établit à 20 000 Mds de $ aujourd'hui, contre 6 000 en 2005 et 2 000 en 1995. Ces sommes se retrouvent de façon surprenante surtout dans les coffres des Banques centrales, puisque le montant des réserves de changes à travers le monde est passé de 2 400 milliards de dollars fin 2002 à presque 15 000 milliards fin 2015 !

Ce mouvement est-il réversible ? Sans doute pour partie, mais au prix d'une appréciation des monnaies de ceux qui l'entreprendraient (si la politique de resserrement n'est pas coordonnée), d'une déstabilisation des marchés d'actifs pris en collatéral (autrement dit de l'éclatement de la bulle d'actifs et donc d'une nouvelle crise financière), et au final d'une hausse des taux d'intérêt qui étranglerait les économies des pays endettés ! La difficulté d'une stratégie de sortie peut s'illustrer par l'échec de la fin du QE américain annoncée au printemps 2013 (ce que l'on appelle le ***Tapering***, la fin des achats mensuels de titres à long terme de la Fed), largement inopérant dans les faits.

Quels sont les inconvénients de cette extrême abondance de liquidités ? À terme, le risque traditionnel d'inflation peut encore être écarté : le Monde est en excès d'offre, l'envie d'endettement est bridée pour de nombreuses années encore. De fait, cet argent va principalement sur les marchés financiers, non sur les marchés de biens, et participe donc directement de la financiarisation de l'économie, avec sa cohorte de bulles sur les actifs et d'instabilité des mouvements de change. Ce n'est évidemment pas le moindre des inconvénients…

Les risques de l'abondance semblent donc aujourd'hui moindres que ceux liés à un resserrement précipité des conditions monétaires. Mais l'histoire nous apprend que le rapport des risques évolue, qu'il viendra un moment, peut-être plus vite qu'attendu, où les effets négatifs de l'abondance monétaire excéderont ceux du sous resserrement.

C – Le ralentissement de la croissance des émergents et le chômage mondial de masse

Au-delà, la période de forte croissance des émergents, avec leur capacité à absorber sur leurs marchés du travail les nouveaux arrivants, notamment les jeunes, est questionnée.

Il pèse effectivement sur les émergents une double épée de Damoclès. La première est liée à l'endettement privé, aussi en lien avec la création monétaire mondiale, les flux de capitaux s'étant déversés vers ces pays à forte rentabilité faciale, notamment vers les entreprises. C'est ce que l'on observe en particulier en Asie, avec une dette privée aujourd'hui au-delà des 100 %. La cause en est un surinvestissement des entreprises, et un déclin attendu de leur rentabilité, avec une probabilité de défaut accrue. Le risque existe particulièrement en Chine,

avec un effet de cascade sur ses partenaires et sous-traitants, nombreux sur le sous-continent. La seconde menace tient dans la moindre augmentation du commerce mondial, avec des chutes de production manufacturière ici ou là, aussi en Amérique latine. Quand on ajoute à cela la fragilité particulière de l'économie russe, avec les tensions sur le rouble, ou les difficultés nouvelles de pays exportateurs de pétrole, avec la chute des prix du Brent, il apparaît que nous entrons dans une période potentiellement explosive dans les pays précédemment émergents. L'effondrement de la Bourse de Shangai à l'été 2015 illustre ces menaces.
La conséquence de ces évolutions pour l'instant conjoncturelles, aussi adossée au choc technologique et notamment robotique, est l'incapacité de ces économies, mais aussi parfois du monde occidental, à incorporer sur leurs marchés du travail les nouveaux entrants, les jeunes en particulier. L'organisation internationale du travail anticipe ainsi à l'horizon 2020 11 millions de chômeurs supplémentaires, pour un total de 212 millions. Cette même organisation rappelle que plus de 61 millions d'emplois ont été perdus depuis le début de la crise mondiale de 2008. Par ailleurs, presque un milliard de demi de personnes (75 % des travailleurs) sont en situation d'emploi précaire, notamment les femmes, 60 % des travailleurs ne bénéficient pas d'un contrat de par le monde, 16 % seulement des indépendants sont affiliés à un régime de retraite.
La situation des jeunes est bien évidemment particulièrement fragile. Alors que le taux mondial de chômage est de 13 %, il atteint plus de 30 % dans les pays encore en situation d'explosion démographique, comme les pays du Maghreb, plus généralement de la péninsule arabique. Ce sont aussi souvent de jeunes diplômés dont la formation ne correspond pas aux spécialisations sectorielles des pays. Cela provoque les tensions sociopolitiques que chacun observe.

À NOTER • La crise de 2007-2008, à défaut d'être derrière nous, est derrière une grande partie du Monde occidental, qui semble retrouver les chemins de la croissance. Mais cet élan fait face à une limite, un écueil et une poudrière potentielle. La limite a trait au nécessaire désendettement des économies occidentales, qui sera pour de nombreuses années encore un frein à la croissance. L'écueil renvoie à l'explosion des liquidités disponibles sur la planète, qui alimentent les bulles d'actifs et créent de l'instabilité monétaire et de change, avant demain d'alimenter une possible inflation. La poudrière fait référence à l'augmentation du chômage, notamment chez les émergents, avec un risque particulier pour les jeunes frustrés de ne pouvoir intégrer le marché du travail, qui plus est quand ils sont diplômés de l'enseignement supérieur comme au Maghreb.

La zone euro, entre convalescence et turbulences

CHAPITRE 20

1 La genèse de la crise

A – L'incomplétude de la construction européenne

La zone euro s'est construite sur une monnaie unique dans le cadre d'une politique monétaire commune, mais avec des politiques budgétaires *a priori* coordonnées mais au final disparates, et un budget commun modeste. Les politiques fiscales dispersées inscrivent aussi les pays de l'Union dans une logique de compétition dont tirent profit les acteurs mobiles de l'économie. Dans ces conditions, l'euro ne remplit pas l'ensemble des fonctions que l'on attend d'une monnaie. De fait, il est simplement perçu comme un intermédiaire des échanges, et non comme un vecteur de rapprochement économique mais aussi humain et culturel. La banque centrale est de fait le seul véritable agent fédéral sans disposer de l'ensemble des instruments à cet égard.

B – L'hétérogénéité des économies

La zone euro est passée d'une situation de convergence des économies à une situation de divergence marquée. En termes conjoncturels, par exemple, avant le déclenchement de la crise propre à l'Europe, l'écart de croissance entre les pays s'inscrivait dans une fourchette de 1,6 point en 2000 (Espagne, 5,1 %, Allemagne, 3,5 %), dans une fourchette de 7,1 en 2010 (Allemagne, 3,5 %, Grèce, - 3,6 %) ; de même, l'écart-type des taux de croissance a suivi une courbe en cloche inversée (2,5 en 2000, 1,4 en 2007, 2,2 en 2010). Les mêmes évolutions s'observent pour l'inflation ou les taux d'intérêt.

Cette situation de divergence conjoncturelle s'explique par la nature des écarts structurels, entre les PIGS et les autres pays, plus généralement entre les pays du Nord de la zone (Allemagne, Pays-Bas, Belgique, Autriche, Finlande) et les pays du Sud (PIGS + Italie et France).

Quatre critères illustrent cela :

- poids plus élevé de l'industrie dans le Nord, spécialisation du Sud dans les services non exportables ;
- handicap de compétitivité-coût du Sud, fiscalité plus favorable à l'emploi et aux entreprises dans le Nord, avec la baisse des charges sociales remplacées par la TVA ;
- déficit extérieur chronique du Sud, excédent au Nord ;
- faible profitabilité des entreprises du Sud, répartition de la valeur ajoutée favorable aux entreprises au nord.

L'hétérogénéité peut s'observer au regard du solde des Balances courantes : excédents au nord, déficits au sud, pour une situation d'ensemble équilibrée, puis excédentaire à partir de 2012. Ce graphique est donc aussi porteur d'espoir pour la zone euro, qui ne s'endette pas vis-à-vis de l'extérieur, mieux, qui acquière des créances depuis trois ans et dont le modèle de développement n'est finalement pas questionné. La crise de la zone euro est donc une simple crise de famille, entre les membres d'une même famille et non de la famille vis-à-vis de l'extérieur !

Il faut bien ici comprendre que l'hétérogénéité est constitutive de la forme même de la construction monétaire européenne : l'absence de mécanisme correcteur incite naturellement les agents – puis les pays – à se spécialiser en fonction de leurs forces naturelles ou construites.

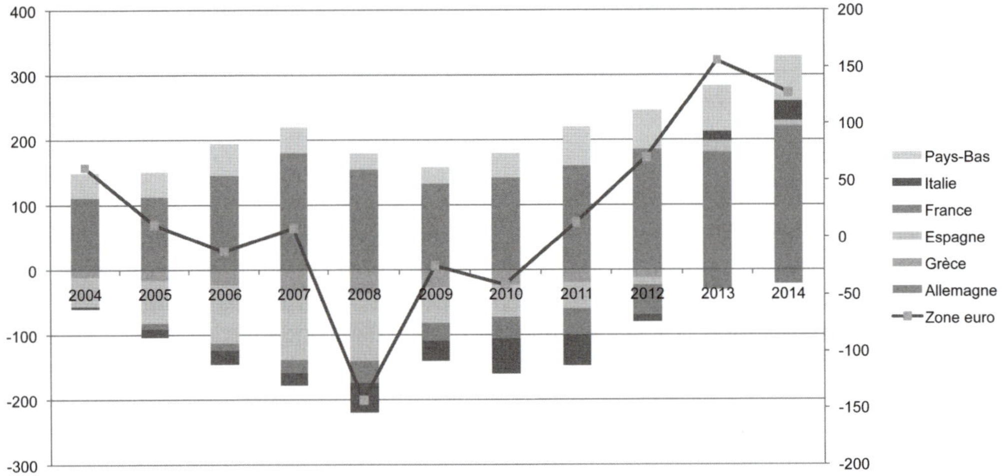

C – La montée de l'endettement

La conséquence de cela est bien une paupérisation relative du sud, qui y a répondu par de l'endettement, principalement de nature privée. L'origine de l'endettement est la faiblesse de la croissance potentielle qui trouve elle-même sa source dans l'anémie des gains de productivité : la productivité par tête a augmenté de 11 % dans le Nord entre 1999 et 2008 (1,2 % de

croissance annuelle, de 6 % seulement dans le Sud ! Quand les pays du Nord s'inscrivaient dans l'économie de la connaissance (dépenses de R & D de 2,65 % du PIB en 2009), ceux du Sud vivaient, en exagérant, du tourisme et de la construction (dépenses des R & D de 1,65 %). Mais comme ces secteurs ne suffisent pas à augmenter les revenus de façon significative, il a fallu s'endetter. Alors que l'endettement privé (ménages et entreprises surtout) représentait 105 % du PIB dans le Sud en 2002, contre 145 % dans le Nord, les courbes se croisent et s'inversent en 2007, à 140 % du PIB ! La dette publique est, elle, stabilisée au Nord comme au Sud sur la décennie 2000 à 65 et 75 % du PIB respectivement.
Les germes de la crise européenne étaient donc présents dès avant la crise de 2007/08, elle n'a fait que les activer.

À NOTER • La crise des subprimes de 2007/2008 a révélé des points de fragilité spécifiques qui fondent la crise de la zone euro. Le point de départ est l'incomplétude des institutions et articulations de la zone, avec une monnaie commune qui ne joue pas son rôle véritablement intégrateur. Il en découle une hétérogénéité structurelle des pays, qui serait sans conséquence dans une zone unifiée, mais s'est avérée rédhibitoire dans le contexte de crise mondiale.

2 Les conséquences de la crise

A – La crise... sans fin ?

La crise de la dette européenne trouve sa source dans les difficultés spécifiques de la Grèce à réduire son déficit public, d'une part, et dans la découverte d'artifices statistiques pour en masquer le montant, d'autre part, ce qui met en alerte les créanciers sur sa capacité à rembourser. Ainsi, dès la fin 2009, les premières estimations du budget grec font apparaître un déficit de 12,7 % du PIB, le double de ce qui était initialement annoncé. En conséquence, dans un contexte de crise des *subprimes*, les financements se tarissent, les taux montent : c'est ce que montre le graphique sur les *spreads* de taux d'intérêt entre les PIGS et l'Allemagne du chapitre 18.
On ne compte pas moins ensuite de huit plans d'austérité en Grèce par exemple, et deux plans d'aide, sur la période 2009-2013, quand il faut attendre début 2012 pour que les pays européens s'accordent sur un vaste plan d'apurement de la dette de ce pays, les créanciers privés acceptant de perdre jusqu'à 53 % de leur créance. Mais rien n'y fait : après le Portugal, la crise se propage à l'Espagne, dont le régime de croissance des années 2000 fondé sur l'immobilier a fait long feu, entraînant la quasi-faillite d'une partie du secteur bancaire (qui fait l'objet d'une recapitalisation européenne de 100 milliards d'euros en juin 2012), et à l'Italie, dont le niveau – et non la dynamique – de la dette publique est jugé excessif.

Il faut attendre 2013 pour que le traité européen entre en vigueur. La prévention des crises fait depuis l'objet d'une supervision macro-prudentielle de la part de la commission européenne dans le cadre du dispositif dit du six pack (sur ces deux points, voir Chapitre 12).

Enfin, sans que ce soit nécessairement la fin de l'histoire, il reste la crise grecque, son incapacité à honorer ses remboursements d'une dette équivalent à 180 % de son PIB, la lassitude de son peuple à encaisser les plans successifs de recouvrement, comme en témoignent les résultats du référendum de 2015 sur le plan d'aide dit du troïka : Commission européenne-BCE-FMI (voir fin de Chapitre).

Au final, aujourd'hui, si un pays périphérique était à nouveau confronté à une crise de la dette et à une remontée de ses taux d'intérêt, l'enchaînement serait le suivant :

- il faudrait qu'il demande un programme d'aide européen par le MES ;
- il faudrait que ce programme soit accepté par les chefs d'État, et qu'on vérifie qu'il s'agit bien d'une crise de liquidité et pas de solvabilité (sinon, il doit y avoir restructuration de la dette) ;
- il faudrait que ce programme soit accepté par un certain nombre de Parlements nationaux, dont le Bundestag.

À ce moment-là, le MES est susceptible d'intervenir, sauf quand il s'agit de recapitaliser les banques, prérogative des seuls États, intervention susceptible de déclencher l'achat par la BCE de titre de dette sur le marché secondaire.

B – La dévaluation interne comme réponse

Dans tous les cas, l'assainissement des économies des pays périphériques repose sur un processus dit de dévaluation interne. Il s'agit d'une contraction des dépenses notamment publiques et des salaires parfois privés dans le but de retrouver l'équilibre.

Les pays semblent alors s'inscrire dans une spirale de l'austérité : le niveau des taux d'intérêt à payer sur la dette publique, d'une part, l'exigence des bailleurs de fonds, d'autre part, imposent aux États une cure d'austérité, qui réduit directement (via la baisse des dépenses publiques et les modérations ou réductions de salaires des fonctionnaires) ou indirectement (via les hausses d'impôts ou les effets induits de la contraction de demande publique) la demande à l'économie, dans une proportion d'autant plus importante que le multiplicateur est élevé, ce qui diminue la production, empêchant toute réduction du déficit public et appelant de nouveau l'austérité.

Le tableau suivant reprend quelques points saillants des processus de dévaluation interne.

Espagne	Grèce	Portugal
- Plans de rigueur de 150 M€ sur 3 ans - Augmentation de la TVA de 16 à 18 % ; - Gel et baisse des salaires des fonctionnaires de 5 % ; - Gel des retraites ; - Augmentation de l'âge légal de départ à la retraite de 65 à 67 ans ; - Réduction d'investissement public de 6 045 M€ ; - Suppression des allocations pour les chômeurs de longue durée ; - Réduction des lits d'hôpitaux d'environ 25 % ; - Suspension des conventions collectives ; - Possibilité de licencier un salarié sans avoir d'indemnités à verser.	- Hausse des taxes et des impôts ; - Gel des embauches dans la fonction publique ; - Relèvement de l'âge de départ légal à la retraite ; - Gel total du salaire des fonctionnaires ; - Durcissement des critères pour les allocations sociales et de chômage ; - Non-remplacement de certains fonctionnaires, par attrition ; - Privatisations : ports, aéroports, poste, etc. ; Sur la période 2010-2014, les salaires grecs ont baissé de 24 % ; Sur 2008-2015, le SMIC a baissé de 14 %, à 684 euros. Six millions de personnes sont en situation ou au seuil de la pauvreté.	- Gel et diminutions de salaire (en moyenne de 1,6 %) ; - Pensions amputées par des taxes dites de « contribution de solidarité » ; - Licenciements dans les services publics : 71 000 personnes en 2011, 10 % des effectifs ; - Privatisation de la compagnie aérienne TAP, de la poste, des chantiers navals, de l'électricité, entre autres. 20 % des diplômés sont partis chercher du travail en dehors des frontières ; plus d'un logement sur cinq a été vendu à des étrangers au Portugal en 2014, soit 23 000 maisons et appartements.

Cet enchaînement accroît par ailleurs la fragilité du secteur bancaire, les banques accumulant les créances douteuses au fur et à mesure de la montée de l'insolvabilité des agents, ce qui implique au pire un besoin de recapitalisation par des États impécunieux, à tout le moins une frilosité des banques à distribuer des crédits, deux éléments qui nourrissent la spirale mortifère.
Cette politique trouve sa justification dans la volonté d'assainir la situation de pays historiquement déficitaires, tout en construisant un cadre institutionnel (traité européen, mécanisme de résolution des crises, union bancaire) garant des équilibres futurs.
Début 2015, ces politiques ont permis de restaurer les équilibres dans de nombreux pays du sud, au prix d'une contraction forte de la demande intérieure, ce dont témoigne l'amélioration presque généralisée des soldes de balances courantes.

À NOTER • La crise européenne rebondit sans fin, alors que les autorités économiques cherchent à construire un cadre pérenne et lisible de prévention et résolution des crises. L'assainissement des économies passe systématiquement par une dévaluation interne dont les effets récessifs commencent tout juste à se dissiper.

3 Les questions en suspens

L'union monétaire se construit d'abord par consolidations successives de gouvernance sans que le cap soit toujours affirmé ou même perceptible.

Depuis 2010, la gouvernance de la zone euro a ainsi fait l'objet de plusieurs réformes : interventions systématiquement conjointes de la Troïka FMI-Commission-BCE, création du Mécanisme européen de stabilité (MES), adoption des paquets législatifs dits Six-Pack et Two-Pack, nouveau Traité sur la stabilité, la coordination et la gouvernance (TSCG), mise en place enfin d'une union bancaire.

En termes de champs d'intervention, ces réformes se sont opérées sur trois fronts : le renforcement de la surveillance préventive dans les domaines budgétaire, économique et macro-financier, la création d'un régime de gestion des crises souveraines, et l'intégration de la supervision des banques et de la résolution de leurs crises.

Le premier, la prévention des risques, semble encore largement inabouti : la réforme de la surveillance a essentiellement consisté en un renforcement du Pacte de stabilité et de croissance (PSC), depuis toujours largement défaillant, complétée par la création de mécanismes de surveillance macro-économique. Au-delà, deux défauts originels connus perdurent : complexité et faiblesses des institutions hors BCE d'une part, maintien d'un biais pro-cyclique de la – modeste – politique budgétaire commune d'autre part.

Pour cela, en juin 2015, les cinq présidents d'institutions européennes font des propositions visant à « *Compléter l'Union économique et monétaire européenne* ». Trois grands champs de réformes sont envisagés :

- ***sur les plans économique et budgétaire***, le texte propose pour en faciliter la convergence, la création d' « *autorités indépendantes de la compétitivité* » dans chaque pays, dont un objectif serait de « *déterminer si les salaires évoluent en accord avec la productivité* ». Seuls les pays ayant fait les efforts de convergence pourraient avoir accès à un « *mécanisme d'absorption des chocs* » qui pourrait être mis en place après 2017 ;
- ***sur le plan financier***, les 5 présidents prônent un approfondissement de l'Union bancaire, à travers la création rapide d'une garantie européenne des dépôts ;
- enfin le ***volet institutionnel*** appelle simplement à la création d'un « Trésor européen » d'ici 2025 et propose de renforcer le rôle de l'Eurogroupe (l'instance des ministres des Finances) avec une présidence à plein-temps après 2017. La question de la mutualisation des dettes n'est pas évoquée (voir *infra*).

Au-delà, plusieurs questions restent ouvertes.

A – La BCE peut-elle mieux faire ?

La BCE est intervenue massivement pour soutenir l'économie européenne, comme en témoigne la taille de son bilan, supérieur à celui de la Fed (v. Chapitre 19). La BCE a encore récemment réduit son taux directeur, au grand dam des autorités monétaires allemandes par exemple ; elle envoie par ailleurs des signaux répétés pour dire qu'elle soutiendra à toute fin l'économie européenne. Bref, la politique monétaire européenne ne peut en aucun cas être qualifiée de restrictive (v. Chapitre 11).

Il se pose maintenant la question de la capacité de faire un jour machine arrière, ce que l'on appelle ***l'irréversibilité de la politique monétaire***. Elle s'adosse à deux causes, la première étant la faiblesse structurelle de l'inflation (chômage endémique, output gap persistant), que la BCE dans le cadre de son mandat (cible d'inflation à 2 %) cherche vainement à stimuler, la seconde résultant du fait que tous les détenteurs d'obligations européennes bénéficient de coupons très faibles, qu'une remontée des taux mettrait en difficulté, par nécessité de vendre des actifs décotés.

B – Le problème bancaire, encore et toujours…

Les Européens ont déjà largement eu le sentiment de payer pour les banques… Il reste toutefois que la reprise ne pourra pas s'opérer tant que les banques n'auront pas complètement assaini leurs bilans. Tant que les banques auront des créances douteuses de grande taille, cela vient d'être dit, il y aura rationnement du crédit, avec des taux d'intérêt prohibitifs, puisque ces banques font elles-mêmes face à des emprunts à taux élevé. Il est donc nécessaire de recapitaliser les banques et de les débarrasser de leurs actifs toxiques.

Le cas espagnol illustre cette problématique : le taux de créances douteuses des banques s'élève à plus de 10 % (170 milliards d'euros) début 2015, alors même que s'est opéré un transfert des actifs toxiques des quatre banques nationalisées vers la « *bad bank* » espagnole, la Sareb, la structure de défaisance créée justement pour épurer la situation. On s'éloigne toutefois du point haut de fin 2013, avec 13,6 % de créances douteuses.

Le problème est aujourd'hui que personne ne veut ou ne peut procéder à cet ajustement : ce n'est pas dans le mandat de la BCE (voir *infra*), l'Europe se l'interdit (le MES finance les besoins de recapitalisation postérieurs à l'intervention européenne), les pays en sont incapables. Et la mise en place de l'Union bancaire ne résoudra pas le problème : elle prévoit principalement depuis 2014 une supervision par la BCE des banques dont l'actif est supérieur à 30 milliards, dans le cadre du mécanisme de supervision unique (Single Supervision Mechanism), en s'appuyant sur les superviseurs nationaux déjà installés.

C – Pourra-t-on rembourser toutes les dettes ?

La thèse officielle est que la restructuration de 2012 (et 2015 ?) de la dette grecque est un événement isolé, qui ne peut pas concerner d'autres pays de la zone euro, et qui est dû à l'impossibilité de solvabiliser de nouveau la Grèce en raison du niveau très élevé de sa dette publique. Mais la situation des autres pays périphériques est également préoccupante. L'OCDE estime en 2015 que les effets néfastes de l'endettement se situent entre 50 et 70 %

du PIB en zone euro, pour un intervalle compris entre 70 et 90 % en moyenne pour les pays dans son champ d'étude. La raison en est pour l'OCDE « *l'absence de politique monétaire au niveau national, la clause de non-renflouement (interdisant aux États de se financer les uns les autres), l'absence de mise en commun de la dette, une plus grande dépendance aux financements étrangers et des difficultés à réagir aux chocs* ». Pour simplement stabiliser leurs taux d'endettement (loin des 90 % du PIB donc), compte tenu du niveau des taux d'intérêt d'une part, de la croissance potentielle d'autre part, il faut que l'Espagne, l'Italie ou encore le Portugal dégagent de façon durable un excédent structurel de l'ordre de 3 à 4 points du PIB !

Si l'on admet l'idée qu'une partie de la dette ne sera jamais remboursée, ce qui n'est pas improbable comme l'a montré l'histoire longue des dettes souveraines, deux solutions entrent en jeu :

1) La mutualisation

Deux options de mutualisation ont été présentées ces derniers mois :

- le projet de fonds de résolution présenté par le conseil des sages allemands, où la partie des dettes publiques supérieure à 60 % du PIB serait mutualisée et traitée. L'idée est ici de remettre les pendules de la dette à 60 %, ouvrant une voie de sortie de crise à des pays aujourd'hui étranglés ;
- le projet dit « rouge-bleu » (*red bond, blue bond*) où seule la partie inférieure à 60 % des dettes publiques est mutualisée : l'avantage est que tous les pays bénéficient de la mutualisation, les moins vertueux ayant aussi à leur charge un reliquat de dette.

Le problème de la mutualisation est qu'elle est politiquement compliquée (inenvisageable ?), ce d'autant qu'elle demande de modifier les institutions. Il reste alors une possibilité, faire appel aux mécanismes existants, le MES et l'EFSM. Le MES est un fonds abondé par les États avec effet de levier. Sa capacité de prêts est de 500 milliards d'euros, il faudrait largement la renforcer pour régler une partie du problème. L'EFSM est lui rattaché à la Commission européenne, qui peut lever de l'argent sur les marchés en utilisant le budget communautaire comme garantie. Utiliser cette solution reviendrait à émettre des eurobonds sans modifier les textes européens. Elle implique évidemment que chaque État soit solidaire en cas de défaut, au-delà des possibilités du budget de l'Union...

2) Le défaut

Le défaut fut, cela a déjà été dit, la norme et non l'exception dans la résolution des problèmes d'endettement souverain (v. Chapitre 12). L'exemple récent de l'Argentine (2001) peut aussi l'illustrer et même le démystifier.

Il peut être partiel ou total. Dans le premier cas, si l'on fixe par exemple la barre de l'endettement supportable à 70 % du PIB, les sommes en jeu en Europe seraient de l'ordre de 2 000 milliards d'euros, payables par les détenteurs de la dette, principalement banques, investissements institutionnels et étrangers. Le défaut est par ailleurs un exercice risqué : il ne fonctionne qu'une fois, se traduit par une chute de la valeur externe de la monnaie (donc un renchérissement des importations), par un temps de défiance généralisé évidement préjudiciable à l'activité économique.

Une autre solution est l'effacement de la dette par la BCE, par la monétisation pure des dettes publiques. Il s'agit finalement pour la Banque centrale d'acheter des titres publics, puis de les détruire (sic !). Le capital de la Banque devient alors négatif.

À NOTER • Le niveau des dettes publiques européennes est à bien des égards excessif. L'histoire a montré que les apurements de dette sont parfois plus efficaces que leurs remboursements longs et douloureux. Une première option est la mutualisation du socle de la dette ou de sa partie outrancière. Une seconde est le défaut, traumatisant à court terme, mais ouvrant, plus vite des perspectives de rebond à la suite.

D – Vers un grand programme d'investissement public ?

Il est aujourd'hui clair que la seule stratégie de dévaluation interne ne suffira pas à résoudre les problèmes économiques de la zone euro. Il est absolument indispensable de stimuler les gains de productivité des pays périphériques (et même de l'Allemagne) pour stimuler la croissance potentielle.

En particulier, l'amélioration continue du solde courant européen, largement liée aux dévaluations internes, traduit en creux un excès d'épargne sur l'investissement préjudiciable aussi à la croissance potentielle de la zone euro. Cet excès est visible sur le graphique suivant, l'investissement des entreprises marquant une rupture non compensée lors de la crise, celui des ménages une baisse continue. C'est effectivement la baisse de toutes les formes d'investissement (logements, outils productifs, équipements publics ou investissements d'avenir) qui explique l'excès d'épargne de la zone euro, pas l'accroissement démesuré d'une épargne de précaution. Bref, l'Europe a de l'argent, mais manque de projets.

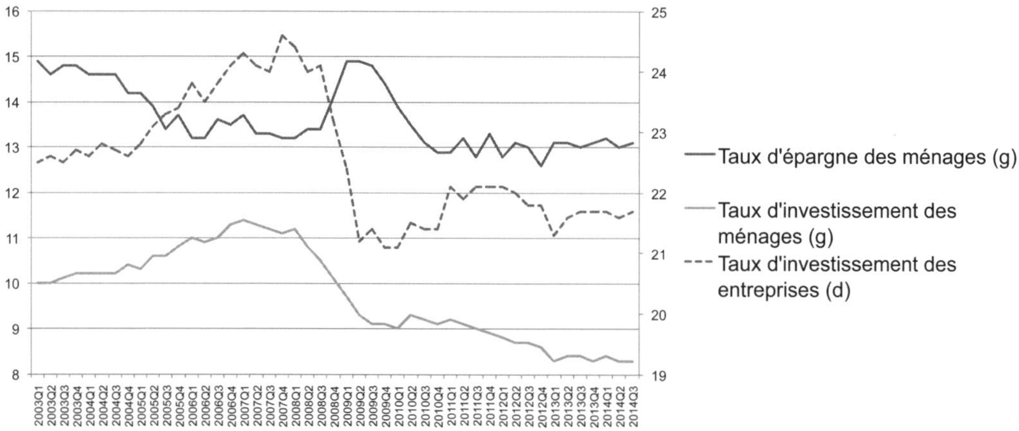

Source : Eurostat, depuis les communiqués de presse.

Il y a donc d'abord lieu à soutenir l'investissement privé sous toutes ses formes, par des incitations fiscales pour les entreprises, par une politique de dynamisation de l'offre de logements, via des normes ou réglementations plus favorables, pour les ménages.

Sur un autre champ, il est également nécessaire de réaliser des investissements européens dans un objectif d'accroissement de la productivité : investissements en infrastructure (le numérique, l'énergie ou les transports), mais aussi investissements dans l'économie de la connaissance (recherche ou encore éducation supérieure et formation continue).

Ces investissements publics supplémentaires ne peuvent pas être financés par le budget communautaire, trop modeste, par les budgets nationaux, contraints, ou par des hausses d'impôts, inenvisageables. Il reste l'endettement au niveau européen, *via* des *project bonds* émis par la commission ou par l'ESM, ou l'endettement de la Banque Européenne d'Investissement.

Michel Aglietta décrit par exemple la mécanique que pourrait prendre un tel programme orienté vers la croissance verte : les gouvernements donnent un prix au carbone, et définissent un volume de réduction d'émissions à atteindre par différentes voies nécessitant investissements. Ceci donne lieu à définition d'un nouvel actif, un actif carbone, qui gage les *project bonds* carbone, des obligations émises par l'Union européenne (ou la BEI) permettant des prêts à faible taux d'intérêt pour des projets labellisés. Le dernier maillon à ce montage fructueux est la prise en garantie par la BCE de ces actifs, que les banques n'hésiteraient alors plus à souscrire.

Si les acteurs sont identiques et les mécanismes proches, le plan Juncker de relance de l'investissement sur trois ans 2015-2018 pour un montant global de 315 milliards n'est pas la déclinaison exacte de la proposition précédente, notamment dans sa finalité. Ce plan s'articule autour du nouveau Fonds européen pour les investissements stratégiques (FEIS) doté d'un fonds de garantie de 5 milliards d'euros, auxquels s'ajoutent 16 milliards qui viendront du budget ordinaire de l'UE et de la Banque européenne des investissements.

L'effet de levier est au cœur du dispositif : 1 € de dotation au FEIS permettra à la BEI d'investir sous formes de produits à risque à hauteur de 3 €, ces investissements attireront des investisseurs privés à hauteur de 5 € pour chaque euro investi par la BEI. Ainsi, il est espéré un facteur 15 pour chaque euro engagé. Les critères de sélection des projets sont relativement lâches : ils devront être rentables, mis en œuvre dans les trois ans et relever des priorités identifiées par la Commission (énergie, transport, numérique…).

On est donc hors du cadre d'un grand plan d'investissement pour accélérer la transition énergétique, comme en attestent les premières annonces de financement par la BEI : agrandissement de l'aéroport de Dubrovnik, lancement d'un partenariat public-privé (PPP) pour créer 14 centres médicaux en Irlande...

Cet effet de levier peut aussi concerner les abondements nationaux ; à cet égard, la France prévoit via la Caisse des dépôts (CDC) et la Banque publique d'investissement (BPI) d'y ajouter huit milliards d'euros. Les effets d'entraînement peuvent aussi aller au-delà, la Chine ayant par exemple souhaité que ses propres projets d'investissements en Europe soit articulés avec ceux du FEIS.

À NOTER • L'Europe est en panne d'investissements. Cela inhibe ses gains de productivité, pèse sur sa croissance potentielle. En attendant un rebond de l'investissement privé, qu'il faut aussi savoir provoquer, il reste un plan public d'investissement, utile, mais dont l'ampleur paraît tout de même limitée, aussi parce qu'il a un socle de financement dérisoire.

E – Quelles formes de fédéralisme ?

En voyant plus loin, ou autrement, nombreux sont ceux qui souhaitent réinscrire la construction européenne dans une logique plus intégrée, fédéraliste à certains égards. C'est finalement la seule alternative à une dislocation plus ou moins brutale de la zone. Les points d'amélioration sont la constitution d'un véritable gouvernement économique, l'harmonisation fiscale, la convergence sociale, une politique industrielle et de l'énergie communes, les emprunts européens. Cette proposition vient après les deux tentatives allemandes de progresser vers l'union politique de 1994 (créer un « noyau dur » autour de la monnaie unique sans l'Italie à l'époque) et 2000 (Fédération européenne des États qui le souhaitaient), toutes deux rejetées par la France…

De fait, la situation économique de l'Union, conjoncturelle mais surtout structurelle, n'autorise plus le *statu quo* actuel des institutions, même augmenté par le Traité européen ou l'union bancaire. On peut aujourd'hui admettre que les pays en difficulté de l'Union ne s'en sortiront pas sans une politique volontariste, qui passe soit par un soutien aux investissements productifs, soit par des transferts de revenus.

Qu'apporterait le fédéralisme ?

- le passage à un budget fédéral avec des transferts publics entre pays conduirait à un taux d'intérêt (à un coût du capital) plus faible pour tous, au soutien des pays plus pauvres par les pays plus riches. Il permettrait le maintien de déséquilibres des Balances commerciales, l'Union étant excédentaire ;
- la mobilité accrue entre les pays de la zone euro du capital et du travail (harmonisation de la fiscalité, systèmes communs de protection sociale) conduirait toutefois vraisemblablement à une spécialisation productive encore plus marquée, à des flux migratoires accrus vers les régions en croissance plus rapide, à un taux de chômage moyen plus faible.

Il s'agirait donc d'acter en quelque sorte la spécialisation productive des pays, de favoriser les mouvements de facteurs pour permettre les ajustements, tout en compensant partiellement les différences de revenus via des transferts.

Quelle forme pourrait prendre l'Union si elle allait dans ce sens ? Un croisement entre les États-Unis et la République fédérale allemande, selon le scénario de la Commission européenne visant à la création d'une fédération de la zone euro à l'horizon 2018. La pièce centrale du scénario est la mise en place d'un budget central important permettant de faire face aux chocs asymétriques ou communs, sans transferts permanents jugés déresponsabilisant (c'est un point de différenciation par rapport à d'autres schémas strictement fédéraux), budget alimenté par des ressources propres ne dépendant pas des États (comme la taxe sur les transactions financières, la taxe carbone). La mise en place d'un « *Trésor européen* » est également souhaitée, pour autoriser le recours à l'emprunt communautaire. La Commission propose également selon la logique allemande d'assurer les États contre une éventuelle faillite en échange d'un contrôle renforcé sur les budgets nationaux afin de renforcer la convergence.

À NOTER • Il est fort probable que le statu quo actuel de la zone euro, notamment institutionnel, évolue significativement dans les mois ou années à venir : les défauts d'États ne sont toujours pas à exclure, les politiques de dévaluation interne ont toujours peu chance d'aboutir si elles ne sont pas accompagnées d'une relance des investissements de productivité. L'avenir de la zone euro est donc dans une certaine forme de fédéralisme, ou dans l'éclatement.

F – Deux points d'approfondissement de l'UEM

Que faire en attendant le grand soir fédéraliste ? La première voie est l'harmonisation fiscale, voire même la mise en œuvre d'un impôt européen.

Sur le premier point, cela passerait par un resserrement des taux d'imposition sur les bénéfices des entreprises (entre 15 et 20 % dans les NEM, entre 25 et 35 % dans les pays fondateurs de l'UE), outil utilisé par de nombreux états pour renforcer leur attractivité souvent au détriment des autres États membres, ce que l'on nomme le dumping fiscal. Sur le second point, on pourrait imaginer qu'au lieu d'être levée pays par pays la TVA serait commune à la zone euro, ce qui permettrait des transferts contra-cycliques des pays où la consommation est forte – aujourd'hui Finlande, Allemagne – vers les pays où la consommation est faible – aujourd'hui Portugal ou Grèce par exemple.

Mais au-delà, deux axes s'imposent : les conditions d'indemnisation du chômage et les mouvements de main-d'œuvre.

1) Système européen d'indemnisation du chômage

Les taux de chômage des pays de la zone euro sont très hétérogènes : de 5 % en Autriche à 26 % en Grèce par exemple. Les régimes d'indemnisation du chômage sont également fort variés : les taux de remplacement évoluent de 50 % (Slovaquie) à 90 % (Danemark), la durée d'indemnisation maximale courre de 3 mois (Hongrie) à 38 mois (Pays-Bas). La France se situe dans la fourchette haute avec un taux de remplacement de 75 %, une durée maximale de 36 mois. D'où l'idée d'une composante mutualisée d'indemnisation du chômage, toujours dans l'objectif d'instaurer des mécanismes de rappel et de solidarité entre États aux économies hétérogènes.

Cette composante mutualisée pourrait prendre la forme d'un socle commun d'indemnisation, pour prendre en compte le fort degré d'hétérogénéité du fonctionnement des régimes nationaux en matière d'indemnisation. Ce socle commun indemniserait par exemple les chômeurs de moins d'un an (la composante la plus cyclique) à hauteur de 50 % de leur salaire passé, avec un financement reposant sur une base harmonisée (par exemple la masse salariale). Il serait complété par une indemnisation nationale en fonction des préférences de chaque État, et assurerait ainsi le maintien du niveau actuel de l'indemnisation chômage, tout en préservant les prérogatives des partenaires sociaux nationaux.

Un système européen (ou de la zone euro) d'indemnisation du chômage entraînerait donc un transfert automatique et stabilisant des pays à chômage faible vers les pays à chômage élevé. Si on suppose que la générosité de ce système serait la générosité moyenne du système d'indemnisation du chômage dans la zone euro, l'ampleur des transferts serait de l'ordre de 10 000 euros par an et par chômeur au profit des pays ayant un chômage supérieur à la moyenne.

2) L'encouragement des migrations internes

Actuellement, le chômage constitue l'un des défis majeurs auxquels est confrontée l'Union européenne, avec plus de 30 millions de personnes sans emploi dans toute l'Union et un chômage des jeunes en moyenne de 23 % (plus de 50 % en Espagne ou en Grèce). Pourtant, des tensions existent ici ou là dans certains secteurs, des vacances d'emplois persistent : le taux d'emplois vacants (emplois vacants sur postes occupés) est élevé et stable à 2,5 % en Allemagne depuis 2011, pour un taux moyen de 1,5 % dans la zone euro.

Il manque donc un véritable marché européen du travail, quand seuls 2,3 % des citoyens européens vivent actuellement dans un pays de l'UE 28 autre que leur pays d'origine. De fait, la contribution de la mobilité reste faible dans l'ajustement des marchés européens du travail et n'a pas retrouvé ses niveaux d'avant la crise : les flux restent inférieurs au pic de 2007-2008 constaté lors de l'élargissement à la Bulgarie et à la Roumanie, et les effectifs communautaires résidant dans un autre État membre qui croissaient de 10 % par an depuis 2004 ne progressent plus que de 4 % par an depuis 2008. Pourtant, les avancées communautaires en matière de mobilité ont été nombreuses ; citons simplement les règles communes pour protéger les droits de sécurité sociale ou encore la reconnaissance des diplômes et des qualifications professionnelles au niveau européen (système LMD).

En dépit de cela, les enquêtes pointent encore de nombreux obstacles à la mobilité : la langue et, d'une manière générale, les barrières culturelles, le manque d'informations disponibles, les entraves juridiques et administratives, la reconnaissance des diplômes anciens, l'hétérogénéité des systèmes fiscaux et sociaux, le logement (fiscalité, accessibilité, éligibilité au parc locatif social…), le manque d'infrastructures de transports, l'emploi du conjoint. Un frein spécifique est la portabilité des droits à pensions : en forçant le trait, si vous cotisez sur une mi-carrière à la retraite en France, puis de la même façon sur une autre mi-carrière en Allemagne, vous bénéficierez d'une retraite à hauteur de 70 % de vos droits, les systèmes n'obéissant pas à une reconnaissance mutuelle !

Le tableau suivant, qui présente l'indice de mobilité géographique, même sur des données anciennes (2006), rend compte de cette anomalie européenne.

Europe	**Mobilité entre pays UE-15**	0,1 % - 0,2 %
	Mobilité entre régions d'un même pays (moyenne UE-15)	1 %
	Italie, Grèce, Espagne, Portugal ; Belgique, Allemagne, Finlande ; France, Pays-Bas, Suède, Grande-Bretagne	*0 % - 0,5 % ; 1 % - 1,5 % ;1,5 % - 2 %*
États-Unis	Mobilité entre États fédérés	2 % - 2,5 %
Japon	Mobilité entre Régions	2 % - 2,5 %
Australie	Mobilité entre États fédérés	2 %

Source : *Quelle mobilité du travail en Europe*, Tresor-eco, n° 143, février 2015 (voir document pour source originelle).

Il reste que la crise modifie les comportements migratoires : en 2013, 1 million de personnes ont changé de pays, quand une part croissante des migrants choisissait, sans surprise, l'Allemagne.

Le premier type de mobilité est aujourd'hui celui des étudiants, qui vont massivement via le programme Erasmus suivre des études dans d'autres pays européens. Parmi les formations dispensées, les plus recherchées sont évidemment celles proposées en anglais, aux Pays-Bas ou dans les pays scandinaves, ouverts sur les mondes anglo-saxons. L'espoir est alors de trouver un travail dans ces pays à la suite des études, où les taux de chômage des jeunes sont encore raisonnables (10 % aux Pays-Bas).

Au-delà des étudiants, les témoignages se multiplient sur des maçons, architectes ou médecins grecs, portugais ou espagnols s'installant en Allemagne, en Suède, ou en Suisse (avant le référendum limitant l'immigration de travail), mais également hors Europe, en Angola pour les portugais, en Amérique latine pour les Espagnols. La saignée est évidemment importante en Grèce. Selon une étude américaine, ils sont près de 200 000 à être partis depuis le début de la récession : ce sont des étudiants qui ne rentrent pas après leurs études à l'étranger, des professionnels lassés de n'avoir aucune perspective ni reconnaissance, mais aussi des scientifiques bien installés, avec pour destination l'Allemagne pour les médecins (plus de 35 000 s'y sont installés), le Royaume-Uni pour les universitaires, les États-Unis pour les jeunes entrepreneurs par exemple.

Et la France dans tout cela ? Le phénomène est encore marginal, la montée du chômage y étant moins abrupte. Mais le mouvement est enclenché, aussi à la suite d'une tribune choc de septembre 2012 dans le journal Libération : « Jeunes de France, votre salut est ailleurs – barrez-vous ! ». Cet article polémique et stimulant explique que le dynamisme, l'entrain et les revenus sont ailleurs, et que l'émigration est un devoir générationnel à défaut d'être un devoir patriotique.

Mais au final, ces mouvements préfigurent peut-être d'une mobilité européenne généralisée, rendue possible par la crise, celle qui permettra l'homogénéisation des marchés européens du travail, tout au moins de palier les déficits démographiques des pays du nord de l'Europe.

G – La Grèce, encore et toujours

À l'été 2015, la question grecque revient à l'ordre du jour en raison de l'incapacité du pays à faire face à ses engagements auprès de ses créanciers, en tout cas son refus populaire d'accepter le cadre d'action proposé par la troïka.

Il faut dire que si les trains de réformes précédents (huit plans d'austérité de 2009 à 2013, deux plans d'aide, un apurement de la moitié des dettes privées, avec un allongement de la maturité de la dette) ont permis un premier assainissement de l'économie (excédent primaire mais aussi excédent extérieur), c'est au prix d'une contraction sans équivalent des revenus nationaux (voir tableau *infra*), et d'une augmentation continue de sa dette (aujourd'hui à 320 milliards, 180 % du PIB). Le FMI, celui-là même qui impose avec d'autres des conditions drastiques à la Grèce, chiffre à l'été 2015 à 50 milliards d'euros les besoins de financement du pays entre octobre 2015 et octobre 2018, avec des prévisions de croissance pour l'année à 0.

Pour combler ce fossé budgétaire, le Fonds appelle les Européens à fournir 36 milliards d'euros d'argent frais et à alléger le fardeau de la dette, une restructuration dont l'Europe devrait supporter la charge.

La crise grecque semble se dénouer fin juillet 2015, un accord entérinant la perspective d'une négociation pour un nouveau plan d'aide, avec une conditionnalité forte en matière de réformes (retraites, TVA, privatisations...), qui s'apparente largement à une mise sous tutelle. L'allégement de la dette n'est pas évoqué dans l'accord, cette question resurgira nécessairement très vite.

À NOTER • La zone euro est largement inaboutie. Les points d'approfondissement sont l'harmonisation fiscale et l'unification des marchés du travail, avec par exemple une solidarité vis-à-vis du chômage ou l'incitation à la mobilité des travailleurs. S'il est un pays qui expérimente cette mobilité, sans que cela relève d'une logique organisée, c'est bien la Grèce, qui perd ses forces vives, et dont on voit mal comment elle pourra satisfaire les exigences de ses créanciers sans un réinvestissement de cette économie par les européens dans leur ensemble, au-delà des plans d'aide évidemment nécessaires mais toujours plus ponctuels.

L'après-crise, nouveaux modèles productifs et de consommation de l'économie de demain*

CHAPITRE 21

1 Changement d'ère

Une crise, surtout d'ampleur historique, est par définition un changement d'état. La société de production et consommation de masse, modelée par deux siècles de révolutions industrielles, est à bout de souffle. Il ne faut pas attendre la sortie de crise de stratégies macroéconomiques miraculeuses, la zone euro en particulier étant engluée pour de nombreuses années encore dans ses difficultés institutionnelles et dans sa logique de désendettement. Il ne faut également pas attendre la sortie de crise d'une improbable reprise de la consommation, contrainte financièrement, et dont l'expression est bouleversée par des aspirations nouvelles. À maints égards, le monde occidental apparaît aujourd'hui largement engoncé dans un modèle de développement en voie d'épuisement.
Mais dans le même temps, chacun observe les foisonnantes mutations technologiques en cours ou même à venir. Selon le cabinet McKinsey, dans une étude de 2013 intitulée « les ruptures technologiques qui vont transformer la vie et l'économie », douze ruptures radicales sont à l'œuvre, identifiées selon quatre critères : la rapidité de diffusion dans l'économie, l'étendue de l'impact économique en termes de salariés concernés, l'effet en termes de productivité et enfin l'impact innovant transversal que cette rupture entraîne dans les autres secteurs scientifiques et industriels. Sept de ces douze technologies ont trait au numérique ; ces technologies numériques sont également celles qui devraient, de loin, permettre les ruptures économiques les plus importantes et entraîner le plus de création de richesse. En particulier, l'Internet mobile aurait un potentiel économique aussi considérable à lui seul (10,8 trillions de dollars) que les effets économiques réunis des quatre technologies suivantes dans le

* Les perspectives de refondation de l'économie sont développées sur le site suivant : lc.cx/ecofutur.

classement, à savoir l'automatisation de la connaissance (5,2 trillions de dollars), les objets connectés (2,7 trillions de dollars), l'informatique en nuages (1,7 trillion de dollars) et la robotique avancée (1,7 trillion de dollars). Par ailleurs, en termes de séquence, et alors que les organisations se modifient actuellement sous le double effet de l'informatique dans les nuages (*cloud computing*) et du 2.0, trois révolutions aux contours encore nébuleux s'annoncent : le web sémantique (l'intelligence artificielle), l'internet des objets et le big data.

Il est alors intéressant de faire le parallèle entre la situation actuelle, et la situation de la fin du XIXe, ce que propose V. Lorphelin dans son ouvrage « le rebond économique de la France ». En 1889, écrit-il, « la France est engluée dans une crise totale : crise immobilière (puis boursière, bancaire et économique, avec l'effondrement de géants industriels), crise politique (montée des extrémismes, scandale de Panama, scandale des médailles, le président de la République démissionne), crise sociale (chômage de masse, Germinal de Zola...). Les gens appellent leur propre époque "la Grande Dépression". Ce climat délétère provoque d'innombrables blocages à cause desquels nous ratons les révolutions de la vapeur anglaise, de la mécanisation allemande et de l'électricité américaine ». Pourtant, poursuit-il, « 1889 c'est aussi l'année de la Tour Eiffel, de la photographie, du cinéma, de l'électricité, du téléphone, de la chimie fine, de la métallurgie fine. L'effervescence de l'innovation est telle qu'elle portera à elle seule la France à l'apogée de sa prospérité en 1900. En seulement onze ans, la France vit sa Belle Époque et le sommet de son rayonnement dans le monde ».

Cette révolution du numérique est de fait de nature radicalement différente des révolutions industrielles précédente. En cela, nous ne serions pas dans un nouveau cycle de Kondratieff, dans une séquence de prolongement des cycles passés ; le paradigme techno-économique apparaît largement renouvelé. Cette révolution n'est pas sectorielle, elle innerve tous les secteurs de l'économie, elle remet en cause chacune des techniques existantes dans le but de les transformer. Il s'agit alors de rapprocher des techniques, des métiers et des connaissances qui s'ignoraient. Nous passons selon la formule consacrée du temps de la main-d'œuvre à l'ère du cerveau d'œuvre. La révolution fait voler en éclat les frontières anciennes de l'économie : frontière entre l'industrie et les services, frontière entre l'offre et les utilisateurs, frontières entre le marchand et le non-marchand.

Il reste que ce changement de paradigme ne s'est pas – totalement – traduit par de la croissance économique, validant en quelque sorte l'assertion de Solow qui disait dès 1987 que l'on voit des ordinateurs partout sauf dans les chiffres de la productivité. De fait, selon un article du *Financial Times* de fin 2012, l'usage d'Internet est principalement de nature ludique ou informatif : 300 millions de minutes sont consacrées chaque jour à se divertir avec le jeu vidéo Angry Birds, alors que les vidéos de chiots et de chats figurent parmi les plus regardées sur You Tube... Les gens passent au total 700 milliards de minutes par mois sur Facebook ! En cela, Internet influence davantage la qualité de vie, de multiples façons, que le niveau de vie. Ce qui pose la question de la pertinence du PIB comme mesure unique du développement. Sur un autre champ, selon une étude américaine de 2012 (McKinsey Global Institute), une personne travaillant dans un bureau passe en moyenne 28 % de son temps de travail hebdomadaire à lire, à écrire et à trier ses dizaines voire centaines d'e-mails journaliers, et 19 % à rechercher de l'information. Cela donne par exemple 13 heures par semaine exclusivement consacrées aux e-mails. Pour un an, on arrive donc à 650 heures.

2 Vers l'iconomie

Un terme résume ces bouleversements : celui de l'iconomie, à l'articulation de l'innovation, de l'intelligence collective, de l'Internet.

De fait, l'innovation change partiellement de nature. À l'innovation Schumpetérienne de destruction-création, souvent basée dans les petites structures sur l'intrapeneur, ce dirigeant au tempérament entreprenant et possédant certaines qualités particulières telles que l'autonomie, le sens du leadership, le goût pour les projets et le risque, la curiosité, et l'acceptation de l'échec, s'adosse d'une part l'innovation ouverte, l'*open innovation*, dans une approche collaborative recourant à des partenaires internes (les collaborateurs non spécifiquement impliqués dans les services R&D) mais surtout externes (fournisseurs, compétiteurs, universités et centres de recherche) et d'autre part l'innovation tirée par la communauté décrite par Von Hippel, *via* les utilisateurs innovateurs, qu'ils soient clients, prescripteurs ou au-delà toutes les communautés virtuelles impliquées dans l'usage, souvent aussi ces utilisateurs d'un produit ou service qui sont à la pointe d'une activité (des passionnés de leur domaine) et qui ne trouvent pas dans les solutions proposées une réponse à leur besoin identifiés ou émergents.

Au-delà, pour les biens numériques, la révolution peut aussi être analysée sous l'angle micro-économique. Et ce sont alors les fondements de l'analyse micro-économique de la production qui prévalent depuis les Classiques (*La richesse de nations* d'Adam Smith de 1776) qui volent en éclat. La fonction de coût de l'entreprise reposait en effet sur une hypothèse fondatrice relative à l'évolution des rendements d'échelle : lorsque la production augmente, les rendements sont d'abord croissants (économie d'échelle), puis décroissants. L'équilibre s'établit dans la zone des rendements décroissants, le prix est alors égal au coût marginal, la concurrence parfaite permet d'atteindre l'optimum économique. Dans l'iconomie, le marché obéit au régime du monopole naturel : les rendements sont infiniment croissants, l'entreprise qui s'impose est celle qui produit la plus grande quantité, puisqu'elle aura alors les coûts les plus bas. Mais un élément d'analyse supplémentaire doit alors être introduit : la diversification du produit en variétés qui demande d'intégrer, pour faire vite, une notion de « qualité ». L'entreprise est alors en situation de monopole sur un segment précis, en concurrence à ses frontières. Le régime qui s'impose est alors celui de concurrence monopoliste (pour un développement, voir Volle, « Dynamique et enjeux de l'iconomie »). Le bouleversement de l'analyse est complet : John Hicks n'estimait-il pas que renoncer à l'hypothèse des rendements décroissants entraînerait le naufrage de la théorie économique…

La matière première de cette révolution est constituée des données, aujourd'hui accessibles en grande quantité, que les systèmes transforment en connaissance, ou en intelligence. Nous sommes entrés dans le monde intelligent, tout devient smart : la ville, la maison, la voiture, la santé ou encore la formation deviennent intelligentes. Michel Puech, philosophe des techniques associe dix valeurs au monde smart : disponibilité totale, transparence, facilité, immédiateté, autonomie, personnalisation, neutralité (du web), optimisation des coûts, réseau partagé et mobilité. Ces valeurs se retrouvent par exemple dans la révolution énergétique annoncée par J. Rifkin dans sa vision de la "Troisième révolution industrielle", une production et une distribution de l'énergie localisées et distribuées, adossées aux réseaux numériques, selon les potentiels et les besoins de l'instant.

Dans ce cadre, l'entrepreneur est au cœur de la mutation. Le temps est à l'*empowerment* des techniques et usages, une appropriation individuelle de la révolution qui n'est plus un corps externe à l'individu mais est intériorisé par lui. Le foisonnement dans l'éclosion des *start-ups* participe de ce mouvement : chacun imagine et met en œuvre une innovation dans son champ d'intérêt, dans une logique de test, ce qu'illustre parfaitement le programme *Camping*, un accélérateur de *start-ups* françaises foisonnant d'idées et de solutions nouvelles.

Le tableau suivant reprend quelques exemples de starts-up mises en avant par le site Maddyness ; illustre par sa diversité ce foisonnement de solutions nouvelles.

KoKoroe	Kidscod.in	La Box BD	LegaLib
Plateforme web de partage de talents, avec notamment des cours particuliers et collectifs, des cours à domicile ou des cours en ligne, en particulier sur des segments atypiques tels que cracheur de feu, origami, magie, cuisine moléculaire, accordéon…	Module d'apprentissage du code informatique aux enfants de 7-11 ans. Des histoires interactives leur sont proposées, ponctuées par des exercices de programmation qui leur permettent de découvrir les notions de base comme les boucles ou tests conditionnels.	Commercialisation d'un coffret contenant une sélection de BD récemment parues (offre jeunesse ou adulte). La box de lecture arrivera autour du 20 de chaque mois, sans engagement à 26,99 euros par mois + 5 euros de frais de port.	Site permettant de mettre en relation des avocats et des justiciables. Une première évaluation juridique des enjeux est proposée, suivi d'un accompagnement du client dans la constitution du dossier en ligne, et mise en relation avec 3 avocats spécialisés, qui proposent chacun une offre.
Smockeo	**Hairfie**	**WhatTheFood**	**DiabetoPartner**
Premier détecteur de fumée connecté. Après plus d'un an de R&D afin de lui offrir des fonctionnalités encore jamais atteintes pour ce type d'appareil, il permet d'envoyer des alertes SMS, appels, emails et notifications à un smartphone à distance, et possède une autonomie de 5 ans.	Hairfie est une plateforme web et une application mobile permettant au consommateur de trouver et de réserver le coiffeur qui lui correspond, et au coiffeur de gagner en visibilité, d'augmenter son chiffre d'affaires et d'offrir à ses clients une expérience hors du commun.	WhatTheFood est un projet collectif initié par une équipe d'étudiants, une entreprise sociale et le CROUS pour mettre fin au gaspillage alimentaire dans les restaurants universitaires de France. À travers l'application, les étudiants peuvent s'engager dans la réduction de leur gaspillage alimentaire.	Application pensée par et pour les patients diabétiques. Elle s'adapte à l'Apple Watch afin d'améliorer le quotidien des patients grâce à de nouvelles fonctionnalités, telles que le suivi de l'activité physique, des rappels de prises de médicaments, des indications sur la glycémie…

Cette approche change la donne de la création d'emplois. L'emploi dans les industries traditionnelles est appelé à décliner, parce que la demande se modifie voire se raréfie, parce que la production sera pour de nombreuses années encore localisée dans des pays à coûts de production moindres, parce qu'il n'est pas à exclure qu'une partie de la production soit dorénavant réalisée par des machines, selon le précepte que « tout ce qui est machinal, la machine le fait ». On peut ainsi penser que la problématique des jeunes en particulier sera moins de trouver un emploi que de… l'inventer ! En effet, le bouleversement des usages, la nouvelle donne productive ou encore les aspirations nouvelles du consommateur reposeront sur la pluralité d'initiatives individuelles, de tentatives avortées, d'aventures entrepreneuriales. C'est à certains égards dérangeant, parfois inquiétant, mais ce peut aussi être exaltant, à condition de donner aux jeunes générations les clés de cette réussite, et de conforter la place et le statut économique et social de l'entrepreneur.
De fait, la respiration nouvelle de l'économie prendra appui sur les acteurs innovants qui introduiront de nouveaux modèles productifs et d'affaires pour construire l'économie d'après-crise.

3 Des nouvelles conditions aux nouveaux modèles productifs de l'entreprise

D'abord, les conditions de production de l'entreprise connaissent de nombreux bouleversements. La production est de fait est de plus en plus automatisée (la révolution robotive), elle concerne des séries courtes et personnalisées (imprimante 3D), ce qui participe au mouvement de relocalisation (avec le renchérissement à venir des coûts de transport). L'environnement productif lui-même évolue : il s'appuie sur un financement sans intermédiation des particuliers (*crowdfunding*), avec une monnaie toujours plus dématérialisée (les monnaies virtuelles) ; il repose sur un management par projet (intranet social) dans le cadre d'un processus d'innovation ouvert et collaboratif (co-conception avec le client) ; il s'appuie sur des systèmes d'information externes ou personnels des collaborateurs (BYOD : *bring your own device*, venez avec vos propres objets connectés) ; il privilégie enfin les collaborations ponctuelles, ce qui pose la question de la permanence du salariat.

La nature même de l'entreprise change, c'est l'entreprise collaborative, articulée autour de trois piliers :

S'inscrire dans une démarche de service	Animer un espace d'échange	Proposer une plateforme
• Louer ses produits • Proposer de souscrire un contrat • Entretenir le matériel • Récupérer les biens en fin de vie	• Revendre • Suggérer • Coopérer • Echanger • Préter • Donner	• Co-créer, co-innover • Co-financer • Co-construire • Co-distribuer, Partager des revenus

Source : Altimeter, The collaborative economy, 2013.

Ces nouvelles conditions dessinent de nouveaux modèles productifs pour l'entreprise. Ces modèles éteindront progressivement le modèle historique né des révolutions industrielles, fondé sur les gains de productivité liés à l'automatisation des tâches (modèles Tayloriste). Ils s'inscrivent dans une logique de collaboration, prolongeant en quelque sorte la logique de l'économie coopérative fondée sur les SCOP et autres logiques capitalistes alternatives.

Le premier type de modèle nouveau repose sur l'économie de la contribution, parfois aussi appelé économie de la multitude. Il s'agit ici de capter la créativité productive des consommateurs qui deviennent co-concepteur de l'offre de biens et services. La question se pose alors de leur rémunération, sous forme de réputation, de rétribution ou d'attention de la marque.

Le second modèle s'adosse à l'économie de l'*open source*, l'entreprise développant un socle de production, pour le laisser s'épanouir dans le grand public en mettant à disposition les éléments constitutifs de sa conception/fabrication, espérant un retour par la foule.

Le troisième modèle est celui de l'économie circulaire, parfois appelée économie positive. Il s'agit ici d'établir une boucle de production, de façon à ce que les rejets des uns constituent les intrants des autres. Cela suppose une réflexion amont commune à plusieurs entreprises sur les processus de fabrication, de façon à les mettre en articulation. Ce type de modèle vise évidemment à réduire les déchets émis, et à diminuer le coût des intrants.

4 Des nouvelles conditions de consommation aux nouveaux modes de création de valeur de l'entreprise

Ensuite, et surtout, on passe d'une économie propulsée par l'offre à une économie tirée par la demande. De fait, la consommation change de nature. Pour les particuliers, elle s'extrait de l'hypermarché, avec une articulation nouvelle à construire entre vente physique et vente en ligne (le magasin comme « terminal » du virtuel). Elle devient elle aussi locale et partagée (les multiples formes de consommation collaborative, du « bon coin » à la « airbnb », la location de chambres chez l'habitant), le besoin de possession s'estompe pour laisser place à la garantie de l'accès (les « autolib » par exemple). On en revient enfin à l'essence même de la consommation : satisfaire un besoin dans sa globalité (se déplacer) de préférence à l'achat d'un bien pour un usage ponctuel (acheter un scooter).

Le site *Ouishare* identifie ainsi avec la FING quatre grandes familles de modèle au sein de l'offre de la consommation collaborative en 2015 :

– les systèmes de ***re-distribution***, qui permettent aux particuliers de s'adonner à la revente, au don ou au troc d'objets divers (Le Bon Coin, Etsy) toujours dans une logique C2C. On trouve également ici la vente de produits faits maison ;
– les systèmes ***produit devenant services***, qui décrivent toutes les pratiques de location, de prêt et de partage de ressources matérielles entre particuliers et qui n'implique pas de transfert de propriété (Airbnb, Drivy, Uber, Lokéo, Peerby, Jestocke). Ce qui caractérise cette catégorie est le fait de me priver du bien support de service. Trois grands domaines sont concernés : nos objets du quotidien, les systèmes de mobilité, les espaces et les mètres carrés ;
– les ***services pair-à-pair*** (« on-demand services »), qui concernent les services entre particuliers. L'objet de l'échange est ici un service et non une ressource matérielle. Cela va du covoiturage (BlaBlaCar) au jobbing (Youpijob), de la réalisation de plat à domicile (la belle assiette) au coaching santé (Helparound) en passant par les cours entre particuliers (LiveMentor).
  La mobilité est clairement à l'articulation des deux systèmes. Si Drivy est d'évidence dans le premier (je mets à disposition ma voiture contre rémunération), et Blablacar dans le second (je complète ma voiture avec des passagers), d'autres solutions semblent plus hybrides (avec Uber, je loue mon temps de voiture en quelque sorte, je me prive donc de ce bien, tout en l'occupant formellement) ;
– les systèmes ***locaux coopératifs***, qui comptent sur la mobilisation des communautés locales sans recourir systématiquement à une plateforme en ligne. On les retrouve dans l'alimentation (La Ruche qui dit Oui, La Louve, circuits courts, etc.) ou encore dans la vie quotidienne (réseaux locaux de voisinage pour aller vers l'habitat participatif).

Cela signifie l'épuisement progressif des modèles actuels de création de valeur : celui d'abord fondé sur le marketing et les techniques de commercialisation, dans lequel la création de valeur est adossée d'une part à des lieux et modes identifiés de distribution (le commerce physique dans l'hypermarché), d'autre part à la désirabilité des objets (marketing et publicité) ; celui ensuite fondé sur le service rendu, qui enrichit ou se substitue aux biens vendus, dont la production est externalisée ou délocalisée (économie des services).

De fait, ici aussi, on voit se dessiner de nouveaux modes de création de valeur pour l'entreprise.

Le premier est l'économie de fonctionnalité, déjà décrite au chapitre 16. Il s'agit alors de substituer une prestation de service dans le cadre d'un contrat à la vente d'un bien, en internalisant l'économie de matières ; ce faisant, on inverse la logique de l'économie de marché : il ne s'agit plus de vendre tant et plus, à l'image d'un visiteur médical qui n'aurait pour ambition que de faire prescrire le plus de médicaments possibles par le médecin, mais d'économiser les ressources mobilisées quand le contrat – avec le patient par exemple – est déjà signé.

Le deuxième renvoie à l'économie de la personne, qui se décline en plusieurs appellations alternatives : économie des effets utiles, économie quaternaire, ou de façon plus parlante, économie de l'expérience. De fait, les produits sont conçus pour réaliser des services à leur tour conçus pour conduire à des expériences. Il s'agit alors d'articuler différents prestataires pour vendre des contrats incluant des paquets de « biens-serviciels » pour répondre à l'expression d'un besoin. La logique est alors celle d'atteindre un résultat, non de vendre un bien ou de fournir une prestation : par exemple réaliser l'expérience de la mobilité en articulant la mise à disposition de véhicules (de types différents selon les situations – déplacements urbains, déplacements professionnels ou déplacements personnels pour les vacances en famille) mais aussi transports publics ou transports doux par exemple.

Ces deux modèles valorisent l'accès sur la propriété ; ils reposent sur une logique locative et d'usage ; ils présentent aussi l'intérêt de s'inscrire dans le cadre de l'économie de marché que nous connaissons actuellement (l'objet de l'entreprise est toujours de maximiser ses profits).

Le troisième mode de création renvoie à l'économie des plateformes, aussi appelée économie horizontale. Il s'agit ici de capter la valeur créée par les échanges de pair à pair, de les monétiser. Ces plateformes sont le socle de l'expression de la consommation collaborative comme décrit plus haut, ces échanges marchands et parfois non marchands entre individus. Elles ont aujourd'hui pour nom amazon, eBay, airbnb, abritel ou encore le bon coin.

Le quatrième s'inscrit dans l'économie digitale, l'économie spécifique des biens d'information. Il s'agit ici en quelque sorte d'une économie de la gratuité, donner gratuitement accès à ses productions pour capter l'attention (on parle aussi d'économie de l'attention), stimuler l'expérience et valoriser d'autres séquences de sa relation avec le client. Le secteur de la musique symbolise cette démarche : donner gratuitement accès à de la musique pour vendre ensuite des bonus attractifs (une vidéo, une version longue ou en duo avec un autre artiste), proposer une relation privilégiée avec l'artiste (morceaux en avant-première, instantanés d'une tournée), ou encore promouvoir les concerts. Plus généralement, l'économie de l'attention repose sur le modèle Freemium, une offre basique gratuite pour capter l'attention, une offre payante pour prolonger l'expérience. Plus généralement, au-delà des biens d'information, l'économie de la gratuité pourrait se substituer à l'économie *low cost*, toujours pour donner accès à une expérience monétisable.

À NOTER • Ces évolutions dessinent une société dans laquelle cohabiteront une économie ancienne, matérielle et de volume, avec une économie fluide, frugale, de collaboration, fondée sur le savoir, immatérielle, personnalisée. Vers une nouvelle durabilité, compatible avec l'économie de marché.

Index

S

T

Cet ouvrage a été achevé d'imprimer dans les ateliers de Leitzaran (Espagne)
Numéro d'impression : 283
Dépôt légal : Août 2015